Christie Tate

Terapia de grupo

Christie Tate

Terapia de grupo

Cómo un psicólogo y un círculo de desconocidos me salvaron la vida

Traducción de Roser Granell y Cristina Rubiols

Obra editada en colaboración con Editorial Planeta – España

Título original: *Group: How One Therapist and a Circle of Strangers Saved My Life*

Bajo el sello editorial PLANETA M.R.
Avenida Presidente Masarik núm. 111,
Piso 2, Polanco V Sección, Miguel Hidalgo
C.P. 11560, Ciudad de México
www.planetadelibros.com.mx

Primera edición impresa en España: febrero de 2023
ISBN: 978-84-233-6279-0

Primera edición en formato epub en México: abril de 2023
ISBN: 978-607-07-9908-2

Primera edición impresa en México: abril de 2023
ISBN: 978-607-07-9852-8

Impreso en los talleres de Litográfica Ingramex, S.A. de C.V.
Centeno núm. 162-1, colonia Granjas Esmeralda, Ciudad de México
Impreso en México – *Printed in Mexico*

A mi terapeuta y a la gente con la que tuve
el privilegio de compartir el círculo

Parte 1

1

La primera vez que deseé la muerte (o sea, que de verdad quise que su mano huesuda me diera un golpecito en el hombro y me dijera «ven por aquí») llevaba dos bolsas del supermercado en el asiento del copiloto de mi coche. Col, zanahorias, unas cuantas ciruelas, pimientos, cebollas y dos docenas de manzanas rojas. Había ido a la Secretaría Administrativa tres días antes, donde el secretario de la Facultad de Derecho me había entregado una tarjeta con mi puesto en la clasificación de la clase, un número que había empezado a obsesionarme. Con treinta y dos grados al sol, giré la llave del coche y esperé a que el motor arrancara. Saqué una ciruela de la bolsa, comprobé su firmeza y le di un mordisco. La piel era gruesa, pero la pulpa de su interior estaba tierna. Dejé que su jugo me chorreara por la barbilla.

Eran las ocho y media. Un sábado por la mañana. No tenía que estar en ningún sitio ni tampoco nada que hacer. Nadie esperaba verme hasta la mañana del lunes, cuando debía personarme en Laird, Griffin & Griffin, el bufete de abogados especializado en derecho laboral donde iba a hacer prácticas aquel verano. En LG&G solo conocían de mi existencia la recepcionista y la compañera que me había contratado. El Cuatro de Julio caía en miércoles, lo cual significaba que iba a tener que enfrentarme a otro día vacío y asfixiante a la mitad de la semana. Iba a asistir a una reunión para principiantes y esperaba que los asistentes quisieran ir a tomar un café después. Quizá otra alma solitaria quisiera ir a ver una película o pedir una ensalada. El motor ronroneó al encenderse, y saqué el coche del estacionamiento a toda prisa.

«Ojalá me dispararan en la cabeza.»

Un pensamiento tranquilizador frío como el metal. Si moría, no tendría que completar las cuarenta y ocho horas que quedaban de ese fin de semana, ni el miércoles festivo, ni el fin de semana siguiente. No tendría que aguantar las horas de soledad aplastante y abrasadora que se alargaban ante mí (horas que se convertirían en días, meses y años). Una vida entera conmigo misma, una bolsa de manzanas y la frágil esperanza de que algún rezagado quisiera algo de compañía tras una reunión de rehabilitación.

De repente me vino a la cabeza una noticia reciente sobre un tiroteo mortal en Cabrini Green, el barrio de viviendas con peor fama de Chicago. Me dirigí hacia el sur en Clybourn y luego giré a la izquierda en Division. A lo mejor me alcanzaba alguna de aquellas balas perdidas.

«Por favor, que alguien me dé un tiro.»

Lo repetí como un mantra, un hechizo, una plegaria que probablemente quedaría sin respuesta porque era una mujer blanca de veintiséis años conduciendo un Honda Accord blanco de diez años en una mañana soleada de verano. ¿Quién iba a dispararme? No tenía enemigos, a duras penas existía. De todas formas, esa fantasía dependía demasiado de la suerte (buena o mala, en función de cómo lo veas), pero hubo otras que me vinieron a la mente sin ser invitadas. Saltar desde una ventana muy alta. Tirarme a las vías del tren. Cuando llegué a una señal de *stop* entre Division y Larrabee, consideré otras formas más exóticas de morir, como masturbarme mientras me ahorcaba, pero ¿a quién pretendía engañar? Estaba demasiado reprimida para hacer algo así.

Saqué el hueso de la ciruela y me metí el resto en la boca. ¿De verdad quería morir? ¿Hacia dónde me dirigían todos esos pensamientos? ¿Eran tendencias suicidas? ¿Depresión? ¿Iba a hacer algo con ellos? ¿Debía hacerlo? Bajé la ventanilla y tiré el hueso tan lejos como pude.

En la solicitud que presenté para la Facultad de Derecho, expliqué que mi sueño era defender a mujeres con cuerpos no normativos (gordas), pero no era del todo cierto. Mi interés por el derecho feminista era sincero, pero no era mi mayor motivación. No buscaba honorarios desproporcionados ni trajes de vestir. No, me decanté por el derecho porque los abogados trabajan entre sesenta y setenta horas a la semana. Programan videoconferencias durante las vacaciones de Navidad y los convocan a reuniones el Día del Trabajo. Los abogados cenan en sus mesas rodeados de colegas con las mangas arremangadas y manchas de sudor en las axilas. Pueden estar casados con su trabajo, que es tan imprescindible que les da igual que sus vidas personales estén tan vacías como un estacionamiento a medianoche (o no se dan cuenta de ello). La labor jurídica podía ser una fachada culturalmente aceptada para mi deprimente vida personal.

Hice el primer examen de ingreso a la Facultad de Derecho en el escritorio en el que realizaba un trabajo de secretaria sin ningún futuro. Tenía un máster que no me había servido para nada y un novio con quien no mantenía relaciones sexuales. Años después, me referiría a Peter como un alcohólico adicto al trabajo, pero en aquel momento lo llamaba el amor de mi vida. Telefoneaba a su despacho a las nueve y media de la noche, cuando ya estaba preparada para irme a dormir, y lo acusaba de no tener nunca tiempo para mí. «Tengo que trabajar», me decía, y luego colgaba. Cuando lo volvía a llamar, no me constestaba. Los fines de semana nos íbamos a cualquier bar de Wicker Park para que él pudiera beber cervezas artesanales y debatir sobre las virtudes de la música de R.E.M. en sus primeros años mientras yo rezaba por que se mantuviera lo bastante sobrio para acostarnos. Casi nunca lo hacía. Al final decidí que necesitaba algo que me absorbiera por completo para consumir la energía que estaba volcando en aquella relación miserable. La mujer que trabajaba al otro lado del pasillo se iba en otoño a estudiar Derecho. «¿Me dejas uno de tus libros de texto?», le pedí. Leí el primer problema:

> Una profesora debe programar en un mismo día siete reuniones con siete estudiantes en siete horas consecutivas distintas numeradas de una a siete.

A continuación, se formulaban una serie de pautas del tipo «Mary y Oliver deben ocupar horas consecutivas» y «Sheldon debe ir después de Uriah». Según las indicaciones del enunciado, tenía treinta y cinco minutos para responder seis preguntas de opción múltiple sobre esa profesora y su dilema organizativo. Tardé casi una hora, y fallé la mitad.

Aun así, quemarme las pestañas preparando el examen de ingreso y estudiar Derecho parecía más fácil que recuperar lo que fuera que me enamoró de Peter y lo que me hacía quedarme y librar la misma pelea noche tras noche.

El Derecho podía apaciguar mis ansias de pertenecer a otra gente y hacer coincidir mis anhelos con los suyos.

En la preparatoria de mujeres a la que fui en Texas, cursé una materia optativa de alfarería el primer año. Empezamos haciendo cerámica a mano y poco a poco fuimos avanzando hasta llegar al torno. Una vez modeladas nuestras vasijas, la profesora nos enseñó cómo añadir las asas. Si querías pegar dos trozos de arcilla (por ejemplo, una taza y su asa) tenías que rayar la superficie de ambas piezas. Esta técnica, que consistía en hacer pequeños cortes horizontales y verticales en la arcilla, ayudaba a que las piezas se unieran una vez dentro del horno. Yo permanecí sentada en mi taburete, con una de mis «tazas» toscamente modeladas y un asa con forma de C entre las manos, mientras la profesora mostraba cómo se hacía. No quise arruinar la superficie lisa de la «taza» que con tanto esfuerzo había estado modelando con los dedos, así que pegué el asa a la superficie sin rayarla antes. Unos días después, colocó nuestras relucientes piezas acabadas de cocer en un estante en la parte de atrás del taller. Mi taza había sobrevivido, pero el asa agrietada yacía hecha pedazos junto a ella. Cuando la profesora vio mi cara desilusionada, me dijo: «No lo has rayado bien».

Así es como siempre me he imaginado la superficie de mi corazón: lisa, inmaculada, sin nada adherido a ella. Nada a lo que agarrarse. Sin surcos. Nadie podía pegarse a mí una vez apagado el ineludible fuego de la vida. Y la metáfora no se quedaba ahí, iba mucho más allá: tenía miedo de estropear mi corazón con los surcos que se abren entre las personas por naturaleza debido al inevitable choque de deseos, exigencias, mezquindades, preferencias y negociaciones cotidianas que cimentan una relación. Rayar era un requisito para el apego, y mi corazón carecía de surcos.

Tampoco es que fuera huérfana, aunque estas primeras líneas parezcan indicarlo. Mis padres, que siguen felizmente casados, vivían en Texas, en el mismo rancho de ladrillos rojos en el que me crie. Si pasan por el número 6644 de la avenida Thackeray, verán un aro de baloncesto oxidado y un garaje engalanado con tres banderas: la Vieja Gloria, la del estado de Texas y una granate con el logotipo de la Universidad de Texas A&M. Esa bandera era la del *alma mater* de mi padre. Y la mía también.

Mis padres me llamaban un par de veces al mes para saber cómo estaba, normalmente después de la misa de los domingos. Siempre volvía a casa para la Navidad. Me compraron un abrigo verde gigantesco de Eddie Bauer cuando me mudé a Chicago. Mi madre me enviaba cheques de cincuenta dólares para mis gastos, y mi padre me explicaba los problemas que tenían los frenos de mi Honda por teléfono. Mi hermana pequeña estaba acabando la carrera y estaba a punto de comprometerse con su novio de toda la vida; mi hermano y su mujer, que estaban juntos desde la universidad, vivían en Atlanta, cerca de montones de amigos de la carrera. Ninguno de ellos sabía que mi corazón no tenía ningún tipo de apego. Para ellos, yo era una hija y hermana excéntrica que votaba a los demócratas, le gustaba la poesía y se había instalado en la zona norte de la línea Mason-Dixon. Me querían, pero no encajaba del todo con ellos ni con Texas. De pequeña, mi madre tocaba con el piano el himno de los Aggies, la canción del equipo de futbol americano de la universidad, y mi padre lo cantaba al unísono a todo pulmón. *Hullabaloo, Canek! Canek! Hullabaloo, Canek! Canek!* Me acompañó el día que fui a visitar la universidad y, cuando la escogí (más que nada porque era la que nos podíamos permitir), se puso eufórico ante la perspectiva de tener a otra Aggie en la familia. Nunca lo dijo, pero estoy convencida de que se llevó una decepción cuando se enteró de que me pasaba los partidos de fútbol encerrada en la biblioteca subrayando pasajes de *Walden* mientras veinte mil aficionados cantaban, daban patadas y vitoreaban lo bastante fuerte como para que las paredes de la biblioteca vibraran cada vez que los Aggies anotaban. Toda mi familia y, por lo visto, todo Texas adoraban el fubol americano.

Yo era una inadaptada. El profundo secreto que guardaba era que no pertenecía a aquel lugar. Ni a ninguno. Me pasaba la mitad de los días obsesionándome con la comida, mi cuerpo y todas las mierdas raras que hacía para controlar ambos, y la otra mitad intentando escapar de la soledad con logros académicos. Pasé del cuadro de honor de la preparatoria a la lista del director en la universidad al conseguir la calificación más alta en casi todos los semestres y, de ahí, a empollar teorías legales siete días a la semana. Soñaba con aparecer un día en el 6644 de la avenida Thackeray con mi peso ideal, del brazo de un hombre sano y funcional, y con la cabeza tan alta que rozara el cielo.

Ni siquiera consideré abrirme a mi familia cuando surgieron aquellos alarmantes deseos de muerte. Solo podíamos hablar del tiempo, del Honda y de los Aggies. Ninguno de mis miedos ni fantasías secretas encajaban en esas categorías.

Deseaba la muerte de manera pasiva, pero no acumulé pastillas ni me anoté en la lista de distribución de la Hemlock Society para personas con ansiedad o pensamientos suicidas. No investigué cómo conseguir un arma ni me hice una soga con uno de mis cinturones. No tenía ningún plan, ningún método ni ninguna fecha señalada. Pero sentía desasosiego, tan constante como un dolor de muelas. No me parecía normal desear que la muerte me encontrara de buenas a primeras sin hacer nada de nada. Algo en mi forma de vivir me hacía desear quitarme la vida.

No recuerdo qué palabras usé cuando pensé en ese malestar. Sé que sentía un anhelo que no podía expresar con palabras y no sabía cómo saciarlo. A veces me decía que solo quería un novio o que tenía miedo de morir sola. Todo eso era cierto. Esas declaraciones rozaban la punta de ese anhelo, pero no llegaban al núcleo de mi desesperación.

En mi diario usé palabras imprecisas de malestar y dolor: «Siento miedo y ansiedad por mí misma. Tengo miedo de no estar bien, de no estarlo nunca, y que esté condenada. Resulta muy desagradable. ¿Qué me pasa?». En aquel momento no sabía que existía una palabra que describía perfectamente mi dolencia: *soledad*.

Por cierto, en aquella tarjeta del secretario con mi lugar en la clase estaba el número uno. *One.* La primera. *The first. Zuerst.* Los otros ciento setenta estudiantes de mi clase tenían una nota inferior a la mía. Había superado mi objetivo de posicionarme en la primera mitad de la clase, lo cual era un objetivo adicional después del resultado más que mediocre del examen de ingreso (nunca logré adivinar cuándo debía programar la reunión de Uriah). Debería haberme alegrado muchísimo. Debería haberme sacado tarjetas de crédito con saldo cero. Debería haberme comprado unos tacones de Louboutin o haber alquilado un apartamento nuevo en la Costa de Oro. En lugar de eso, era la primera de la clase y sentía celos del vocalista de INXS, que había muerto por asfixia autoerótica.

¿Qué diablos me pasaba? Usaba pantalones de la talla treinta y ocho, brasieres de copa D, y tenía dinero suficiente del financiamiento estudiantil para poder permitirme un estudio en un barrio emergente al norte de Chicago. Durante ocho años estuve metida en un programa de doce pasos que me enseñó a comer sin meterme los dedos en la garganta treinta minutos después. El futuro resplandecía ante mí como la plata pulida de la abuela. Tenía razones de sobra para ser optimista. Pero el asco que me daba sentirme tan atrapada (estaba apartada de los demás, a milenios de una relación romántica) se había asentado en todas las células de mi cuerpo. Había algún motivo por el que me sentía tan aislada y sola, una razón por la que mi corazón era tan indolente. No sabía cuál era, pero lo sentía palpitar dentro de mí cuando me dormía y deseaba no despertar.

Ya participaba en un programa de doce pasos. Siguiendo las indicaciones del cuarto, había confeccionado una lista junto con mi madrina, que vivía en Texas, y me había disculpado con las personas a las que había hecho daño. Había vuelto a la Ursuline Academy, la preparatoria de mujeres en la que estudié, con un cheque de cien dólares para devolver el dinero que había robado cuando gestionaba los pagos del estacionamiento de las estudiantes de último año. Ese programa de recuperación había conseguido atajar la peor parte de mi trastorno alimenticio, y reconocí que me había salvado la vida. ¿Por qué deseaba ahora perderla? Le confesé a mi madrina, que vivía en Texas, que había estado teniendo pensamientos siniestros.

—Deseo morirme todos los días.

Me dijo que asistiera al doble de reuniones.

Fui al triple, y me sentía más sola que nunca.

2

Un par de días después de recibir las evaluaciones, una mujer llamada Marnie me invitó a cenar al salir de una reunión del programa de doce pasos. Al igual que yo, era una bulímica en rehabilitación. Pero, al contrario que yo, ella tenía la vida resuelta. Solo tenía un par de años más, pero trabajaba en un laboratorio realizando experimentos asombrosos para tratar el cáncer de mama, su marido y ella acababan de pintar el zaguán de la casa colonial en la que vivían de color naranja Osage de Sherwin-Williams, y seguía su ciclo de ovulación. No tenía una vida perfecta (su matrimonio sufría crisis con frecuencia), pero perseguía lo que quería hasta conseguirlo. Por instinto, me sentí tentada a rechazar la oferta de salir a cenar con ella para poder volver a casa, quitarme el brasier y comerme 113,4 gramos de carne de pavo picada con zanahorias al horno mientras veía *Scrubs*. Eso es lo que solía hacer (poner excusas) cuando después de una reunión alguien me invitaba a tomar café o a cenar. *Compañerismo*, como suele llamarse. Pero, antes de que pudiera negarme, Marnie me acarició el codo.

—Ven, anda. Pat está de viaje y no me apetece cenar sola.

Nos sentamos la una frente a la otra en uno de esos restaurantes *sanos* que sirven pan germinado y camotes.

Marnie parecía más alegre que de costumbre. ¿Era yo o se había puesto brillo labial?

—Te veo muy contenta —observé.

—Eso es por mi nuevo terapeuta.

Perseguí una hoja de espinaca con el tenedor por todo el plato. ¿Sería posible que un terapeuta pudiera ayudarme? Dejé que un pequeño rayo de esperanza me invadiera. El verano antes de entrar a la Facultad de Derecho, acudí a ocho sesiones gratis con una trabajadora social, cortesía del programa de beneficios para empleados. Me asignaron a una mujer tímida, June, que llevaba faldas largas con holanes por decisión propia. No le conté ninguno de mis secretos porque me daba miedo molestarla. La terapia y el abrirse a alguien de verdad me parecían una experiencia inalcanzable para mí, como si solo pudiera observarla a través de un cristal con la nariz pegada a él.

—Asisto a una terapia de grupo solo para mujeres.

—¿De grupo?

Se me tensó el cuello de inmediato. Empecé a desconfiar de los grupos tras sufrir una mala experiencia en quinto de primaria, cuando mis padres decidieron sacarme de la escuela católica a la que asistía y donde cada vez el tamaño de las clases disminuía más para pasarme a una escuela pública de la zona. Allí empecé a ir con las chicas más populares. Bianca, la líder, repartía dulces en todos los almuerzos y llevaba esferas de oro puro en una cadena colgada al cuello. Una vez me quedé a dormir en su casa y su madre nos llevó en su Mercedes plateado a ver *Footloose*. Pero Bianca se volvió en mi contra a la mitad del curso. Pensaba que yo le gustaba a su novio solo porque nos sentábamos juntos en clase de Historia. Un día, a la hora de comer, le ofreció dulces a todas las de la mesa menos a mí. También me pasó una nota por debajo de mi lonchera que decía: NO QUEREMOS QUE TE SIENTES MÁS CON NOSOTRAS. Todas las chicas la habían firmado. Ya por aquel entonces me di cuenta de que algo fallaba en mi conexión entre otras personas. Me daba la sensación de que no sabía cómo mantenerla y evitar que me marginaran. Era capaz de soportar los grupos del programa de doce pasos porque los miembros cambiaban en cada sesión. Podías ir y venir cuando quisieras y nadie se sabía tu apellido. Además, en el programa de doce pasos nadie era más que nadie; no había una abeja reina como Bianca que pudiera expulsar a otros miembros. El programa de doce pasos se regía por unos principios espirituales: el anonimato, la humildad, la integridad, la unidad y el servicio. Sin esos principios yo no habría aguantado ni una sesión. Además, eran sesiones prácticamente gratuitas, aunque sugerían que realizaras una donación de dos dólares. Por el precio de una Coca-Cola Light podía pasarme sesenta minutos admitiendo que tenía un trastorno alimenticio y escuchando las malas experiencias y los triunfos de otras personas con la comida.

Comí un trozo de tomate y pensé en algún tema interesante sobre el que pudiera charlar con Marnie, como la ejecución de Timothy McVeigh, el terrorista responsable del atentado de Oklahoma City, o lo que fuera que Colin Powell estuviera haciendo en aquel momento. Sentí la necesidad de impresionarla con mis conocimientos de las noticias más recientes y demostrarle que yo también estaba centrada. Pero también sentía mucha curiosidad por la terapia de grupo a la que asistía. Así que fingí indiferencia y le pregunté cómo era.

—Pues allí solo hay mujeres con distintos problemas. Mary, por ejemplo, se está quedando sorda, y a Zenia quizá la inhabiliten como médico por tratar de estafar al programa federal de seguro médico. El padre de Emily es drogadicto. La acosa desde su apartamento de Wichita enviándole unos correos electrónicos horripilantes.

Marnie alzó el brazo y se señaló la suave y carnosa parte inferior del antebrazo.

—También ha llegado una chica nueva que se corta. Siempre viste con manga larga. Aún no sabemos cuál es su historia, pero estoy segura de que debe de ser muy oscura.

—Suena muy intenso.

No era como yo me había imaginado.

—Y ¿te dejan contar todas estas cosas?

Marnie asintió.

—El terapeuta tiene la teoría de que guardar secretos es un proceso tóxico, así que nosotras, las del grupo, podemos hablar de lo que queramos cuando queramos. Él tiene que respetar la confidencialidad entre médico y paciente, pero nosotras no.

¿No había confidencialidad? Me eché hacia atrás y negué con la cabeza. Me enrollé la servilleta alrededor de la muñeca, por debajo de la mesa. Yo jamás podría hacer algo así. Una vez, en la preparatoria, le dejé entrever a la señora Gray, la profesora de Justicia Social, que tenía un trastorno alimenticio. Cuando esta llamó a mis padres para sugerirles que me llevaran a terapia, a mi madre casi le da un infarto. Yo estaba comiéndome un plato de galletas mientras veía una entrevista de Oprah a Will Smith cuando mi madre entró en la sala hecha una fiera

—¿Por qué le cuentas tus intimidades a todo el mundo? ¡Debes protegerte!

Mi madre es la clásica mujer sureña que se crio en Baton Rouge en los años cincuenta. Según ella, contarles tus intimidades a otras personas es algo vulgar y puede desencadenar consecuencias sociales adversas. Estaba convencida de que, si la gente se enteraba de que tenía problemas de salud mental, me excluirían, así que hacía todo lo posible para protegerme. Cuando empecé a asistir a las reuniones del programa de doce pasos en la universidad tuve que hacer acopio de todo el valor que me quedaba y confiar en que los demás se tomarían la parte del anonimato tan en serio como yo.

—Y ¿de verdad eso ayuda a la gente a mejorar?

Estaba claro que a Marnie le iba mejor que a mí. Si hubiéramos estado en un anuncio de tampones, yo sería la chica que se quejaría sobre el olor y las fugas, y ella sería la que hace un *jeté* vestida con un pantalón blanco en su día de flujo abundante.

Se encogió de hombros.

—Podrías intentar.

Había asistido también a otro tipo de terapia. En la preparatoria, durante un breve período de tiempo, fui a ver a una mujer que se parecía a Paula Dean y que vestía trajes con saco de colores pastel. Mis padres me obligaron a ir a terapia con Paula D. después de que la señora Gray les dijera lo del trastorno alimenticio, pero yo estaba tan ocupada obedeciendo la orden de protegerme que nunca le hablé de cómo me sentía. En vez de eso, charlábamos sobre si debía trabajar en el centro comercial durante el verano. Dónde sería mejor, ¿en Express o en Gap? Una vez me mandó a casa junto con una prueba psicológica de quinientas preguntas. La esperanza me corría por las venas mientras llenaba cada espacio para las respuestas; estaba convencida de que por fin esas preguntas me dirían por qué no podía parar de comer, por qué me sentía como una inadaptada adonde fuera y por qué los chicos besaban y toqueteaban todas las chicas menos a mí.

Paula D. leyó los resultados con su voz de terapeuta modulada a la perfección:

—Christie es perfeccionista y les tiene miedo a las serpientes. La profesión ideal para Christie podría ser técnica o cirujana.

Sonrió y ladeó la cabeza.

—Las serpientes dan bastante miedo, ¿verdad?

Jamás se me ocurrió llorar o demostrar pánico ante ella. Para poder abrirme necesitaba un terapeuta que pudiera escuchar los ecos del dolor que sentía en mis silencios y que pudiera ver la verdad que se ocultaba detrás de mi rechazo. Y Paula D. no era esa persona. Después de aquella sesión me senté con mis padres y les dije que había terminado la terapia. Que estaba mucho mejor. Mis padres se hincharon de orgullo, y mi madre compartió conmigo su filosofía de vida:

—Solo tienes que decidir ser feliz. Céntrate en lo positivo y olvídate de los pensamientos negativos.

Asentí. Qué gran idea. De camino a mi habitación paré en el baño y vomité la cena. Había aprendido aquel hábito de un libro donde una gimnasta explicaba que vomitaba todo lo que comía. Me encantaba la sensación de vaciar mi organismo y también el subidón de adrenalina que me propiciaba tener un secreto. A los dieciséis años pensaba que la bulimia era una forma genial de controlar el implacable apetito que me llevaba a comer galletas saladas, pan y pasta. Hasta que entré en rehabilitación no comprendí que la bulimia era una forma de controlar el interminable torbellino de ansiedad, soledad, ira y dolor que no sabía liberar.

Marnie arrastró otra papa frita por la plasta de cátsup.

—Al doctor Rosen le gustaría verte...

—¿Rosen? ¿Jonathan Rosen?

Ni loca iba a ver al doctor Rosen. Blake iba a terapia con el doctor Rosen. Blake era un chico que había conocido en una fiesta el verano de antes de entrar a la Facultad de Derecho. Se sentó a mi lado y me dijo:

—¿Qué trastorno alimenticio sufres?

Señaló los palitos de zanahoria que tenía en el plato y continuó:

—No me mires así. Salí con una anoréxica y con dos bulímicas que querían ser anoréxicas. No eres la primera a la que me encuentro.

Él estaba en Alcohólicos Anónimos, estaba desempleado y me ofreció llevarme a navegar. Fuimos en bici hasta el lago para ver el castillo de fuegos artificiales del Cuatro de Julio. Nos tumbábamos en la cubierta de su barca, hombro con hombro, mientras observábamos las siluetas de los edificios de Chicago y hablábamos de la rehabilitación. Probábamos la comida vegana de Chicago Diner e íbamos al cine los sábados por la tarde antes de su reunión en AA. Cuando le pregunté si era mi novio, no respondió. A veces desaparecía durante un par de días para escuchar sus álbumes de Johnny Cash en su apartamento a oscuras. Una cosa era ver al mismo terapeuta que Marnie, pero bajo ninguna circunstancia vería al mismo terapeuta que mi ex o lo que quiera que fuera Blake. ¿Qué iba a hacer? ¿Llamar al doctor Rosen y decirle: «¿Se acuerda de la chica que tuvo sexo anal el otoño pasado con Blake para curarle la depresión? ¡Pues era yo! ¿Acepta pacientes de BlueCross BlueShield?».

—Y ¿cuánto cuesta la terapia?

No perdía nada por preguntar, aunque no tenía ninguna intención de acudir a terapia de grupo.

—Es superbarata: son solo setenta dólares por semana.

Se me incendiaron las mejillas. Para Marnie setenta dólares eran una ganga, ya que dirigía un laboratorio en la Northwestern University y su marido era el heredero de una pequeña fortuna familiar. En mi caso, si escatimaba en comprar comida y tomaba el autobús en vez del coche, quizá podría conseguir setenta dólares extras a final de mes. Pero ¿cada semana? En las prácticas que hacía en verano solo ganaba quince dólares la hora, y mis padres creían que solo tenía que intentar ser feliz para serlo, así que no podía pedirles el dinero. En dos años tendría un trabajo decente, pero ¿cómo iba a conseguir ese dinero con mi presupuesto de estudiante?

Marnie me dictó el número del doctor Rosen, pero no lo apunté.

Después, añadió algo.

—Acaba de volver a casarse: no para de sonreír.

Me imaginé el corazón del doctor Rosen de inmediato: rojo y mal recortado, como si lo hubiera hecho un niño de primaria, con grietas pintadas en la superficie como ramas desnudas de un árbol. Luego pasé a proyectar una imagen mental del doctor Rosen. No lo conocía, pero seguro que había sufrido un divorcio desolador y había pasado muchas noches solitarias en un departamentucho alquilado comiendo guisados precocinados medio quemados en el microondas. Y, de pronto, su vida había dado un vuelco: había obtenido una segunda oportunidad en el amor con otra mujer. La curiosidad me invadió por completo, al igual que una brillante y fina esperanza de que quizá pudiera ayudarme.

Mientras me acostaba aquella noche, pensé en las mujeres que iban al grupo de terapia de Marnie: la que se autolesionaba, la estafadora, la hija del drogadicto. Pensé también en Blake, que había forjado un gran vínculo con los hombres de su grupo. Tras las sesiones, solía venir a casa y contarme un montón de historias sobre Ezra, que tenía de novia a una muñeca inflable, y Todd, que se había quedado en la calle cuando su mujer decidió que quería divorciarse. ¿De verdad yo estaba peor que esa gente? ¿Tan imposible era de curar mi dolencia, fuera la que fuera? Nunca le había dado una oportunidad a la auténtica psiquiatría. Los psiquiatras tenían una titulación médica. Quizá lo que me pasaba solo podía verlo alguien que había estudiado cómo diseccionar un corazón humano. Quizá el doctor Rosen pudiera darme algún consejo, algo que yo pudiera aprender en una sesión o dos. Tal vez podía recetarme algún tipo de pastilla para calmar mi desesperación y rayar mi corazón.

3

Encontré el número del doctor Rosen en la guía telefónica y dejé un mensaje en su contestadora dos horas después de la cena con Marnie. Él me devolvió la llamada al día siguiente. Nuestra conversación duró menos de tres minutos. Le pedí una cita, él me ofreció una hora y yo la acepté. Cuando colgué, me quedé de pie en mi despacho, temblando de la cabeza a los pies. Dos veces me senté para reanudar mi investigación jurídica y en ambas ocasiones me levanté del asiento de golpe a los treinta segundos para caminar de un lado a otro. Mi mente insistía en que pedir una cita para el médico no era nada del otro mundo, pero la adrenalina que corría por mis venas me decía lo contrario. Esa noche escribí: «Con solo colgar el teléfono me puse a llorar. Sentía que había dicho algo que no debía, que no le había caído bien y me sentía desprotegida y vulnerable». Me daba igual que pudiera ayudarme o no; lo que me preocupaba era que le hubiera caído bien o mal.

La sala de espera estaba decorada con los típicos objetos insulsos de cualquier consulta médica: un lirio, una fotografía en escala de grises de un hombre estirando los brazos a ambos costados con la cara hacia el sol... En la estantería había títulos como *No más codependencia* y *Mapas del amor vandalizado*, además de decenas de boletines informativos de Alcohólicos Anónimos. Junto a la puerta interior había dos botones: en uno decía GRUPO y, en el otro, DR. ROSEN. Apreté el botón del doctor Rosen para anunciar de mi llegada y, luego, me senté en una silla junto a la pared, de cara a la puerta. Para calmar los nervios, tomé una revista del *National Geographic* y hojeé las fotos de un majestuoso lobo ártico galopando por una llanura desarbolada. El doctor Rosen sonaba serio por teléfono. Detecté la pronunciación de las vocales típica de la Costa Este. Noté una seriedad severa. Como si hablara con un cura arisco y seco. Una parte de mí había esperado que estuviera demasiado solicitado para verme durante unas pocas semanas o meses, pero me ofreció vernos cuarenta y ocho horas después.

La puerta de la sala de espera se abrió exactamente a la una y media. El hombre que la abrió era más o menos de mediana edad y llevaba una camiseta tipo polo rojo de Tommy Hilfiger, pantalones caqui y mocasines negros de cuero. En su rostro había dibujada una leve sonrisa (amistosa, pero profesional), y de su cabeza sobresalían en todas direcciones los restos de una melena grisácea áspera que recordaba un poco a Einstein. Si me lo hubiera cruzado por la calle no me habría fijado en él. Tras un vistazo rápido pude saber que era demasiado joven para ser mi padre y demasiado viejo para querer insinuárseme, lo cual me pareció ideal. Lo seguí por un pasillo hasta un despacho donde las ventanas orientadas hacia el norte daban al edificio de varios pisos donde se ubicaban las grandes tiendas Marshall Field. Había varios sitios donde el paciente podía sentarse: un sofá tapizado de aspecto áspero, una silla de oficina recta, o un sillón negro enorme junto a una mesita. Elegí el sillón negro. Un montón de diplomas de Harvard enmarcados me llamaron la atención. Respetaba los títulos de Harvard. También había soñado con estudiar en una de las prestigiosas universidades de la Ivy League, pero entre los costos y el resultado del examen... Para mí, esos diplomas significaban que ese tipo era lo máximo. La élite. La *crème de la crème*. Pero también que, si no podía ayudarme, estaba muy pero que muy jodida.

Una vez que me acomodé en el sillón, lo miré a la cara con detenimiento. El ritmo cardíaco se me fue acelerando mientras observaba su nariz, sus ojos y la línea recta de sus labios. Lo junté todo y me di cuenta... de que lo conocía. Apreté los labios a medida que iba asimilándolo. Y cuánto lo conocía.

El doctor Rosen era Jonathan R. Lo había conocido tres años atrás, en una reunión de rehabilitación para gente con trastornos alimenticios. En ese tipo de reuniones, la gente solo usaba su nombre de pila y la inicial del apellido para conservar el anonimato. Las reuniones de esta clase para gente con trastornos alimenticios eran como las de Alcohólicos Anónimos: gente reunida en el sótano de una iglesia compartiendo historias sobre cómo la comida les había arruinado la vida. Al igual que los famosos grupos de AA que tantas veces han salido en las películas de Meg Ryan y a los que hacen referencia en series de la tele como *The West Wing* o *NYPD Blue*, los adictos a la comida acumulan medallones y tienen padrinos y madrinas que les enseñan cómo vivir sin darse atracones, vomitar todo, pasar hambre ni mutilarse. Al contrario que las de AA, la mayoría de las reuniones a las que había asistido estaban llenas de mujeres. En diez años, solo había visto a un puñado de hombres en esos grupos, y uno de ellos era el psiquiatra graduado en Harvard que tenía sentado a medio metro de mí, esperando a que yo abriera la boca.

Sabía algunas cosas de Jonathan R. como persona. Era un hombre. Un hombre con un trastorno alimenticio. Recordé lo que había compartido sobre su madre, su hijo enfermo crónico, y la opinión que tenía sobre su cuerpo.

Se supone que un terapeuta debe ser como un lienzo en blanco, pero el doctor Rosen estaba cubierto de manchones.

Giré el cuerpo para que pudiera verme de frente. ¿Me iba a correr de ahí en cuanto me reconociera? Mantuvo una expresión abierta, contemplativa. Pasaron cinco segundos. No parecía que me hubiera reconocido, y seguía esperando a que yo dijera algo. El tema Harvard empezó a intimidarme. ¿Cómo iba a mostrarme ingeniosa a la par que torturada, como Dorothy Parker o David Letterman? Quería que el doctor Rosen se tomara en serio las fantasías suicidas que había desarrollado recientemente al mismo tiempo que deseaba mostrarme irresistiblemente encantadora y, tal vez, un poco cogible. Imaginé que estaría más dispuesto a ayudarme si me encontraba atractiva.

—Se me dan fatal las relaciones sociales y tengo miedo de morir sola.

—¿Qué quieres decir con eso?

—Me cuesta relacionarme con la gente. Hay algo que me frena, como un muro invisible. Noto que me reprimo. Con los hombres, siempre me enamoro de los que se emborrachan hasta vomitar o desmayarse...

—Alcohólicos. —No lo preguntó, lo afirmó.

—Sí. Mi primer amor de la preparatoria fumaba churros todos los días y me puso el cuerno. En la universidad, me enamoré de un chico colombiano guapísimo y borrachísimo que tenía novia, y luego salí con un adicto a la marihuana. Después estuve con un buen tipo, pero lo dejé.

—Porque...

—Me acompañaba a clase, me compraba ejemplares de mis libros preferidos y me pedía permiso para besarme. Me ponía los pelos de punta.

El doctor Rosen sonrió.

—Tienes miedo de los hombres emocionalmente disponibles. Y sospecho que de las mujeres también. —Más afirmaciones.

—Los hombres estables que muestran interés en mí me dan náuseas, y supongo que con las mujeres será igual.

En mi cabeza brotó una escena de la Navidad del año anterior, cuando estuve en Texas visitando a mi familia y me topé con una amiga de la preparatoria en Banana Republic. Cuando Lia me llamó por mi nombre me quedé petrificada junto a los abrigos americanos y las camisas mientras me daba un caluroso abrazo. Una vez que se apartó, una mirada acongojada atravesó su cara, como diciendo «Pensaba que éramos amigas», y me preguntó por Chicago y la carrera. Mientras charlábamos entre los clientes que buscaban ofertas posnavideñas, mi mente insistía en que a ella no se le antojaba estar hablando conmigo porque era una fisioterapeuta exitosa sin trastornos alimenticios ni una extraña congoja que la hacía cerrarse como una almeja cuando alguien de su pasado le ofrecía un abrazo. Lia y yo habíamos sido muy amigas en la preparatoria, pero me alejé de ella el último año, cuando mi trastorno alimenticio empezó a empeorar y me consumía intentando que mi primer novio dejara de ponerme los cuernos.

—¿Eres bulímica?

—Estoy en rehabilitación. Programa de doce pasos —dije enseguida con la esperanza de no hacerle recordar mi voz presentándome como «Christie, bulímica en rehabilitación»—. Me ha ayudado con la bulimia, pero no consigo arreglar el problema este de las relaciones...

—Tú sola no. ¿Quién forma parte de tu sistema de apoyo?

Mencioné a mi madrina Cady, una madre ama de casa con hijos ya mayores y que vivía en la ciudad rural de Texas donde estaba la universidad a la que yo iba. La relación más estrecha que tenía era con ella: la llamaba cada tres días, pero llevaba cinco años sin verla. Contaba con una mezcla aleatoria de mujeres como Marnie, con quien retomé contacto durante las reuniones de rehabilitación y, a veces, después de ellas. Amigos de la Facultad de Derecho que no sabían que iba a rehabilitación. Amigas de la preparatoria y de la Universidad de Texas que intentaban mantener el contacto conmigo, pero a quienes casi nunca les devolvía las llamadas y jamás aceptaba sus invitaciones para ir a visitarlas.

—He empezado a fantasear con morirme. —Apreté los labios—. Desde que supe que soy la primera de mi clase en la Facultad de Derecho...

—*Mazel tov.* —Su sonrisa era tan sincera que tuve que girar la cabeza y mirar sus diplomas para contener las lágrimas.

—No es Harvard, ni mucho menos. —Levantó las cejas—. Y, bueno, aunque tenga una carrera brillante, ¿qué? No tendré nada más...

—Por eso escogiste Derecho.

Sus diagnósticos fidedignos eran tan abrumadores como reconfortantes. No era como Paula D. y sus preguntas sobre serpientes.

—¿Cuál es la historia que tienes en tu cabeza sobre cómo has llegado a ser como eres? —preguntó.

—Toda familia tiene a su oveja negra. —No sé por qué dije eso.

—¿Eres la mejor estudiante de tu clase y te consideras la oveja negra?

—Ser la mejor de la clase no significa una mierda si voy a morir sola y sin amor.

—¿Qué es lo que quieres? —inquirió.

Esa palabra resonó en mi cabeza. «Quieres, quieres, quieres...». Busqué la forma de expresar mi deseo de manera afirmativa, no limitarme a soltar sin más que no quería morir sola.

—Quiero...

Me estanqué.

—Me gustaría...

Volví a pararme.

—Quiero ser real. Con otras personas. Quiero ser una persona de verdad.

Me miró fijamente como preguntándome qué más quería aparte de eso. Otros deseos comenzaron a flotar por mi mente: quería un novio que oliera a algodón limpio y fuera a trabajar todos los días. Quería pasar menos de la mitad de mis horas de vigilia pensando en el tamaño de mi cuerpo. Quería comer con otras personas todos los días. Quería tener relaciones sexuales y disfrutar tanto de ellas como las mujeres de *Sex and the city*. Quería retomar las clases de ballet, una pasión que abandoné cuando me crecieron las tetas y los muslos. Quería tener amigos con los que viajar por el mundo después de hacer el examen de ingreso a la abogacía dentro de dos años. Quería retomar el contacto con mi compañera de cuarto de la universidad, que vivía en Houston. Quería abrazar a mis amigas de la preparatoria cuando me las encontrara en el centro comercial. Pero no quería decir nada de eso porque parecía muy específico. Cursi. En aquel momento aún no sabía que la terapia, al igual que la escritura, se apoyaba en los detalles y la concreción.

Me dijo que me metería en un grupo. No debería haberme sorprendido, pero la palabra *grupo* me sentó como un puñetazo en las costillas. Un grupo implicaba que habría más gente, personas a las que a lo mejor no les caería bien, que meterían las narices en mis asuntos y violarían el reglamento de mi madre de no exponer mi angustia mental al escrutinio de otros.

—No puedo participar en un grupo.

—¿Por qué no?

—Mi madre se molestaría. Que tanta gente supiera lo que me pasa...

—Pues no se lo digas.

—¿Por qué no puedo hacer sesiones individuales?

—Las sesiones en grupo son la única forma que conozco de conducirte hacia donde quieres ir.

—Te doy cinco años.

—¿Cinco años?

—Cinco años para cambiar mi vida y, si no funciona, me largo. Tal vez me suicide.

Quería quitarle esa sonrisita de satisfacción de la cara, y también que supiera que no iba a quedarme allí eternamente, arrastrándome hasta el centro de la ciudad para hablar de mis sentimientos con otras personas igual de lisiadas si no había cambios materiales en mi vida. En cinco años iba a cumplir los treinta y dos. Si a esa edad seguía teniendo un corazón intacto y sin apegos, me mataría.

Él se inclinó hacia delante.

—¿Quieres conseguir relaciones sociales estrechas en un plazo de cinco años?

Asentí, dispuesta a aguantar el malestar que me generaba mirarlo a los ojos.

—Podemos conseguirlo.

Tenía miedo del doctor Rosen, pero no iba a ser yo quien cuestionara a un psiquiatra graduado en Harvard. Su intensidad me asustó (esa sonrisa, esas afirmaciones), pero también me intrigó. ¡Vaya seguridad que tenía! «Podemos conseguirlo.»

Tan pronto como acepté ir a terapia de grupo me convencí de que algo catastrófico le iba a pasar al doctor Rosen. Imaginé el autobús número doce embistiéndolo delante del Starbucks. Imaginé sus pulmones infestados de tumores malignos y su cuerpo sucumbiendo a la esclerosis.

—Si te encuentras a Buda en el camino, mátalo —dijo el doctor Rosen en la segunda sesión, cuando le conté mis miedos.

—¿No eres judío? —El apellido judío, el *mazel tov*, las letras hebreas bordadas que colgaban de los diplomas...

—Esa expresión significa que debes rezar para que yo muera.

—¿Por qué querría eso?

—Si yo muero —juntó las manos y sonrió como un elfo perturbador—, aparecerá alguien mejor.

Su cara desbordaba alegría, como si creyera que podía pasar cualquier cosa (cualquiera de verdad), y fuera a ser glorioso y mucho mejor que lo que había llegado antes.

—Una vez presencié un accidente en una playa de Hawái. Una persona con la que estaba se ahogó. —Sentí cómo el pecho se me elevaba mientras observaba cómo se le dilataban sus ojos antes de soltar la bomba.

—Por Dios. ¿Cuántos años tenías?

—Me faltaban tres semanas para cumplir los catorce.

Mi cuerpo empezó a temblar de ansiedad, como siempre ocurría cuando surgía el tema de Hawái. Aquel verano, el dulce período entre segundo de secundaria y mi primer año en la nueva preparatoria de mujeres católica, mi amiga Jenni me invitó a pasar las vacaciones con su familia en Hawái. Pasamos tres días explorando la isla principal: playas de arena negra, cascadas, una fiesta luau... El cuarto día fuimos a una playa aislada, en un extremo de la isla, y el padre de Jenni se ahogó entre las olas. Nunca supe cómo hablar de aquella experiencia. Mi madre lo llamaba «el accidente», otras personas lo llamaban «el ahogamiento». Aquel mismo día por la noche, la madre de Jenni llamó a sus familiares en Dallas y entre sollozos dijo: «David ha muerto». No sabía cómo expresar lo que ocurrió ni lo que sentía al cargar con el recuerdo de su cuerpo inerte siendo arrastrado fuera del océano, así que nunca hablaba de ello.

—¿Quieres decir algo más?

—No voy a rezar para que mueras.

Si buscan en Google «Buda mata», encontrarán un enlace a un libro titulado *Si te encuentras a Buda en el camino, ¡mátalo! El peregrinaje de los pacientes de psicoterapia*, de Sheldon B. Kopp. Al parecer, los pacientes de psicoterapia, de los que ahora formaba parte yo, deben saber que los terapeutas no son más que seres humanos luchando por seguir adelante, igual que ellos. El doctor Rosen me dejó claro desde el principio que él no iba a darme respuestas, que quizá no las tenía. A mi fantasiosa representación de la horripilante muerte del doctor Rosen añadí una imagen donde yo le clavaba una estaca de madera en el corazón, lo cual era perturbador, y no solo porque hubiera confundido a Buda con Drácula.

El primer año de universidad, unas chicas vivaces y populares de Austin me invitaron a ir con ellas a Nueva Orleans en coche. El plan era quedarnos en la casa del primo de una de las chicas e ir de fiesta por el barrio francés hasta que fuera hora de regresar al campus. Les dije que tenía que pensármelo, aunque ya sabía la respuesta. Como excusa les dije que tenía tareas que hacer, aunque solo llevábamos dos semanas de clase y la única tarea que tenía era leer la primera mitad de *Beowulf*, un libro que ya había leído en la preparatoria.

Los grupos me intimidaban, incluso tantos años después de lo ocurrido con Bianca y los dulces. ¿Dónde iba a dormir en Nueva Orleans? ¿Y si no entendía sus chistes? ¿Y si nos quedábamos sin temas de conversación? ¿Y si descubrían que no era tan rica, increíble o feliz como ellas? ¿Y si se enteraban de que no era virgen? ¿Y si sabían que solo me había acostado con un hombre? ¿Y si descubrían mis secretos sobre la comida?

¿Cómo iba a formar parte de un grupo con las mismas personas todas las semanas?

—Te conozco. De las reuniones. —Solté en medio de la segunda sesión. Tenía miedo de que algún día me reconociera y me tuviera que correr de su consulta porque habíamos coincidido en varias reuniones antes—. Hace años, cuando vivía en Hyde Park.

Inclinó la cabeza hacia un lado y entrecerró los ojos.

—Es verdad. Ya decía yo que me sonaba tu cara.

—¿Significa eso que no puedes tratarme?

Sacudió los hombros entre carcajadas agudas.

—Deseo recibido.

—¿Qué? —Me quedé mirando su cara de alegría.

—En cuanto empiezas a tomarte en serio el tratamiento, comienzan a ocurrírsete excusas para demostrar que no funcionará.

—Es un temor justificado.

Más carcajadas.

—¿Qué?

—Si participas en uno de mis grupos, quiero que les cuentes a los demás todas las cosas que recuerdas que dije en las reuniones.

—Pero tu anonimato...

—No necesito que me protejas. No es tu trabajo. Tu trabajo es hablar.

Lo que escribí en mi diario después de la segunda sesión fue curiosamente premonitorio: «Me pone nerviosa exhibir en terapia la forma en la que como... Me asusta el doctor Rosen y su papel en mi vida. Tengo miedo de que mis secretos salgan a la luz. Un miedo tremendo».

El doctor Rosen hablaba usando el método *koan*.

—La persona hambrienta no tiene hambre hasta que da el primer mordisco —declaró.

—No soy anoréxica.

A ver, claro que había deseado tener un ataque de anorexia durante la preparatoria cuando no podía parar de devorar Pringles y Chips Ahoy, pero ese no era mi estilo.

—Es una metáfora. Cuando dejes entrar al grupo, cuando des ese primer mordisco, consciente de lo sola que has estado.

—¿Cómo «dejo entrar al grupo»?

—Compartiendo con los miembros todos los aspectos de tu vida que tengan que ver con las relaciones sociales: amistad, familia, sexo, pareja, amor. Todos ellos.

—¿Por qué?

—Así es como los dejas entrar.

Antes de empezar con la terapia de grupo hice tres sesiones individuales. En la última relajé los hombros mientras me acurrucaba en el sillón de cuero negro del doctor Rosen. No paré de darle vueltas a mi pulsera con el dedo índice ni de meter y sacar el pie del zapato. Estaba acostumbrada al doctor Rosen, era como un viejo amigo. No había nada que temer. Le conté que lo conocía de las reuniones, y él me dijo que ese no era motivo para abortar el plan. Lo único que quedaba por hacer era negociar los detalles, como el grupo en el que me iba a meter. Me sugirió un grupo mixto lleno de médicos y abogados que se reunían de siete y media a nueve los martes por la mañana. Un grupo de «profesionales». No había imaginado hombres en mi grupo. Ni médicos. Ni abogados.

—Espera. ¿Qué me va a pasar cuando empiece las sesiones en grupo?

—Te vas a sentir más sola que nunca en tu vida.

—Detente ahí, Harvard. —Me incorporé de golpe en el asiento—. ¿Me voy a sentir peor?

Acababa de reunirme con el jefe de estudios de la Facultad de Derecho para solicitar un crédito de salud privado al diez por ciento de interés para pagar la nueva terapia. Y ¿ahora me estaba diciendo que el grupo me iba hacer sentir peor que la mañana que estuve conduciendo mientras me chorreaba jugo de ciruela por la cara y rezando para que una bala me alcanzara la cabeza?

—Por supuesto —contestó, y asintió como si intentara quitarse algo de encima de la cabeza—. Si de verdad quieres lograr relaciones sociales estrechas o, como tú dices, ser una persona de verdad, necesitas sentir todo aquello que te ha estado asfixiando desde pequeña. Soledad, ansiedad, rabia, miedo.

¿Podía soportar tal cosa? ¿De verdad quería hacerlo? La curiosidad que sentía por aquel hombre, sus grupos y cómo podían alcanzar mi corazón consiguió hacer mella en mi reticencia, aunque por muy poco.

—¿Puedo llamarte cuando lo tenga claro?

Sacudió la cabeza.

—Necesito que te comprometas hoy.

Tragué saliva, miré fijamente la puerta y consideré las opciones que tenía. El compromiso me aterraba, pero más miedo me daba salir de aquella consulta con las manos vacías: sin grupo, sin más opciones, sin esperanza.

—De acuerdo. Me comprometo. —Tomé el bolso para largarme de vuelta al trabajo y empezar a preocuparme por lo que acababa de aceptar—. Una última pregunta. ¿Qué me va a pasar cuando empiece la terapia de grupo?

—Todos tus secretos saldrán a la luz.

4

—¿Arriba o abajo?

Un tipo robusto y calvo con unos ojos verdes enormes que se asomaban tras unos lentes de armazón metálico me lanzó aquella bomba para iniciar una conversación conmigo en la primera sesión de terapia de grupo. Más tarde me enteré de que aquella novatada era algo típico de Carlos, un médico mordaz y homosexual de treinta y tantos que llevaba un par de años viendo al doctor Rosen.

—Cuando coges, ¿te gusta más ponerte arriba o abajo? —me preguntó.

Con el rabillo del ojo, vi al doctor Rosen observando uno a uno a todos los miembros del grupo, como un aspersor con temporizador. Me alisé la parte delantera de la falda. Si querían conocer a la Christie indecente y positivista sexual, se los mostraría.

—Arriba, sin duda.

Claro que esta Christie era una versión inventada de mí a la que no le importaba que un extraño le hiciera preguntas intrusivas y que las respondía con una sonrisa. No obstante, bajo los nervios exacerbados y el pulso acelerado, sentía la necesidad de ponerme a llorar, ya que la verdadera respuesta a la pregunta era que no tenía ni idea de cómo me gustaba coger. Ninguno de los hombres con los que había salido era capaz de practicar sexo del sano; todos habían tenido problemas de depresión o adicciones que se lo impedían. Dije que me gustaba ponerme arriba porque tenía un recuerdo borroso de haber sentido placer con mi novio de la preparatoria, una estrella del baloncesto y un mariguano con quien cogía a menudo en el asiento delantero del Chevy de mi padre.

El doctor Rosen se aclaró la garganta con melodramatismo.

—¿Qué?

Era la primera vez que miraba directamente al doctor Rosen desde que había comenzado la sesión de terapia de grupo. Había abierto la puerta de la sala de espera y nos había llevado a Carlos, a otras dos personas más y a mí a un despacho esquinero al final del pasillo en cuyo otro extremo se encontraba la sala donde me había hecho las sesiones individuales. En aquella sala de grupo de dieciséis metros cuadrados había siete sillas giratorias dispuestas en círculo. La luz del sol atravesaba los listones de las minipersianas y rayaba toda la sala. En un rincón había una estantería llena de libros sobre adicciones, codependencia, alcoholismo y terapia de grupo. Del estante inferior rebosaba un surtido de peluches y una figura de una monja con guantes de boxeo. Elegí la silla que estaba de cara a la puerta, es decir, a las nueve de la posición del doctor Rosen. Al sentarme, me pareció dura y rechinaba levemente cuando me giraba a izquierda y derecha. La verdad es que esperaba que, siendo exalumno de Harvard, nos hubiera ofrecido unos asientos más elegantes.

—¿Qué tal si nos das una respuesta sincera? —preguntó el doctor Rosen. Me lanzó una sonrisa desafiante, como si supiera con certeza que había empezado la terapia de grupo fingiendo ser una mujer con una vida sexual sana.

—¿Como qué?

—Como que no te gusta nada practicar sexo.

Se me incendiaron las mejillas. Yo no me hubiera descrito de esa forma.

—Eso no es cierto. Me encanta practicar sexo, pero no encuentro a nadie con quien hacerlo.

Había tenido orgasmos y sexo placentero muchas veces; en la universidad estuve con un colombiano alcohólico al que le gustaba acariciarme el rostro mientras me besaba, y eso hacía que me encendiera como una supernova. Y cuando lo hacía con mi novio de la preparatoria me gustaba de verdad ponerme arriba, inclinando la cadera lo que fuera necesario y adentrándome en mi sexualidad como solo podía hacerlo una chica de diecisiete años borracha. No sé dónde había enterrado aquellas partes de mí o por qué no había podido retenerlas.

Un hombre de mediana edad con un corte de cabello militar y una barba como la del Coronel Sanders (era un proctólogo jubilado) se metió en la conversación.

—¿En serio? ¿Una chica tan guapa como tú? Eso no puede ser verdad.

¿Me estaba mirando con lascivia?

—Oigan, no... No me contesten.

Estaba a punto de ponerme a llorar. Solo llevábamos dos minutos de sesión y ya me estaba viniendo abajo. Me acordé de cuando en la preparatoria católica de mujeres nos llevaron a un retiro espiritual el último año de secundaria y la líder del retiro se abrió a nosotras y nos contó la historia de su experiencia con la bulimia. Entonces confesé entre lágrimas que era bulímica en una sala llena de niñas de catorce años y les hice jurar a todas que lo mantendrían en secreto. Era la primera vez que le hablaba a alguien de mi purga. En esta ocasión, sentada ante el Coronel Sanders, sentí cerniéndose sobre mí de nuevo la misma confusión que experimenté en el retiro. ¿De verdad me ayudaría contarle mi vida a un grupo de extraños o en realidad no haría más que destruirme, como mi madre había predicho?

—¿Cómo que no te respondamos?

No me cabía duda: el Coronel Sanders me estaba mirando con lascivia.

—Los chicos siempre se acercan a mis amigas, nunca a mí. Ha sido así desde la preparatoria.

Cuando iba a bares o fiestas con un grupo mixto, yo siempre me quedaba a un lado, sin saber qué hacer con las manos, incapaz de reírme en un tono normal o de unirme a una conversación porque estaba tratando de pensar en cómo conseguir que los chicos se fijaran en mí. Y no era solo por la forma de ser de los chicos estadounidenses. Mi compañera de cuarto de la universidad, Kat, y yo hicimos un viaje por toda Europa cuando terminamos la carrera y ningún chico intentó ligar conmigo. Ni siquiera en Italia. Pero sí hubo chicos en Múnich, Niza, Lucerna y Brujas que se volvieron locos por Kat y que me ignoraron completamente.

Sonó un timbre y el doctor Rosen pulsó un botón que había en la pared detrás de él.

Tres segundos después, una mujer sonriente de cuarenta y tantos que llevaba un esmalte cuarteado de color turquesa, el cabello naranja bastante dañado por los químicos nocivos y con una voz ronca de fumadora entró en la sala. Su camisa de rayón con flecos era más propia de Woodstock que del centro de Chicago. La había visto un par de veces en las reuniones de la terapia de doce pasos. Nos dijo «Soy Rory» a mí y a otro hombre mayor que estaba sentado delante de mí y también parecía ser nuevo. Después, como si fuera la organizadora de la sesión, señaló a cada miembro y nos dijo sus nombres y profesiones. El verdadero nombre del Coronel Sanders era Ed. Carlos era dermatólogo. Patrice era una de las socias dueñas de una clínica de obstetricia. Rory era abogada especializada en Derecho Civil. El hombre nuevo, Marty, tenía las cejas como las de Groucho Marx y la costumbre de aspirar por la nariz cada diez segundos. Explicó que era un psiquiatra que trabajaba con refugiados del sudeste asiático.

—¿Así que has venido para coger más? —preguntó el Coronel Sanders.

Me encogí de hombros. Lo cierto era que unos momentos antes lo había admitido, pero ahora estaba tratando de retirarlo por culpa de los mensajes que tenía tatuados en mi interior: las buenas chicas no buscan eso. Las feministas no lo necesitan. Las buenas chicas no hablan de eso, y menos si hay hombres delante. A mi madre le habría dado un patatús si se hubiera enterado de que estaba hablando de eso con desconocidos.

A partir de aquel momento, la conversación se centró en Rory, quien mencionó que le había pedido dinero a su padre para pagar las cuentas. El doctor Rosen animó a Rory a contar la historia de cómo su padre sobrevivió al Holocausto, escondido al parecer en un baúl en Polonia durante varios años. De repente la conversación dio un giro y pasó a centrarse en un paciente de Carlos que no quería pagarle la factura.

Mientras el grupo pasaba de un problema a otro, yo cambiaba el peso de una nalga a otra sobre aquella silla dura como una piedra. Suspiré y me aclaré la garganta con frustración. No había resuelto nada. ¿Es que nadie quería respuestas? ¿Ni soluciones? Y encima, al ser la nueva, desconocía el contexto de esas historias. ¿Por qué se había ido la ayudante de Carlos? ¿Por qué Rory parecía tan antisemita cuando su padre había sobrevivido al Holocausto metido en un baúl? ¿Por qué se le había pasado el plazo para pagar el crédito de la Visa?

En algún momento de la sesión empecé a toquetear las cuentas de mi pulsera de perlas como si fuera un rosario para calmarme. El doctor Rosen me observaba; era su nueva rata de laboratorio. ¿Escribiría una nota sobre eso en mi ficha? «CT manipula las cuentas de una pulsera durante la conversación grupal. CT muestra los signos típicos de una persona con grandes problemas de intimidad y represión severa. Será un caso complicado.»

Salí de las tres sesiones individuales pensando que, a pesar de su arrogancia y su extraño sentido del humor, el doctor Rosen y yo habíamos formado un vínculo. Creía que me entendía, pero ahora me parecía un completo extraño. En mi mente lo llamé cabrón.

Había normas no escritas en el grupo.

—Cruzaste las piernas —observó el Coronel Sanders.

Me miré el muslo derecho, que estaba colocado sobre el izquierdo. Todos se giraron a mirarme.

—Y ¿qué? —respondí a la defensiva.

—Aquí no hacemos eso —dijo el Coronel Sanders mientras me miraba las piernas.

Las separé de inmediato.

—¿Por qué no?

Si hacerme sentir como una idiota servía para mejorar, estaría curada para la Navidad.

—Significa que no te quieres abrir —explicó Carlos.

—Que sientes vergüenza —intervino Rory.

—Que te cierras emocionalmente —añadió Patrice.

Aquel grupo era un escaparate. No podía esconderme de los seis pares de ojos que me observaban desde todos los puntos del círculo. Podían leer mi cuerpo. Evaluarme. Sacar conclusiones. Podían verme. Al sentirme tan expuesta quise volver a cruzar las piernas hasta el final de la sesión. O hasta el fin de los tiempos.

El doctor Rosen cobró vida y habló.

—¿Cómo te sientes?

En vez de soltar una respuesta de mierda pero que podría hacerme ganar puntos («La dinámica del grupo me hace sentirme empoderada»), respiré hondo y busqué una respuesta sincera. Me sentía desorientada, pero decidí que la verdad podría ser una buena base. Aquello había funcionado en las reuniones de terapia de doce pasos y seguía viva porque había dicho la verdad sobre mi bulimia mil veces en aquellas reuniones. Ni sacar buenas calificaciones, ni estar delgada, ni cogerme a un chico guapo y latino en la universidad habían logrado hacerme sentir tan empoderada como contar que vomitaba todo lo que me comía. La primera vez que me sentí llena de verdadero poder fue tras mi primera sesión de terapia de doce pasos, cuando me senté en un banco con una mujer de la sesión y le conté que robaba comida del campus para comérmela y luego vomitarla. Sentí que estaba saltándome la prohibición que me había impuesto mi madre de hablar de mis asuntos personales con otras personas. Había contado un secreto mío sin importarme que mi familia pudiera darme la espalda, ya que había entendido que guardármelo significaba darme la espalda a mí misma. Si la terapia de grupo podía ayudarme a sanar (aunque no estaba nada segura de que eso pudiera suceder), tenía que empezar por contar la verdad. No me quedaba más remedio. Además, ninguna de esas personas conocía a mi madre o sus amigas. Así que se habían acabado las fachadas.

—A la defensiva.

¿Cómo iba yo a saber que no podíamos cruzar las piernas?

El doctor Rosen negó con la cabeza.

—Eso no es un sentimiento.

—Pero es justo lo que...

Ahora estaba molesta y sabía que eso sí era un sentimiento.

Pero había otra regla más:

—Los sentimientos tienen tres sílabas o menos: vergüenza, enfado, soledad, tristeza, miedo.

El doctor Rosen explicaba los sentimientos como si fuera Fred Rogers hablando con un niño de preescolar. Al parecer, una vez que te desvías de las tres sílabas, estás intelectualizando, es decir, evitando enfrentarte a tus verdaderos sentimientos.

—Y ¿qué hay de la alegría? —preguntó Rory.

—Eso aquí no lo sentimos —respondió Carlos. Todo el mundo se rio. Las comisuras de mis labios se alzaron.

El doctor Rosen me hizo un gesto con la cabeza.

—Bueno, y ¿qué quieres decir con «a la defensiva»?

Mi primer examen sorpresa. Quería darle la respuesta correcta. Me pareció que me iba a resultar tan difícil como saber a qué hora debía ser la tutoría del tal Sheldon en la pregunta aquella del examen de ingreso a la Facultad de Derecho. Busqué en el listado de emociones. Se me ocurrió *desilusión*, pero tenía cuatro sílabas. *¿Indignación*? No, cuatro sílabas también. Cuatro esquinitas tiene mi cama. Cuatro angelitos que me la guardan. Dos en los pies, dos en la cabecera y la Virgen María por compañera. El cuatro es un buen número. El cuatro simboliza la exactitud y la plenitud. ¿Por qué no podía usar una palabra de cuatro sílabas? Lo único que se me ocurría en ese caso era *adiós*.

—¿Enfado? —dije.

—Yo oigo algo más. ¿Qué me dices de vergüenza?

Lo repetí en voz alta:

—¿Vergüenza?

Pensaba que la vergüenza era algo que solo los supervivientes del abuso incestuoso o de ritual satánico debían superar. La vergüenza era propia de la gente que había cometido graves pecados sexuales o que hacía cosas vergonzosas en público mientras iba desnuda. ¿Acaso yo sentía eso? Siempre iba vestida, hasta para dormir. Incluso acostumbraba a dejarme el brasier puesto cuando me acostaba con alguien. ¿De verdad era vergüenza la palabra que definía aquel sentimiento de que todo lo que yo hacía estaba mal y tenía que ocultarlo tras una gran cantidad de buenas calificaciones? ¿Era vergüenza lo que había sentido de pequeña en clase de ballet cuando deseaba tener un cuerpo más pequeño, como el de las Jennifers o las Melissas? ¿Era aquel el nombre del asco que sentía en mi interior cuando, siendo adolescente, me sentaba con mis amigas y mi hermana pequeña y comparaba lo anchos que eran mis muslos con sus delicados huesos de pajarito?

Quería sacar las mejores calificaciones en aquella terapia, como si aún estuviera en la Facultad de Derecho. Pero el problema era que ser la número uno, como es natural, no me había ayudado a sentirme menos sola o a acercarme a la gente. Además, tampoco sabía qué debía hacer para ser buena en la terapia.

La regla fundamental en Rosenlandia era, obviamente, que los miembros del grupo no podían guardar secretos. Aquello quedó patente cuando Carlos se puso a hablar de una mujer llamada Lynne, que estaba en otro grupo de terapia del doctor Rosen. Según Carlos, Lynne planeaba dejar a su marido, en parte, porque tenía problemas de disfunción eréctil. Arrugué la nariz y le lancé una mirada al doctor Rosen. ¿Cómo podía permitir que habláramos sobre el pene disfuncional de un hombre inocente? ¿Y si yo conocía a ese hombre? Cuando Marnie me dijo que no se podían tener secretos, no había pensado que el doctor Rosen consentiría que chismeáramos sobre otros pacientes en plena sesión.

—Y ¿qué pasa con la confidencialidad? —pregunté.

—Aquí no existe eso —contestó Rory.

Patrice y Carlos lo confirmaron asintiendo con vigor. Me vino a la cabeza el recuerdo de mi madre regañándome cuando iba a la preparatoria. Había roto la promesa que le hice al abrirme a la gente de la terapia de doce pasos, pero esa gente aún se regía por el principio espiritual del anonimato, que constaba en el nombre del programa. ¿Por qué se regía esta gente?

—¿Cómo se supone que vamos a sentirnos seguros?

—¿Qué te hace pensar que la confidencialidad garantiza la seguridad?

El doctor Rosen parecía lleno de energía y listo para darme una lección.

—La terapia de grupo siempre es confidencial.

Mi única autoridad sobre la terapia de grupo era una amiga de la carrera que tuvo que firmar un acuerdo de confidencialidad cuando se unió a un grupo.

—Quizá no quiera que mis secretos se conviertan en el tema de conversación de todo el grupo.

—¿Por qué no?

—¿No entienden por qué quiero preservar mi intimidad?

Ninguno de los rostros que me observaban denotaba ira.

—Quizá deberías reflexionar sobre por qué te importa tanto la intimidad.

—¿No es esa la práctica convencional?

—Quizá lo sea, pero ocultarle secretos a la gente es más tóxico que dejar que los demás sepan todos tus trapos sucios. Guardar secretos es una forma de soportar una vergüenza que no te pertenece.

Entendía lo que quería decir hasta cierto punto. Los adictos a la comida solían mejorar tras contar sus historias en las reuniones de rehabilitación, pero al principio de las sesiones de la terapia de doce pasos siempre te leen un recordatorio: «Todo lo que oigas aquí, se queda aquí cuando te vayas». Después, toda la gente responde: «¡Aquí, aquí!». En términos éticos, el doctor Rosen estaba obligado a guardar mis secretos porque era mi psiquiatra, pero había otras cinco personas conmigo que iban a oír todo lo que yo dijera. Las paredes de la sala donde estábamos no eran una barrera que pudiera impedir que la información saliera de allí. ¿Y si un día se me ocurría malversar fondos de mi bufete de abogados? ¿Y si desarrollaba un síndrome de colon irritable y me hacía encima en la avenida Michigan? ¿Y si me acostaba con alguien que no supiera usar la puntuación correctamente? ¿Cómo me sentiría sabiendo que un tal Joe Schmo del grupo de hombres de los miércoles pudiera estar al tanto del sexo acrobático que esperaba practicar algún día?

—¿Qué saco yo de esto?

Por aquel entonces no sabía que iba a hacer esa misma pregunta tantas veces que se convertiría, igualmente, en una especie de mantra y de lema.

—Un lugar al que poder venir y hablar de cualquier cosa, y donde no se te pide que guardes los secretos de los demás. Nunca.

Al final de la sesión, el doctor Rosen juntó las palmas de las manos.

—Vamos a terminar por hoy.

Todo el mundo se levantó. El doctor Rosen se dirigió a mí y me dijo:

—Acabamos las sesiones igual que en las de la terapia de doce pasos. Nos ponemos en círculo, nos damos la mano y pronunciamos la oración de la Serenidad. Si no te sientes cómoda con eso, no tienes por qué participar.

Le lancé una sonrisa para hacerle entender que aquella no era mi primera vez. Acababa de soportar noventa minutos de terapia de grupo; si alguien necesitaba aquella oración de la Serenidad, sin duda era yo. Se suponía que aquella plegaria tan conocida ayudaba a los adictos a entrar en contacto con un poder superior sin apelar a una tradición religiosa específica:

«Dios, concédeme la serenidad para aceptar las cosas que no puedo cambiar, el valor para cambiar las cosas que puedo cambiar y la sabiduría para reconocer la diferencia».

Tras recitar la oración, todos se giraron hacia la persona que tenían al lado y la abrazaron. Rory y Patrice. Marty y Ed. Carlos y el doctor Rosen. Los observé; no estaba preparada para acercarme y estrechar mi cuerpo contra los suyos. Pero cuando Patrice vino hacia mí con los brazos abiertos, di un paso hacia delante y dejé que me abrazara. Los brazos me colgaban a los lados como mangas vacías. El doctor Rosen estaba de pie delante de la silla y los miembros del grupo se acercaron para abrazarlo, uno a uno.

Avancé, rodeé los hombros del doctor Rosen con los brazos y le di un apretón rápido; demasiado rápido como para que pudiera olerme o acordarse de la sensación de sus brazos alrededor de mi cuerpo o de los míos en torno al suyo. Fue tan breve que pareció que no había sucedido. No había ninguna huella de ese abrazo en mi cuerpo. Lo abracé porque quería encajar, hacer lo mismo que hacían los demás y evitar llamar demasiado la atención. Años más tarde observaría cómo algunos nuevos pacientes se negaban a abrazar a nadie, y mucho menos al doctor Rosen, y me dejarían pasmada al darme cuenta de que jamás se me ocurrió la posibilidad de no abrazarlo. Ninguna parte de mi organismo conocía ese tipo de *no*.

Después de la terapia de grupo me subí al metro de la línea roja en dirección norte, hacia la facultad. Tenía la cabeza revuelta con aquellos rostros nuevos, el vocabulario nuevo sobre los sentimientos, el mundo nuevo al que me había unido. El doctor Rosen actuaba como si lo supiera todo sobre mí. Aquella afirmación tan rotunda, «No te gusta nada practicar sexo», me irritaba. ¡Vaya engreído!

Que fuera un psiquiatra sofisticado no significaba que pudiera saberlo todo. En su momento había estado abierta al placer y si algún día se molestaba en preguntarme por eso, los miraría a los ojos a él y a todos los demás miembros del grupo sin cruzar las piernas y les contaría todo al respecto.

La noche en la que tuve mi primer orgasmo hacía un clima primaveral agradable en Texas y tenía abierta la ventana de mi dormitorio del 6644 de la avenida Thackeray. No podía dormir, así que encendí la radio y escuché: «Hablemos de sexo, estás al aire». Vaya. Ese programa de radio no era para niños. Me arrebujé más bajo las sábanas. La hermana Mary Margaret nos decía que solo las parejas casadas que estuvieran buscando un bebé podían practicar sexo y que, si lo teníamos en alguna otra circunstancia, iríamos al infierno, lejos de Dios, nuestros padres y nuestras mascotas. Mi madre afirmó aquella verdad católica una noche mientras cenábamos. Nos explicó que había dos pecados que te otorgaban un billete solo de ida a la condenación eterna: «El asesinato y el sexo antes del matrimonio».

No era complicado imaginarme lejos de la gracia de Dios mientras subía el volumen de la radio.

Una de las mujeres que llamó al programa confesó que era incapaz de llegar al orgasmo con su pareja. A continuación, la doctora Ruth Westheimer le proporcionó instrucciones sobre cómo aprender más sobre su cuerpo mediante la masturbación. Con amabilidad, la doctora Ruth explicó dónde estaba el clítoris y para qué servía. Era casi como si supiera que estaba hablando con una niña de cuarto de primaria.

No podía desperdiciar aquellos consejos tan sabios. Deslicé la mano entre mis piernas y toqué la delicada perla que a veces me dolía cuando andaba en bicicleta durante demasiado rato. Despacio, la rodeé con el dedo hasta que noté que me sucedía algo: una ola cálida que avanzaba *in crescendo*, haciendo que se me engarrotaran las piernas. Dejé volar la imaginación: Tad Martin, de *Todos mis hijos*, me besaba el rostro y me decía que me amaba más que a todas las mujeres de Pine Valley. Empecé a acariciarme con más fuerza. La presión añadida no dolía. Mi cuerpo ascendió hacia la primera descarga sexual gloriosa. Me estremecí entera de placer, tal y como la doctora Ruth había prometido. Por primera vez en mi vida pensé que mi cuerpo era exquisito y poderoso.

Allí, en la templada y oscura intimidad de la habitación de mi infancia, me aventuré en mi sexualidad bajo la amable tutela de la doctora Ruth. Me sentía madura por haber descubierto los secretos sexuales de la edad adulta. Eso de tocarse y aquella oleada cálida de placer corporal intenso debía ser algo malo, porque nadie hablaba nunca de hacerlo. La palabra *masturbación* sonaba fatal y a lo más asqueroso que pudiera imaginar, así que no la diría nunca.

Al llegar a cuarto, ya llevaba un par de años marinando el odio hacia mi cuerpo. Tenía el estómago demasiado grande, o eso es lo que mi querida profesora de ballet de la escuela me decía desde los cuatro años.

—Christie —me decía—. La panza.

Era un recordatorio para que metiera la panza y la hiciera desaparecer. Solía tratar mejor a las chicas a las que no se les ajustaban tanto los leotardos y cuyos muslos no se tocaban. Lo que más deseaba en el mundo era llegar a ser bailarina y que mi profesora me adorara, y aquello que me impedía lograr ambas cosas era el tamaño de mi cuerpo. También sospechaba que los suspiros de mi madre cuando me probaba ropa en los probadores de Joske's y de Dillard's eran una prueba de que deseaba que estuviera más delgada. Yo lo deseaba. Creía que las chicas flacas y flexibles como mi hermana, las Jennifers y las Melissas de la clase de ballet, eran más felices solo por tener cuerpos delgados. Al menos las querían más. Al tratar de convertirme en una de esas chicas empecé a tener pequeñas luchas internas con mi apetito, como tratar de comerme solo medio sándwich o de no comer postre, pero mi apetito siempre ganaba. Todos los días entraba a la cocina con la intención de beberme un vaso de agua y comerme tres galletas Club, pero siempre acababa zampándome un puñado de Chips Ahoy y tragándome media jarra de Kool-Aid de uva. ¿Por qué no podía controlar el apetito? ¿Por qué mi cuerpo me impedía convertirme en quien debía ser?

Era una niña sensible preparándose para una larga guerra contra su propio cuerpo a través de la bulimia, pero en la oscuridad de mi habitación, con la mano entre las piernas, experimenté el placer corporal puro. Durante un par de minutos fui capaz de hacer las paces con mi cuerpo y quedarme dormida.

El doctor Rosen no sabía nada sobre las incursiones al placer de la pequeña Christie. Aquella niñita había tenido las agallas de subir el volumen de la radio y explorar.

5

—Christie, ¿por qué no le cuentas al grupo qué comiste ayer? —sugirió el doctor Rosen.

—¡No! —Mi voz resonó por toda la sala. Me levanté de la silla de un salto y me puse a caminar de aquí para allá por el centro del círculo como si estuviera intentando apagar un fuego—. ¡No, no, no! Por favor, doctor Rosen, no me obligues a hacerlo.

Se lo supliqué como si fuera una niña. Eso no; por favor, eso no. Nunca había actuado de esa forma, pero es que nadie me había preguntado por lo que comía de una manera tan rotunda.

—Carajo. Si te pones así, tienes que contárnoslo —dijo Carlos.

Ni siquiera estábamos hablando de comida, sino de los gastos médicos del hurón de Rory.

Llevaba un mes en tratamiento. Tras cuatro martes de sesiones, el grupo y yo habíamos realizado todos los rituales para conocernos mejor. Sabían que asistía a las sesiones en grupo porque me costaba crear vínculos sociales. Sabían lo de la bulimia, y también lo de la doctora Ruth. Pero ¿eso? ¿Contarles a esas siete personas que tenía delante qué había comido el día anterior? Imposible.

Mi trastorno alimenticio había dejado de ser material

para una película de domingo por la tarde. No iba de un autoservicio a otro engullendo y vomitando, pero comía como un bicho raro. Prueba A: todas las mañanas comía una rebanada de queso mozzarella envuelta en una hoja de col, junto con un plato de manzana cortada y leche descremada calentado en el microondas y que comía con una cuchara. Para mí, eso eran «cereales». Ese había sido mi desayuno durante casi tres años seguidos. Ni un solo sándwich de jamón, ni un cuernito de chocolate, ni una barrita de muesli. Si no podía tomar mi desayuno secreto especial a solas en la intimidad de mi cocina, entonces no tomaba nada. Ese desayuno era seguro. Nunca, jamás me hacía desear darme un atracón.

Mis amigas de la Facultad de Derecho veían mi comida todos los días porque era imposible ocultarla: una lata de atún al natural sobre un lecho de col rociado con mostaza americana. Se burlaban de mí, y con razón, por lo asqueroso y poco creativo que era. Una persona normal nunca se comería eso más de dos veces, y yo lo comía todos los días. A mediodía, los otros estudiantes cruzaban tranquilamente el campus para comer un sándwich cargado de carnes rosáceas y queso empapado en salsa jardinera, mientras yo me sentaba en el fondo de la cafetería y comía como un conejo en un parque a la vez que me preparaba para la siguiente clase. No sabían que, antes de entrar a rehabilitación, mi relación con la comida me empujaba a agacharme frente al retrete después de casi todas las comidas. La memoria corporal de perder el control sobre mi apetito y acabar literalmente en el la taza del baño me obsesionaba. Estuve a punto de toparme con mi vergonzosa muerte en la universidad. Pueden criticar mi comida todo lo que quieran (que era sosa, pobre y provocaba ardor de estómago), pero me ayudaba a mantener el control. ¿Podían hacer eso aquellos sándwiches recargados?

Para cenar, comía carne picada de pavo salteada con brócoli, zanahorias o coliflor, y una cucharadita de queso parmesano. De vez en cuando variaba un poco y usaba pollo en lugar de pavo. Una vez probé el cordero, pero resultaba muy grasiento y luego apestaba todo el departamento. Cuando empecé a tratarme la bulimia, elegí un puñado de alimentos que me parecían seguros porque nunca me daba atracones con ellos. No tenía el valor de alejarme de la seguridad de aquellos alimentos.

Los atracones me los daba con otras cosas. Ese era el secreto que me estaba pudriendo por dentro. Todas las noches, como «postre», me comía unas tres o cuatro manzanas rojas, y a menudo incluso más. A veces hasta ocho. Cuando dejé entrever mi consumo de manzanas a mi madrina Cady en Texas, ella me aseguró que, mientras no tomara azúcar blanca, daba igual si me comía un costal de manzanas tres veces al día. El azúcar blanca era puro veneno para mucha gente en rehabilitación porque te conducía a una muerte segura. Cady me dio permiso para mantener las manzanas en mi lista de «comida segura», por muchos kilos que consumiera a la semana.

Gastaba más en manzanas que en tele por cable, gasolina y transporte juntos. Las manzanas eran la razón por la que no tenía compañera de cuarto: me aterrorizaba que me descubrieran, pero tampoco podía imaginarme comer una única manzana por noche.

—Cuéntanos —me animó Rory, con voz suave y amable.

Cerré los ojos con fuerza y hablé rápido, como un subastador en una venta de ganado.

—Queso, col, manzana, leche, atún, mostaza, una naranja, pollo, zanahorias y espinacas.

Hice una pausa, temerosa de seguir. No podía imaginar contarles lo de las manzanas, pero, de pronto, ocultar aquel secreto parecía insoportable. Dirían que no tenía solución, que no había seguido los pasos como debía, y que era una fracasada. Grité como una histérica para mis adentros. Sin embargo, de algún modo, solté:

—Luego me comí seis manzanas.

Es difícil determinar qué me avergonzaba más: comerme media docena de manzanas después de cenar o que el villano de mi registro de comidas fuera el inofensivo encargado de la sección de productos frescos. Había estado en cientos de reuniones de doce pasos escuchando a gente contando las cosas estrafalarias y espantosas que hacían con regaliz negro, pay de queso con cerezas o papas gratinadas. Y luego estaba yo, con una bolsa de manzanas sobre las piernas.

El atracón de la noche anterior fue como siempre. Me comí una manzana justo después de cenar y juré que era lo último que comía ese día. Pero se me revolvió el estómago. ¿Seguía teniendo hambre? ¿Era una señal somática de que necesitaba más calorías? Ni idea. Una mujer que conocí en rehabilitación siempre decía que, si tenías antojo de comida después de cenar, tenías que sentarte en la cama hasta que se te pasara. Lo probé; me senté sobre el edredón con las piernas cruzadas a escuchar los sonidos de la calle, pero el ansia de manzanas me sacó de la cama y me empujó hasta la cocina, donde tomé otra del cajón del refrigerador. Me comí otra manzana a toda prisa, como si no fuera a contar si me la zampaba en menos de sesenta segundos. Luego, la vergüenza (la palabra de moda que había aprendido en el grupo) de devorar una manzana a solas en el departamento alcanzó su punto álgido, así que me comí dos más. Tenía el estómago blando. ¿Qué diablos estaba haciendo? No lo sabía, pero me comí otras dos más. Cuando por fin me arrastré bajo las sábanas para irme a dormir, los bordes afilados de los pedazos de manzana que no había masticado bien se podían entrever ligeramente bajo la piel. El ácido me quemaba la garganta.

¿Cómo demonios tenía la cara de decir que estaba «en rehabilitación» cuando hacía aquello todas las noches? ¿Cómo iba a querer nadie a una persona que comía así? Llevaba años haciéndolo. ¿Cómo iba a parar?

El doctor Rosen me preguntó si quería ayuda. Asentí lentamente, aterrorizada de que me sugiriera que comiera hamburguesas de bisonte y pizza de alcachofas o un vasito de helado Ben & Jerry's cada noche como una persona solitaria normal. O peor aún, que dejara de comer manzanas.

—Llama a Rory todas las noches y dile lo que has comido.

Rory me miró a los ojos con una sonrisa tan amable que tuve que apartar la mirada para no romper en llanto, como con el *mazel tov* del doctor Rosen por mis notas. La amabilidad sin rodeos calentaba mi plexo solar como una lámpara de calor y me hacía pedazos.

Desvelar por fin mi ritual con todo lujo de detalles era como arrancarme la piel. La característica que definía mis hábitos alimenticios era el secretismo. En la guardería, robaba galletas de la lata donde las guardábamos. El fin de semana del Día de Acción de Gracias del último año de la preparatoria, me comí a escondidas la capa superior de un pastel de nuez. Les robé comida a todas las compañeras de habitación que tuve. Incluso estando en rehabilitación, aunque dejé de vomitar, mantuve el secretismo. Y también los atracones, aunque de otra manera.

—No intento impedirte que comas manzanas —explicó el doctor Rosen—. Come todas las que quieras. Las manzanas no son las que te están matando, sino el secretismo. Y la cuestión es... —Se inclinó hacia mí y bajó la voz—. Si dejas que este grupo participe en tu relación con la comida, te acercarás un poco más a la clase de relaciones que deseas. Empezarás por Rory.

Miré a Rory e imaginé hablarle de cada bocado que daba, por muy pequeño que fuera. El cuerpo entero se me estremeció, principalmente por miedo, pero también con esperanza. Tenía la oportunidad de que me conocieran sabiendo de antemano el problema que tenía con la comida, algo que nunca me había permitido antes.

No era de extrañar que el tema de la comida y las relaciones salieran de las mismas partes rotas de mi ser. Lo que me sorprendió es que el doctor Rosen lo comprendiera. Paula D. no lo había visto y en aquel entonces vomitaba con asiduidad.

—¿Llamar a Rory curará mis atracones de manzanas?

—No necesitas que te curen. Necesitas un testigo.

Yo quería que me curaran. Las manzanas valían un montón.

El segundo año de universidad me enamoré del apasionante colombiano con pómulos tan profundos como pozos. Me solía llamar super borracho cuando cerraban los bares y teníamos sexo detrás de la casa de la hermandad Kappa Kappa Gamma. Fue el chico que me enseñó todo lo que podía ser un beso. Antes de él, no acababa de entender qué tenía de especial juntar mis labios con los de otra persona, pero cuando su suave lengua se topó con la mía lo comprendí de inmediato. Un buen beso podía extenderse por todos los órganos y células del cuerpo. Podía quitarte el aliento y convertir tu boca en una catedral. Aquellos besos me abrieron los ojos.

Y luego me jodieron bastante. El colombiano no era ningún santo, sino un alcohólico con una relación seria. La única vez que me quedé a dormir en su departamento, el tipo iba tan ciego que se orinó en el armario porque pensaba que era el cuarto de baño. Y ¿dónde estaba yo cuando él orinó a menos de metro y medio de la cama a las dos de la madrugada? En la cocina, engullendo lo que había quedado del pastel de cumpleaños. Pocas horas después, cuando salí de ahí para volver hecha una mierda a casa, ignoré la montaña de migajas de pastel de chocolate y el manchón de glaseado que había en el suelo de linóleo.

Yo era su tentempié secreto cuando la novia de verdad, la esbelta Chi Omega rubia de cabello liso, se iba a ver a sus padres a San Antonio.

El fin de semana que se celebraba la fiesta de primavera de la hermandad del colombiano en Galveston, Texas, pasé por delante de su departamento y, como una asquerosa acosadora, observé cómo él y la Chi Omega llenaban su Ford Bronco de cerveza. Él le acarició el culo y ella se echó el cabello hacia atrás.

Destrozada, volví corriendo a la residencia y devoré todas las calorías que encontré en nuestra diminuta habitación de bloques de hormigón: galletas con forma de osito, galletitas saladas, palomitas de maíz, pastas y las chucherías de Halloween que quedaban y que mi compañera guardaba en su clóset. Luego recorrí los pasillos y hurgué en los botes de basura en busca de comida. De uno de ellos saqué una porción de pizza de *pepperoni* que alguien había tirado y la metí en el microondas treinta segundos. Mientras esperaba a que el queso se derritiera, me zampé un montón de galletas rancias de avena y pasas que seguían dentro de una caja de FedEx que la madre de alguien había enviado desde Beaumont.

Llevaba dándome atracones y vomitando desde primero de secundaria; ni siquiera necesitaba meterme el dedo. Lo único que tenía que hacer era doblarme sobre el retrete. Cuando terminé de purgarme, me metí en el baño para bañarme antes de que mi compañera volviera de algún grupo de estudio. Parecía que se me fuera a abrir el estómago de arriba abajo. El vapor se elevaba en el pequeño cuarto de baño, y yo me pegué a la pared, esperando a ver si necesitaba vomitar más. Unos puntos negros se arremolinaron ante mis ojos. Me desplomé en el suelo, con medio cuerpo dentro de la regadera y el otro medio fuera de ella y, antes de que todo se volviera negro, pensé: «Se acabó. Así es como me voy a morir, comiendo hasta reventar y lloriqueando por un hombre».

Marqué el número de Rory. Por suerte, me saludó el contestador y luego sonó el pitido. Mi turno. Con una voz apenas superior a un susurro, conté toda la col que había cenado y las cinco manzanas que había comido de postre. Tras colgar, arrojé el celular al otro lado del dormitorio y cayó estrepitosamente sobre el suelo de madera.

—¡Carajo! —grité a mi departamento mientras le daba puñetazos a la almohada.

En cierto momento, pensé: «¿Por qué estoy haciendo esto? Duele demasiado». Luego: «¿Por qué no acudí antes al doctor Rosen?».

Volví a llamar a Rory a la noche siguiente y no resultó ser ni un poco más fácil. Me seguían temblando las manos y volví a lanzar el celular al otro lado de la habitación cuando acabé de contarle al contestador lo que había comido. Un dolor fantasma me apretó los brazos como si de verdad hubiera peleado para seguir guardando mi valioso secreto. A la tercera noche, cuando sonó la llamada, estuve a punto de decir «Lo mismo que ayer». Sin embargo, me obligué a enumerar cada manzana y cada hoja de col.

La cuarta noche fue la peor. Siete manzanas. Suficientes para hacer el pastel galardonado de la feria estatal. Quería ocultar la realidad, pero estaba a mitad de camino en la cuerda floja. Si se lo decía, ¿podría escabullirme a toda prisa hasta la plataforma que me esperaba enfrente? En cualquier caso, solo quería bajarme de esa cuerda.

«No va a funcionar si no haces lo más difícil», me dije. Respiré profundamente.

—Siete putas manzanas.

6

El doctor Rosen era un encantador de serpientes. Era capaz de lograr que los secretos de nuestro pasado salieran a la luz con tan solo formular una pregunta directa. Solía convencer a Rory para que nos relatara los detalles de la espantosa huida de su padre de Polonia, y para ello la animaba imitando su acento del viejo continente. También le pidió al Coronel Sanders que describiera la dudosa terapia que realizó para tratar el síndrome de estrés postraumático que había sufrido tras su servicio en Vietnam con un médico que no tenía licencia. También era capaz de conseguir que Carlos hablara sobre su hermanastro, el que solía abusar de él cuando volvía de catequesis, y que Patrice se emocionara al recordar a su hermano, que se había colgado en el jardín de árboles frutales de la familia. El doctor Rosen era capaz de intuir dónde estaban escondidos el dolor y la pena que sentíamos y sabía extraerlo. En todas las sesiones me incitaba a hablar sobre lo de Hawái y la bulimia.

Cada martes por la mañana, me subía al tren de la línea roja y recorría once paradas desde mi casa hasta la de Washington, donde emergía a la superficie a eso de las siete y diez. Veinte minutos antes. El día que me comprometí a unirme al grupo de terapia dejé de dormir bien por las noches. Podía dormirme a eso de las diez, pero luego me despertaba de repente a eso de las dos o las tres y ya no podía volver a dormirme, así que no me suponía demasiado esfuerzo llegar pronto al centro. Sin embargo, no quería entrar en la sala de espera con el corazón latiéndome con furia por la ansiedad y sentarme a esperar rodeada de libros sobre adicciones hasta que la puerta se abriera. En su lugar, solía dar una vuelta por la manzana, pasando por delante de Old Navy hasta Carson Pirie Scott, y luego giraba hacia el este, en dirección a las vías del tren y la estación de Wabash. A veces daba dos vueltas mientras trataba de reconfortarme pensando: «Solo eres una mujer que va a terapia. Vas a sentarte en un círculo y a hablar durante noventa minutos. No es para tanto».

En algunas ocasiones, las sesiones estaban tan cargadas de emoción como la demostración de una licuadora en Sam's Club. Una semana nos pasamos toda una sesión hablando sobre los formularios del seguro que Carlos quería que el doctor Rosen firmara. Otra vez, cuando Patrice apareció con dos calcetines por la rodilla de colores distintos, uno de color azul marino y el otro negro, estuvimos debatiendo durante quince minutos si la exigente Patrice estaba progresando por equivocarse de calcetín o si lo que sucedía en realidad es que se estaba sumiendo en la autonegligencia. No llegamos a una conclusión ni a una resolución definitivas.

Pero obteníamos revelaciones. Retroalimentación. Mirábamos, veíamos y nos veían. Aunque no había respuestas.

Y yo quería respuestas.

Los obstáculos giraban sin previo aviso. El silencioso Marty, el hombre que empezó el mismo día que yo, podía estar llorando desconsoladamente mientras describía la cantidad inquietante de *souvenirs* letales que poseía (para ser más específicos, las pastillas de cianuro que tenía en la mesita de noche por si le daba por ponerle fin a todo) y, al instante siguiente, toda la conversación del grupo pasaba a centrarse en aquella vez que tuve lombrices cuando iba al jardín de niños. Las lombrices, un parásito fácil de agarrar durante la infancia, provocan noches de agonía y mucho picor anal. Le conté al grupo cómo, a los cinco años, estando sola en mi cuarto, me rascaba el culo como un perro salvaje hasta altas horas de la noche, mucho después de que mis padres hubieran acabado de ver *The Tonight Show* y se hubieran ido a dormir.

—¿Tus padres sabían que tenías lombrices? —me preguntó Rory.

—Esperen —respondí con las manos en alto—. ¿No estábamos hablando del cianuro de Marty?

¿Cómo había acabado el grupo hablando del problema que tuve en el culo a los cinco años?

—La terapia de grupo es capaz de revelar cosas que quizá tengas que soltar —apuntó el doctor Rosen.

Le encantaban los detalles, así que respiré hondo y describí cómo mis padres me habían dado un tubo de pomada Desitin para el picor, pero aquello no me había aliviado nada. A la mañana siguiente, tenía aquella apestosa pasta blanca incrustada bajo las uñas, y la había esparcido por todas las sábanas, el camisón, el culo y la vagina, donde no había ninguna lombriz. Aquella larga noche de rascado lo había arruinado todo. Tenía la vagina destrozada, la crema olía a fertilizante y el culo no paraba de picarme; era una situación insoportable. Pero había algo peor que el malestar físico: el horrible pensamiento de que tenía gusanos vivos en el culo.

—La Desitin era una solución tópica para la dermatitis del pañal, y las lombrices son un parásito. Deberían haberte dado mebendazol —señaló el doctor Rosen. Sonaba como un supermédico y le daba un aire muy de Harvard decir aquello con el ceño fruncido. Yo estaba deseando pasar a hablar de los problemas de otra persona, pero el grupo no paraba de hacerme preguntas. Como, por ejemplo, por qué no les había dicho a mis padres que la Desitin no había funcionado.

—Pensaba que la pomada no había funcionado por mi culpa.

Se suponía que no debía rascarme, o eso me habían dicho, pero lo hice. Toda la noche. Además, ¿quién quiere hablar de lombrices intestinales? La vergüenza, una palabra que no conocía a los cinco años, me había cerrado la boca con llave.

—Con cinco años ya estabas dispuesta a hacerlo todo sola —concluyó el doctor Rosen como si se tratara de una gran revelación, pero la verdad es que no lo parecía. Para mí, tener lombrices fue una humillación (o como diríamos en el idioma de Rosen, una «vejación»), ya que me sentía como una niña sucia con gusanos en el culo. Ni mi hermana ni mi hermano tenían gusanos deslizándose por el ano. Las lombrices eran la prueba de que mi cuerpo era defectuoso y asqueroso. El doctor Rosen me presionó para que describiera qué se siente cuando eres una niña pequeña que lucha sola contra un parásito anal.

Me estremecí y cerré los ojos con fuerza. Veinte años después, aún podía oler la Desitin y notar aquel picor infernal entre las piernas. Nunca había hablado con nadie de las lombrices, y mucho menos con seis personas que encima estuvieran prestándome toda su atención.

Sin abrir los ojos, en un arrebato, les dije:

—Sentí vergüenza.

—La vergüenza es solo la punta del iceberg. ¿Qué hay debajo? —insistió el doctor Rosen.

Enterré la cabeza entre las manos y analicé todo mi cuerpo en busca de una respuesta. Levanté las esquinas de la vergüenza para averiguar qué acechaba debajo. Me vi con cinco años, en mi habitación, con el rostro retorcido de terror mientras me rascaba el culo hasta pasada la medianoche. Terror por no saber cómo pedir ayuda. Terror por tener que ir a ver al pediatra, un hombre de mediana edad muy alto, con dedos gruesos y una voz grave, y contarle todo lo que me pasaba en el culo. Terror por tener que meterme el borde de la suela de el tenis en la raja del culo para intentar aplacar el picor sin que nadie se diera cuenta cuando me sentara en el círculo de lectura de la escuela. Terror por ser una niña sucia que no podía parar de comer y que vivía en un cuerpo lleno de comida y lombrices que hacían que le picasen el culo. Y, sobre todo, terror al pensar que mi cuerpo era un problema asqueroso. Un problema que nadie más tenía.

—Terror —respondí.

El doctor Rosen asintió con aprobación.

—Te estás acercando.

—¿A qué?

—A ti y a tus sentimientos. —Barrió la habitación con los brazos—. Y a nosotros también, claro.

—¿De verdad me va a ayudar en algo esta búsqueda en el baúl de los recuerdos?

—Mira a Patrice y pregúntale si se siente identificada.

Patrice pareció sorprendida y negó con la cabeza como diciendo «A mí no me veas». Un instante después, se puso a hablar de un enema que le habían puesto mal en una ocasión. Después, Rory mencionó lo poco que le gustaba el sexo anal, y Marty contribuyó con una historia sobre el estreñimiento incurable que había sufrido de pequeño. Al final de la sesión, todos habíamos compartido una historia sobre culos.

Unos pocos días más tarde, llamé a mis padres. Mi padre y yo hablamos de los frenos adherentes de mi coche, de las posibilidades de los Aggies en la liga Cotton Bowl y del atípico frío que hacía en Chicago. Después apliqué un Rosen: sin venir a cuento, le pregunté por las lombrices. ¿Se acordaba de aquello? (No demasiado.) ¿Cuántas veces las tuve? (Bastantes.) ¿Mis hermanos tuvieron lombrices alguna vez? (No.) Al fondo, oía a mi madre diciendo: «¿Por qué te pregunta Christie por las lombrices?». Me aferré al teléfono con fuerza. Estuve a punto de confesarles que iba a terapia de grupo, pero la idea se disolvió cuando imaginé el horror que habría transfigurado a mi madre si se hubiera enterado de que le había contado la historia de las lombrices intestinales a un grupo de desconocidos. Además, si les hablaba del doctor Rosen y de la terapia de grupo, tendría que admitir que no era capaz de querer ser feliz ni de callarme mis intimidades.

—¿Por qué lo preguntas? —preguntó mi padre.

—Por curiosidad nada más.

Un martes por la mañana estuvimos los noventa minutos de sesión sin que nadie mediara palabra. Nos quedamos allí sentados en silencio, escuchando el estruendo que producía el tren al pasar por debajo, el chirrido de los frenos de los coches y una puerta del pasillo cerrándose. No nos miramos a los ojos ni nos reímos. Durante la primera parte de la sesión estuve quitándome pelusas del suéter, meciendo la pierna y arrancándome pielecitas de las cutículas. Miraba el reloj cada treinta minutos. El silencio me hacía sentir expuesta, nerviosa, improductiva. «Podría estar leyendo los deberes de Derecho Constitucional.» Poco a poco fui calmándome y me puse a observar el lago Michigan por la ventana. El espacio silencioso entre nosotros parecía tan amplio como el océano o el espacio exterior. La luz que entraba en la habitación parecía santa, y la intimidad entre los miembros del grupo, sagrada. A las nueve, el doctor Rosen juntó las manos y repitió su frase habitual: «Vamos a terminar por hoy».

Sentí aquella calma silenciosa en mi interior mientras caminaba por el pasillo con los otros miembros del grupo, pero, en cuanto llegué a la calle, sacudí el brazo de Carlos y le dije:

—¿Qué diablos ha pasado ahí adentro?

Fuera lo que fuera, pasé el resto del día acompañada por aquella calma silenciosa y asombrada de que hubiera podido pasarme noventa minutos sentada con seis personas más en completo silencio.

El doctor Rosen nos recetaba muchas cosas, pero pocas eran medicamentos. No era de los que dan pastillas para todo. A Carlos le recetó traerse la guitarra a la sesión para que los demás lo escucháramos tocar y ayudarle así a calmar su miedo a seguir practicando. A Patrice, en cambio, le recetó que le pasara fresas por el estómago a su marido, que las lamiera y que nos contara los resultados. Y, por último, como el doctor Rosen creía que lo que el internista le había recetado a Rory para la ansiedad estaba suprimiéndole el deseo sexual, le recetó algo muy distinto: «Ponte una pastilla entre cada dedo del pie mientras tu marido te hace sexo oral».

Yo estuve un par de semanas siguiendo la receta de llamar a Rory cada noche para contarle lo que había comido. Ya no lloraba después de colgar y había pasado a comerme solo cinco manzanas por noche, así que había llegado la hora de que me diera otra receta.

—¿Puedes recetarme algo contra el insomnio? No puedo pensar con claridad.

Estaba a mitad del segundo año de la carrera de Derecho y, cuando no estaba en terapia, acudía a entrevistas con los mejores bufetes de Chicago para tratar de obtener unas prácticas durante el verano con la esperanza de que aquello pudiera llevarme a conseguir un empleo de tiempo completo. Llevaba semanas sin dormir bien, el cansancio me oprimía el cráneo y hacía que me costara mantenerme despierta durante las clases y las entrevistas. Cuando fui a Winston & Strawn, tuve que pellizcarme la parte interior del brazo para mantenerme despierta mientras uno de los socios de cabello canoso me describía la vez que había armado un buen escándalo ante el Tribunal Supremo.

Ya había confesado que mi forma de comer era un completo desastre y ahora, además, que no podía dormir. Parecía un bebé recién nacido en el cuerpo de una mujer de veintisiete años.

El doctor Rosen se incorporó y se frotó las manos como si fuera un científico loco.

—Llama a Marty esta noche antes de acostarte y pídele una afirmación.

—¿Antes o después de llamar a Rory para decirle lo que comí?

—Eso da igual.

—Esta noche voy a la ópera, así que llámame antes de las siete —respondió Marty.

Al diez para las siete estaba en el andén de Belmont, agotada tras el largo día de clases y las cinco horas de entrevista en Jones Day, donde, una vez más, había tenido que pasarme el rato pellizcándome el brazo para mantenerme despierta mientras conversaba con los socios del bufete. Marqué el número de Marty mientras el viento hacía que el cabello me azotara el rostro.

—Te llamo para que me des una afirmación —dije mientras veía aparecer en el andén las luces de un tren que se dirigía al norte.

—Tienes muy buenas piernas, linda.

Marty no era un rarito como el Coronel Sanders. Lloraba cada vez que compartía algo con el grupo y parecía sorprendido de verdad cuando le pedíamos que nos contara qué más cosas le entristecían tanto. Siempre decía: «No puedo creer que alguien quiera escucharme».

El estruendo del tren que se aproximaba ahogó mi risa, y recé para que aquellas palabras que me había dirigido funcionaran tan bien como el zolpidem extrafuerte.

A la mañana siguiente, dudé antes de abrir los ojos. Me aterraba que aún fueran las dos de la madrugada. Pero oí algunos sonidos matutinos. La puerta de un vecino cerrándose. Los pájaros cantando. Un coche arrancando. Abrí el ojo izquierdo y miré la hora: las cinco y cuarto. Había dormido la increíble cantidad de siete horas seguidas. Alcé el puño como una campeona.

Puede que el doctor Rosen fuera brillante.

7

A medida que el invierno se cernía sobre Chicago, practiqué lo de consultarle problemas triviales al grupo. Un hormigueo de vergüenza me descendió por la columna cuando les pedí que opinaran sobre asuntos que debería saber gestionar por ser una persona de veintisiete años con cierta inteligencia, como, por ejemplo, si debía usar parte de mi ayuda económica para ir al viaje que estaba organizando Kat, mi compañera de cuarto de la universidad, para ir a esquiar. Ganó el sí por unanimidad. El doctor Rosen me presionó para encontrar una buena razón para no ir.

—Todos van en parejas. Seré la undécima en discordia.

—Ábrete —me dijo.

«¡No lo puedo creer! ¡Si nunca te apuntas a nada!» Eso me escribió Kat cuando acepté la invitación.

La mañana del martes entre Navidad y fin de año marqué el número de Rory desde una cabina en Crested Butte. Era la primera vez que me perdía una sesión.

—Hola, querida. Te pongo en altavoz. —Oí un crujido y, luego, la voz de Rory un poco amortiguada—. Saluden a Christie.

Un coro de saludos sonó de fondo.

—¿Qué hacen? —pregunté, imaginándome a cada uno

en su sitio habitual, con el cielo plomizo de Chicago en la ventana.

—Nos aburrimos sin ti —aseguró Carlos.

—¿Me extrañan?

¿No agradecían poder descansar un poco de mí y de mis historias patéticas sobre el consumo excesivo de manzanas y las lombrices intestinales?

—Todos están asintiendo —comunicó Rory—. Hasta el doctor Rosen.

Mi corazón saltó por encima de las Montañas Rocosas y cruzó las llanuras hasta la sala de dieciséis metros cuadrados en la que se encontraban, donde había una silla vacía que mi cuerpo solía ocupar, donde me mantenían presente en su pensamiento.

De pequeña, mis hermanos y yo hacíamos turnos para visitar a nuestra abuela paterna, que vivía en una casa de campo amarilla enorme en Forreston, Texas. Me encantaban esas semanas, porque podía vagar sin rumbo por su propiedad, buscar tesoros en el riachuelo y hurgar entre los huesos del cementerio de vacas. Una vez llamé a casa a mitad de la estancia. No recuerdo por qué. Creo que estaba poniendo a prueba mi habilidad para hacer llamadas a larga distancia. El teléfono del 6644 de la avenida Thackeray sonó y sonó. A lo mejor estaban en la piscina de los vecinos o en el patio de atrás. Lo volví a intentar aquella noche. Ninguna respuesta. ¿Dónde podían estar?

Cuando mi padre llamó ese fin de semana para acordar la hora a la que me recogería, le quité el teléfono a la abuela.

—¿Dónde estaban? Les hablé hace dos noches.

—Fuimos a Oklahoma unos días.

¿Se fueron de vacaciones sin mí? La vista se me fue nublando a medida que se me acumulaban las lágrimas. Nunca había ido a Oklahoma, y de repente estaba desesperada por ir, por ver lo que fuera que hubieran visto. Cosas lindas como tipis de verdad atendidos por mujeres con trenzas largas y negras, y torres de extracción petrolífera salpicando una carretera recta y polvorienta. ¿Cómo habían podido irse de viaje (o sea, ¡cruzar la frontera del estado!) sin mí? Estaba claro que yo no era una parte esencial de la familia, y al darme cuenta de ello deseé hacerme bolita y gritar.

Al otro lado de la línea, mi padre explicó que habían ido a recoger un armario ropero antiguo a Ponca City, donde vivía un amigo de la familia.

—El aire acondicionado del hotel estaba descompuesto y tu madre todavía está enfadada conmigo por haberla llevado a comer a un Kentucky Fried Chicken, donde vimos cómo un perro se comía una rata en el estacionamiento.

Lo decía como si el viaje hubiera sido un desastre, pero lo único que yo oía eran aquellas cosas mágicas y asombrosas que habían pasado en aquel lugar llamado Oklahoma. Y también oí esto: «Tú no importas. Nos fuimos de vacaciones sin ti porque no eres nadie».

Mi madre pasó años estremeciéndose cada vez que alguien mencionaba aquel viaje a Oklahoma. No había ni una sola foto, y ningún miembro de la familia guardaba un buen recuerdo de aquella excursión de fin de semana. Aun así, yo también me estremecía cada vez que alguien hablaba de aquel estado al norte de Texas porque era la prueba de que podían dejarme atrás.

El invierno también trajo la primera cita desde que empecé la terapia de grupo. Carlos me emparejó con su amigo Sam, un fiscal que acababa de salir de una relación. En nuestra primera conversación por teléfono, Sam y yo congeniamos bastante. Él admitió que no había visto *Supervi-*

vientes ni una sola vez, y yo confesé que no había pasado del primer capítulo de *Harry Potter*. Cuando colgué porque iba a comenzar la reunión del club de lectura, él parecía impresionado de ver que una estudiante de Derecho tan ocupada pudiera sacar tiempo para leer por placer.

Carlos tenía razones de sobra para creer que Sam y yo congeniaríamos. Los dos lo adorábamos y teníamos sentimientos encontrados respecto a la abogacía. Observé por la ventana cómo estacionaba el coche delante de mi departamento a las ocho en punto exactas. Tenía mariposas en el estómago de la emoción. En el baño, me volví a pasar el lápiz labial que Carlos había escogido para mí en Barneys.

Cuando abrí la puerta, pensé que nos abrazaríamos, pero levantó la mano y sonrió de una manera tan artificial que se notó en su mirada. Entonces se dio la vuelta enseguida para bajar las escaleras, como si se hubiera estacionado en doble fila enfrente de un rampa de discapacidad. Sin embargo, yo no me desesperé. Teníamos toda la noche por delante, llena de posibilidades y, quizá más tarde, contacto físico.

Sam no reservó mesa y no sugirió ningún lugar al que pudiéramos ir. Un silencio incómodo flotó en el ambiente hasta que yo propuse un sitio cubano en Irving Park, cerca de mi departamento. De camino, lo único que se oyó dentro del coche fue mi voz mientras le daba indicaciones. ¿La química que había notado por teléfono habrían sido imaginaciones mías?

En Café 28, Sam se dejó puesta la bufanda de lana de Burberry que llevaba al cuello y fue muy seco con los camareros. Para cuando llegó la comida, estaba clarísimo que aquello no iba a ninguna parte. La decepción me hizo desear aplastar las estúpidas papas con el puño y lanzar mi salmón al otro lado del local. Había comprado un lápiz labial y un suéter nuevo para la ocasión. Había estado yendo a las sesiones en grupo, había estado llamando a Rory y a

Marty, había estado «dejando que el grupo entrara», tal y como el doctor Rosen me había indicado. ¿Dónde estaban los resultados? ¿Por qué Sam era tan distante e indiferente?

Volvimos a casa en un silencio tan sepulcral que parecía que hubiera caído una bomba nuclear dentro del coche. No me acompañó a la puerta y ni siquiera apagó el motor. Puede que levantara la mano para cerrar aquella noche con un último apretón, pero le di la espalda después de agradecerle la cena. Cuando entré en mi departamento, el reloj marcaba las ocho cincuenta.

La cita no había durado ni una hora.

Llamé al doctor Rosen; su número estaba grabado en la tecla uno de la marcación rápida de mi teléfono, el número de la mejor estudiante de la clase. Tras oír su contestador, notifiqué mi conclusión.

—La terapia no funciona. Llámame mañana. Me estoy hundiendo.

Caminé en círculos por el departamento, preguntándome por qué Sam no me había dado una oportunidad. Compartí aquella humillación con Rory cuando le comuniqué mi informe alimenticio diario, y también con Marty cuando llamé para que me diera la afirmación diaria.

—No es culpa tuya que haya sido una mierda —me prometieron—. Algunas citas simplemente no salen bien.

Al día siguiente hice algo que nunca había hecho en toda mi trayectoria educativa: saltarme las clases para quedarme acurrucada bajo las sábanas y contemplar el vacío. No vi la tele, no leí ni tampoco revisé los apuntes de clase. Más o menos a mediodía, mi amiga más cercana de la Facultad de Derecho, Clare, me dejó un mensaje de voz: «Oye, nadie recuerda la última vez que no fuiste a clase. Llámame».

El familiar ahogo que había sentido durante la mayor parte de mi vida acalló algún que otro pensamiento y sensación. Era como si siempre hubiera estado ahí, obstruyéndome la respiración, la sangre, el deseo. Contenido, retenido, estancado. Se suponía que la terapia cambiaría las cosas, que me abriría a los demás. En mi pecho se estaba formando un grito, como un huracán que reúne fuerzas lejos de la costa de Florida. El ahogo parecía ser mi culpa. ¿Cómo iba a cambiar? Me hundí en el odio mientras contaba las salpicaduras que conformaban el tirol del techo. ¿Qué sentido tenían las sesiones de los martes si iba a estar siempre igual de atascada?

A las tres y cuarto, el número del doctor Rosen brilló en la pantalla del celular.

—¿Puedes ayudarme? —dije en lugar de saludar.

—Eso espero.

—¿Por qué la cita fue un desastre?

—¿Quién dice que fuera un desastre?

—Solo duró cincuenta minutos. Hoy ni siquiera fui a clase, estoy en la cama.

—Felicidades.

—¿Por qué?

—¿Cuándo fue la última vez que le diste tanto espacio a tus emociones?

—Eh...

Él sabía que la respuesta era nunca.

—Mereces tener espacio para sentir.

—Pero ¿qué es lo que debo hacer?

—¿Qué has estado haciendo hasta que llamé?

—Mirar el techo.

—Pues haz eso. Y ven a la sesión de mañana.

—¿Nada más?

Se rio.

—*Mamaleh*, eso es más que suficiente.

No parecía que lo fuera, pero mi cuerpo se relajó cuando colgué. Mi cabeza se llenó de pensamientos racionales: Sam era uno de los miles de hombres que había en Chicago. No había nada malo en mí. Fue una cita patética. ¿Y qué? No era razón para caer en el drama.

En la sesión, el doctor Rosen afirmó que lo único que debía hacer era seguir asistiendo a terapia. Para él, los noventa minutos que pasaba sentada en aquel círculo con él y mis compañeros eran lo que de verdad importaba para lograr mi transformación emocional. Para él eran lo bastante potentes para rayar mi impoluto corazón. Para él era suficiente.

Pero para mí no. Yo quería otra receta. Algo atrevido e implacable. Algo que requiriera todo mi valor. El doctor Rosen no se estaba tomando en serio mi angustia. No entendía cómo me sentía por dentro. Era una ventana cerrada, un tarro cuya tapa no cedía por mucho que la golpearas contra la barra.

Y tenía que demostrárselo.

Andrew Barlee me llamó de improviso. Lo recordaba de una fiesta durante unas vacaciones, era un chico callado con ojos azules como el lapislázuli al que le hacían gracia mis chistes. Acepté quedar con él para tomar el *brunch*. Entre huevos y papas, analicé sus manos ásperas y el corte de cabello que llevaba, corto por delante y largo por detrás. ¿Me gustaba? El instinto me decía que no. No teníamos nada en común, había cero química entre nosotros, y no podía parar de preguntarme por qué llevaba ese corte de cabello ochentero si no era como gesto irónico. Pero empujé ese «no» hasta lo más hondo de mis entrañas con una lista de rasgos positivos: era amable, solvente y estaba interesado en mí. ¿Y qué si no le gustaba leer? ¿Y qué si no parecía interesarse por los temas de actualidad ajenos a las posibilidades de los Bears para el Super Bowl? ¿Y qué si mi cuerpo quiso oponer resistencia cuando me tomó la mano de camino al coche?

Para nuestra segunda cita, Andrew se ofreció a prepararme una cena en su casa. De camino hacia su nuevo departamento en Rogers Park, el tráfico del viernes por la tarde avanzaba lentamente hacia Western. Frustrada por no poder moverme ni un solo centímetro a pesar de tener el semáforo en verde en dos ocasiones, aporreé el volante y grité con todas mis fuerzas. Grité durante tanto rato y con tanta fuerza que tuve la voz ronca los dos días siguientes. No quería ir a casa de Andrew, pero me obligué a aceptar su invitación porque no hacerlo significaba que inconscientemente quería estar a solas.

—¡Andrew es un buen tipo! —me grité—. ¡Dale una oportunidad!

¿Cómo podía afirmar que estaba sola y desesperada si luego rechazaba una cita con un hombre simpático y sobrio?

Después de enseñarme su elegante y luminoso departamento de un solo dormitorio, Andrew asó dos pechugas de pollo a la parrilla y vació una bolsa de lechuga en un recipiente de cerámica para rociarla con salsa ranchera de Hidden Valley. Sonreí ante el esfuerzo sincero que estaba haciendo, aunque el «no» que tanto deseaba elevarse y salir de mi boca me estuviera revolviendo el estómago.

Nos sentamos en el sofá, equilibramos los platos en las rodillas y charlamos sobre banalidades, como su trabajo y mi familia de Texas. Cuando lo miré directamente, no parecía que llevara el corte de cabello ridículo que creía que tenía, pero intentar mantener una conversación era como frotar un hueso contra otro: las palabras no fluían con naturalidad. Ninguno de los dos era ingenioso o encantador. Eso no era lo que quería: pechugas de pollo secas como la suela de un zapato con un tipo más o menos decente con quien apenas podía hablar.

Cuando acabamos de comer, empecé a sentir pánico. Ya no me quedaban temas triviales de los que hablar, así que me lancé sobre él y lo besé, con la esperanza de que aquello provocara alguna chispa o algo que me hiciera desear quedarme allí con él.

Andrew abrió los ojos de par en par embargado por la sorpresa y, luego, por la emoción. Me devolvió el beso. Me convertí en una muñeca mecánica sin calor ni corazón. Quería irme a casa, y me odiaba por ello. También me odiaba por rechazar a Andrew por razones tan estúpidas como su corte de cabello. No era de extrañar que estuviera sola; era una hija de puta. El «no» me presionaba las tripas, pero lo reprimí. Tenía a un hombre guapo sentado delante de mis narices, y que no me gustara o no me prendiera nada era culpa mía.

—¿Tienes un condón? —pregunté. A lo mejor podía hacer olvidar aquella asfixia teniendo sexo. Tal vez me hiciera sentir cierta atracción por él.

Yo todavía llevaba puesto el suéter, el brasier, los calzones, los jeans, los calcetines y las botas. Andrew tenía la camisa de franela roja bien metida dentro de los jeans con el cinturón puesto. Seguía llevando atados los zapatos. Pasar de una casta sesión de besuqueo de noventa segundos al coito tenía tanto sentido como asaltar el 7-Eleven de la esquina, pero entre los dos carecíamos de las habilidades o el deseo de pisar el freno y averiguar qué diablos estaba pasando en realidad.

No había música ni luz propicia. Ambiente cero, a no ser que cuenten las ráfagas de olor a pollo quemado ocasionales. Andrew se bajó los pantalones y se puso el condón. Yo me deslicé los jeans por debajo de las caderas.

Se puso encima de mí. Me mordí el labio inferior y miré hacia el techo. Un sinfín de pensamientos tóxicos me infestaron la cabeza: «Esto es todo lo que vas a conseguir. Nunca sentirás nada. Estás rota. No estás bien». Al parpadear, ambos ojos derramaron lágrimas. Contuve un sollozo y pensé en la historia que contaría en la sesión de grupo: «Miren lo que hice. ¿Lo entienden ahora? Esto es grave».

A Andrew le costó penetrarme. Más asfixia. Incliné las caderas para que tuviera un ángulo mejor y acelerar así las cosas. Acabó en tres o cuatro empujones. No noté nada dentro de mí más que la agitación que provocaba el odio que sentía por mi persona. El ritmo de mi respiración no cambió en ningún momento.

Le sonó el teléfono cuando ya estaba terminando. Una urgencia en el trabajo. Andrew se subió los pantalones de un jalón.

—Perdona, tengo que irme.

Ni siquiera sabía en qué trabajaba.

De nuevo en mi coche, marqué el número del doctor Rosen. Le conté a su contestador lo de las pechugas de pollo, el «no» en mis entrañas y el sexo que yo había instigado.

—Intenté decírtelo. Por favor, escúchame.

Cuatro días después, en la sesión de grupo, miré fijamente al doctor Rosen. Apretaba los puños con una fuerza colérica. ¿Cuántos hombres más tenía que cogerme para que se me tomara en serio? ¿Qué tenía que hacer para quitarle aquella sonrisita de la cara?

—Crees que no te veo —dijo el doctor Rosen.

—¿Entiendes lo mucho que estoy sufriendo?

—Christie, entiendo lo mucho que estás sufriendo.

—¿Puedes ayudarme?

—Sí.

—¿Qué tengo que hacer?

—Ya lo estás haciendo.

—No es suficiente.

—Sí lo es.

—¡Me duele! —Golpeé los brazos de la silla con los puños—. Me duele.

—Lo sé.

—No quiero volver a coger así nunca.

—No vas a tener que volver a coger así nunca.

—No es suficiente.

—Christie, sí lo es.

¿Cómo iba a serlo? La noche con Andrew fue un desastre en todos los aspectos, y fue culpa mía. Aun así, era yo la que tenía un importante terapeuta y un grupo de apoyo de cinco personas que supuestamente estaban dirigiendo mi vida por un camino mejor.

—¿Qué sentido tiene todo esto? El premio mayor solo es más sexo de mierda y desconexión.

—Todavía no has llegado al premio mayor —explicó el doctor Rosen—, pero estás en ello.

Hice un aspaviento con los brazos.

—¿Cómo puede ser que ellos sí estén preparados y yo no? —Todos los miembros del grupo tenían una pareja con la que dormían cada noche—. ¿Cuánto me queda aún? —Me imaginé haciéndome vieja y débil mientras esperaba a que la terapia de grupo obrara el milagro de transformar mi vida.

—No sé cuánto tiempo va a tardar. ¿Podrías celebrar los pasos que has logrado dar hasta ahora?

No, no podía. No quería celebrar nada hasta saber qué más me faltaba por hacer. Me vine abajo al darme cuenta de que no había atajos para alcanzar la salud mental por la que tanto estaba esforzándome. Reconocí ante el grupo mi aislamiento y mis rituales alimentarios secretos, mis preciados mecanismos de supervivencia. Ahora, por cada interacción que realizaba, incluidas las citas, tenía que mostrarme ante ellos sin mis defensas principales, lo cual sonaba muy sensato en teoría, pero en la práctica era como experimentar una derrota aplastante e irrevocable cada mañana. Ya no volvería a encontrar consuelo en los atracones de manzanas ni podría regresar a mi vida hermética. La deslumbrante luz que arrojaban la mirada del doctor Rosen y la de mis compañeros iluminaba todas mis carencias, así que ya no contaba con ninguna cueva secreta donde esconder mis sentimientos. Por eso los tenía allí, en mi silla. Lloré por lo sola que me sentía y por el profundo miedo que tenía de que mi vida no llegara a cambiar jamás o, peor aún, que el verdadero cambio me exigiera más de lo que podía dar. Si la sesión no hubiera terminado a las nueve, estoy segura de que habría estado llorando hasta la hora de comer.

8

—Deberías contarle al grupo lo del Fumador Sexy —señaló Carlos.

De camino a la terapia de grupo, en el elevador, le había hablado a Carlos del Fumador Sexy (lo llamaba así porque le encantaba fumar cigarros y porque estaba buenísimo), mi nuevo *crush* de la facultad. Tenía novia, pero nunca estaban juntos. Ella se llamaba Winter y era camarera. Esperaba que fuera fea, asquerosa o mala, pero cuando la vi poniendo jarras de coctel en John Barleycorn no pude negar que era una preciosidad joven y esbelta que sonreía con sinceridad a todos los clientes.

El Fumador Sexy y yo habíamos forjado una amistad porque ambos nos pasábamos muchas horas en la sala de cómputo pasando a limpio los apuntes entre clase y clase. En nuestro primer encuentro, me pidió que vigilara los libros mientras salía a fumar. Como era de esperar, acepté. Me encantaba su barba incipiente, su suéter tabacoso y la timidez con la que me miraba cuando se reía.

—¿El Fumador Sexy? —El doctor Rosen ladeó la cabeza.

—Es un chico de la facultad. Tiene novia, fuma como una locomotora y bebe bastante. Creo que me estoy enamorando de él.

—Pero no está disponible —observó Patrice.

El doctor Rosen hizo una pausa, se tapó la boca con la mano, cambió de postura y luego posó las manos sobre el reposabrazos de la silla. Al final, dijo:

—La próxima vez que lo veas, dile la verdad.

—¿Qué verdad?

—Que eres una calientahuevos.

Miré a Carlos. ¿El doctor Rosen lo decía en serio? Todos los demás negaron con la cabeza. «No, el doctor Rosen no puede decir algo así.» Vi que Rory se sonrojaba.

—¿Quieres que le diga al chico que me gusta que soy una calientahuevos? Y luego, ¿qué?

¿No era el Fumador Sexy el verdadero calientahuevos? Él era el que estaba ligando conmigo a pesar de tener una novia con hoyuelos en las mejillas. Si antes de esa sesión me hubieran preguntado si el doctor Rosen, mi psiquiatra de mediana edad que lleva zapatos cafés con suela de goma y no sabía ni pizca de cultura pop (una vez nos preguntó quién era Bono), conocía la palabra *calientahuevos*, habría jurado que no. Pero ahora, como parte de la terapia, me estaba pidiendo que se lo dijera al chico con el que quería acostarme.

—Ya lo veremos.

Dos noches más tarde, iba de camino a la calle Lake en un taxi amarillo a toda velocidad con el Fumador Sexy y su afable amigo, Bart, un chico bromista de nuestra clase. El aire era húmedo, pero el cielo estaba despejado. Una fina luna me sonreía desde lo alto. Bajamos las ventanillas para librarnos del hedor que desprendía el aromatizante con forma de pino que colgaba del retrovisor. Saqué la cabeza por la ventanilla y me giré hacia el cielo oscuro y la divertida luna. Una carcajada me subió por la garganta. La contuve durante unos segundos y luego dejé que se me escapara. Después me senté erguida, eché los hombros hacia atrás, me giré hacia el Fumador Sexy, que estaba entre Bart y yo, y, haciéndome oír por encima de la vibrante música, le dije:

—Soy una supercalientahuevos total.

Lo de *super* era cosecha propia, para demostrarle al doctor Rosen que no era una autómata sin cerebro.

El Fumador Sexy dejó de mascar el chicle poscigarro y se quedó paralizado. Después esbozó una sonrisa por el horizonte de su precioso rostro y mantuvo la mirada fija hacia el frente. La piel me hormigueaba mientras lo observaba procesar lo que le había dicho. Quería envolverlo con las piernas y restregarme contra él y contra aquellos Levi's perfectamente desgastados que llevaba puestos.

Bart estiró la cabeza por encima del pecho del Fumador Sexy y me miró.

—¿Qué dijiste?

—Lo que has oído —respondí girándome hacia la ventanilla.

—No, no lo oí —insistió Bart.

—Y entonces, ¿por qué tienes tanto interés en que lo repita?

—Porque...

—Porque me oíste la primera vez que lo dije.

—Carajo. Estás superloca.

El viento ahogó la risa de Bart, que se disolvió en la noche, como mi orgullo.

El Fumador Sexy seguía sonriendo y tamborileando los dedos sobre sus largos y fibrosos muslos.

La mortificación fue asentándose a medida que me iba dando cuenta de que el Fumador Sexy no iba a tirarme la onda. Estaría una hora más o así con Bart y conmigo, y luego se iría a casa para meterse en la cama y esperar a que Winter acabara el turno para coger hasta el amanecer. Me concentré en los edificios de la avenida Milwaukee que pasábamos a toda velocidad. Tiendas de muebles, locales de tacos, la librería Myopic Books. En Subterranean había una larga cola de gente esperando para entrar a ver a un grupo de música. Ninguna de esas personas había oído lo que había dicho. Bajo la humillación, noté que florecía algo más: orgullo por haber sido capaz de hacer lo que me había pedido el doctor Rosen. Decir esas palabras en voz alta había supuesto un salto al abismo, y había tenido que hacer acopio de todo el valor que poseía para hacerlo. Sin embargo, tras unos minutos, me di cuenta de que decir aquello me había acercado más al grupo y al doctor Rosen. Cuatro días más tarde, me sentaría en el círculo y les contaría a todos la anécdota de esa noche, donde el valor había superado a los nervios (y al buen juicio) y había logrado poner en práctica el consejo del doctor Rosen.

Cuando llegamos al bar Bucktown, descubrimos que no cabía ni un alma en el patio para fumadores, así que el Fumador Sexy se prendió un cigarro en la banqueta. Las buganvilias rebosaban por encima de la puerta y emitían un aroma dulce.

—¿Quieres uno? —me preguntó sosteniendo ante mí el paquete de Marlboro.

Ay, cómo deseaba decirle que sí para que pudiéramos disfrutar de un momento perfecto fumando como la gente guapa de las películas; esa gente sin problemas de salud mental, complejos sexuales, trastornos alimenticios ni lombrices. Si le decía que sí, podría acercarme a él para que me encendiera el cigarro. Podría recordar para siempre su olor a humo, chicle y residuos del día.

Pero no podía tomar uno. El doctor Rosen le había explicado hacía muy poco a Rory, cuando esta había mencionado que extrañaba mucho fumar, que cuando fumas inhalas autodesprecio.

—No, gracias —le respondí.

El martes siguiente, tomé el metro de la línea roja hacia el centro para ir a terapia a la hora que el sol comenzaba a despuntar sobre la línea de los árboles. Llevaba despierta desde las cuatro de la madrugada (a pesar de haber llamado a Marty para pedirle una afirmación la noche anterior) y había decidido acercarme al centro y pasar por una cafetería.

Pedí una taza de té y observé el paisaje por la ventana que daba a la calle Madison. Una mochila de color amarillo chillón (digna del compañero de *Jorge el curioso*) me llamó la atención. El hombre que la llevaba se movía un poco más despacio que los demás, como si estuviera de paseo por un jardín inglés. Era un poco más bajo que la mayoría, apenas medía lo mismo que yo, y movía levemente los labios, como si estuviera manteniendo una conversación consigo mismo. Pensé que sería un turista y saqué la bolsita de té de la taza. No me di cuenta hasta que casi lo había perdido de vista, pero era el doctor Rosen.

No cabía duda de que era él: aquel cabello rebelde, aquellos hombros ligeramente encorvados. ¿Cómo podía ser tan enclenque? Cuando estábamos en terapia, parecía enorme, más grande que un castillo, y yo le suplicaba que me diera recetas, soluciones y respuestas.

Lo observé hasta que desapareció calle abajo, tomándose su tiempo y murmurando.

¿Por qué caminaba tan despacio? Iba al trabajo, a mi sesión de terapia de grupo, no de peregrinaje a Medjugorje. ¿A qué venía tanto balbuceo? ¿De dónde había sacado aquella espantosa mochila?

Cuando me terminé el té y salí hacia la sesión de terapia, me enfrenté a la pregunta más dura: ¿mi terapeuta era un bicho raro? ¿Por qué había aceptado su consejo sobre qué decirle al Fumador Sexy? ¿Por qué le otorgaba tanto poder a aquel hombrecillo tan extraño?

Mientras me dirigía a la sesión, recé: «Por favor, mata al Buda».

9

Todos los otros miembros del grupo tenían deberes sexuales especiales. A Sanders le habían encargado que acariciara la espalda de su mujer sin presionarla para mantener relaciones. A Patrice le habían prescrito juguetes sexuales. A Carlos le habían recomendado que se desnudara y abrazara a su prometido, Bruce, durante diez minutos todas las noches. Marty debía invitar a su nueva amiguita, Janeen, a darse un baño con él. El doctor Rosen renovó la prescripción de Rory: que su marido le hiciera sexo oral mientras ella se colocaba las pastillas de Adderall entre los dedos de los pies.

Me moría de envidia al escuchar aquello.

—Quiero un deber sexual, pero no tengo pareja.

El doctor Rosen se frotó las manos como si hubiera estado esperando varias semanas a que lo pidiera.

—Te sugiero que llames a Patrice cuando vayas a masturbarte y otra vez cuando hayas acabado.

Me froté las sienes y cerré los ojos con fuerza.

—¿Que qué?

—Llamas a Patrice. —El doctor Rosen fingió marcar un teléfono y luego hizo como si se llevara el auricular a la oreja—. Le dices: «Hola, Patrice. Voy a masturbarme. Te llamo porque quiero que me apoyes en mi sexualidad. Me ha ido muy bien con la comida y ahora me gustaría trabajar en mi sexualidad». Y luego, cuando acabes, la vuelves a llamar y le dices: «Gracias por tu apoyo».

—No. —Me puse de pie—. Ni de chiste.

Desde el punto de vista intelectual, entendía que masturbarse no tenía nada de malo. Así me lo enseñó la doctora Ruth. Sentir placer no es nada de lo que avergonzarse. En teoría. Pero en la práctica, solo podía gestionar el placer en secreto, bajo las sábanas y en la oscuridad de la noche. Nunca había hablado sobre el onanismo, ni podría. No dejaban de rondarme los fantasmas de todas las monjas que me habían dicho que el sexo solo servía para procrear con mi marido católico. En sexto, en las clases de salud, la hermana Callahan pasaba un rato sumamente incómodo explicando que masturbarse era «un pecado gravísimo porque cada espermatozoide desperdiciado podría haber sido una nueva vida». La hermana Callahan nunca mencionó la posibilidad de que las chicas pudieran practicar dicha actividad, lo cual demostraba que las chicas no se masturbaban ni debían hacerlo. Era tabú.

El término técnico de mi dolencia era *anorexia sexual*. La anorexia con la que está familiarizada la mayoría de la gente es aquella en la que una persona limita gravemente su ingesta de comida. Una anoréxica sexual como yo evita las relaciones sexuales yendo detrás de borrachos no disponibles, que suelen tener novias, con quienes no tienen ni pueden tener intimidad, o se obliga a mantenerlas sin sentir ninguna atracción por su pareja. Esa denominación me intrigaba. Al haber sido una niña regordeta, deseaba tener una etiqueta lustrosa como la de «anoréxica». Ahora no me acababa de gustar del todo, pero me hacía sentir menos sola. Si había un nombre para mí y mi estado, significaba que no era la única.

Para mí era imposible avisar a otra persona cuando

fuera a masturbarme. Miré fijamente al doctor Rosen y negué con la cabeza.

—A mí me llamas para contarme lo de las manzanas —intervino Rory.

—Eso es diferente.

—¿En qué? —inquirió el doctor Rosen.

—¿Es que no saben la diferencia entre comer manzanas y masturbarse?

Se me contrajo el cuello hacia la clavícula solo de pensar en llamar a Patrice. Llamarla para contarle eso era anunciar a los cuatro vientos: «¿Saben qué, grupo? ¡Me estoy masturbando!». Eso violaba las reglas antionanistas de la Iglesia católica y la norma de mi madre de no contarle a nadie tus cosas. Ese cometido era escandaloso, obsceno e imposible.

—¿Quieres mi opinión? —preguntó el doctor Rosen—. Comerte diez manzanas después de cenar...

—Ahora solo como cuatro.

—De acuerdo, cuatro, pero comerte esas manzanas no era satisfactorio. Querías parar de hacerlo. Atajar un comportamiento negativo es totalmente distinto a recibir apoyo para empezar uno placentero. Eres más reacia al placer. Por eso te mando esos deberes...

—Que no puedo hacer.

Debía dejar el grupo.

—Existen otras opciones —propuso el doctor Rosen.

Rory me tocó el pie con la punta de la bota y me sugirió que pidiera algo más manejable. Respiré profundamente. ¿Pensaba hundirme en la desesperación o estaba dispuesta a pedir lo que necesitaba?

—¿Algo más asequible? —susurré.

El doctor Rosen sonrió e hizo una pausa.

—¿Qué tal si la llamas antes y después de tomarte un baño?

—¿Sin tener que tocar ni frotar nada mientras estoy en ello?

—Solo el baño.

—Está bien.

Mi cuerpo se relajó. Podía tomarme un maldito baño. Volvía a participar en el juego.

El doctor Rosen me observó con detenimiento.

—¿Qué? —pregunté.

—¿Cuándo fue la última vez que le dijiste a alguien que no estabas preparada para hacer lo que te pedía?

El último año de preparatoria estuve saliendo con Mike D., una estrella del baloncesto que fumaba mota a diario. Era el primer novio de verdad que tenía y deseaba con desesperación ser una buena novia, significara lo que significara eso. Antes de salir conmigo, Mike había estado con una animadora que, al parecer, era una reina en el sexo oral. Cuando me dio a entender que extrañaba su garganta profunda, me sentí empujada a chupársela. Pero yo, con diecisiete años, solo había llegado hasta la primera base durante un breve instante tres años antes. Las mamadas estaban en la tercera base y mi ignorancia en ese campo hizo que se me cerrara la garganta de pánico. ¿Dónde iba a poner las manos? ¿Cuánto tiempo debía tener el pene en la boca? ¿Qué sabor tendría? Cuando me empujó la cabeza bajo las sábanas, me tragué el miedo e hice de tripas corazón. Cuando intenté salir para tomar aire y preguntar cómo lo estaba haciendo, Mike me volvió a empujar la cabeza hacia abajo. Repasé miles de veces aquella situación, mi cabeza empapada en sudor bajo aquella sábana, preguntándome siempre por qué me sentí privada de opciones, de palabras y del derecho a apartar la sábana y tomar aire. O a no chuparle la verga, para empezar. Lo hice porque quería ser una buena novia y las buenas novias dicen que sí.

Cherie, mi compañera de habitación en la universidad, se graduó un semestre antes que yo. Sus planes posuniversitarios de espíritu libre implicaban ir por Colorado de *couchsurfing* hasta empezar la carrera. Cuando me pidió que la llevara con su Volkswagen Jetta a Denver después de la graduación, debería haberle dicho que no. Se suponía que debía estar en Dallas visitando a la familia y trabajando en un centro comercial de medio tiempo. Llevar en coche a Cherie, su bicicleta y su bolsa de lona llena de camisetas teñidas a la Mile High City me parecía complicado y era caro. Pero le dije que sí porque pensar en decirle que no me producía ardor en el estómago. Quería ser una buena amiga. Y las buenas amigas dicen que sí.

Antes de mudarme a Chicago para cursar la carrera, conseguí un trabajo en Express, la tienda de ropa, en la ciudad en la que estaba mi universidad, donde vendía faldas pantalón a chicas de hermandad. Me ascendieron a subgerente unos meses después. Varias veces al mes, mi supervisora venía a trabajar con rasguños sanguinolentos enormes en los brazos (de algún gato salvaje o por un hábito de autolesión bastante grave) y me pedía que la cubriera. Aceptar implicaba tener que trabajar diez horas sin descanso, pues las subgerentes no podían dejar la tienda desatendida, ni siquiera para ir corriendo por un tentempié. Mi supervisora estaría en su casa, llevando a cabo alguna misteriosa actividad física, mientras yo le pedía a un encargado de almacén que se quedara en la caja para poder ir a orinar. A pesar de todo, nunca se me ocurrió negarme. Quería ser una buena trabajadora, y las buenas trabajadoras dicen que sí.

Decir que sí era lo que yo creía que debía hacer como novia, amiga y trabajadora. Como chica y, luego, como mujer en este mundo. Cuando alguien me pedía que saltara, me preparaba para brincar sin pensar si tenía hambre, si conocía el camino a Denver o si sabía qué diablos hacer con un pene en la boca.

Le dije al doctor Rosen que no estaba acostumbrada a decir que no. Me preguntó si sabía el precio de hacerlo. Negué con la cabeza. ¿Qué precio? Le caía bien a la gente porque siempre tenía el sí en la boca. Si me dedicaba a decir que no, ¿qué podía pasar? Se podían molestar conmigo. Se sentirían decepcionados. Descontentos. Y eso no podía tolerarlo. Esa clase de descaro le pertenecía a otra gente, como a los hombres y a las chicas buenotas sin cargas emocionales.

—Si no sabes decir que no en tus relaciones, no puedes tener intimidad —manifestó el doctor Rosen—. Repítelo.

Me quedé quieta para absorber cada una de esas palabras, para que traspasaran la piel y los músculos, y se asentaran en mis huesos.

—Si no sabes decir que no, no puede haber intimidad.

La gente me decía que no constantemente y seguía queriéndolos. ¿Eso es lo que todo el mundo aprendió en la preparatoria mientras yo me llenaba de galletas de menta de las Girl Scouts y grababa cintas con canciones de Lionel Richie y Whitney Houston?

Mientras mi vieja tina con patas se llenaba de agua jabonosa con aroma de lavanda, le dejé a Patrice un mensaje de voz. Primera parte de los deberes completada. Marqué a propósito su número de celular porque sabía que lo apagaba de noche. Aguanté la respiración mientras entraba poco a poco en aquella agua casi hirviendo. Las burbujas estallaron ligeramente. Apoyé la cabeza en el duro borde de porcelana y exhalé. Se me entrecortó la respiración, señal de que iba a llorar, pero cerré los ojos con fuerza y sacudí la cabeza. No quería lloriquear todo el tiempo que estuviera allí, solo quería ser una mujer normal dándose un baño para relajarse. Dos minutos más tarde, quise salir de la tina. Ya había hecho los deberes, me había tragado la pastilla que me habían recetado. Ahora tenía otras cosas que hacer, como llamar a tres miembros distintos del grupo.

Pero entonces coloqué las palmas de las manos sobre mi corazón y tomé aire. Las lágrimas se me acumularon en los ojos y dejé que fluyeran. Lo que sentí fue alivio. Intenso, arrollador, puro. A lo mejor yo también podía decir que no.

Todo el mundo lo hacía. Mi compañera de habitación, Kat, era directa, atrevida y segura de sí misma. En la universidad, le dijo a un Phi Delta manoseador que se fuera a la mierda cuando le pidió que se la chupara. No sintió un nudo en el estómago que la forzara a hacerle la mamada. Con cinco años, el testarudo de mi hermano armó un escándalo de una hora cuando mis padres le exigieron que le diera un bocado a un sándwich de atún. El enfrentamiento acabó ganándolo él, mientras yo me obligaba a comerme cada espantoso mordisco embadurnado en mayonesa de aquella cosa, con borde y todo. Para Carlos, la línea roja que no quiso traspasar a pesar de la insistencia del doctor Rosen fue traer su guitarra y cantar para el grupo.

Mientras tanto, me planteé dejar el grupo para no tener que mirar al doctor Rosen y decirle: «No. No puedo contarle a Patrice cuándo empiezo y acabo de masturbarme».

Tomé agua con las manos y dejé que se escurriera entre los dedos. Siempre había odiado los baños. ¿Qué hay de relajante en sumergirse en agua cuando no hay nada que mirar excepto una pared de azulejos o las partes del cuerpo bajo la espuma? Odiaba mirar mi cuerpo. Siempre terminaba desmenuzándolo: piernas sin depilar, dedos de los pies sin pedicura, pechos nada levantados, estómago flácido y muslos ásperos. Ese minucioso examen y esa vergüenza ahogaban cualquier placer que pudiera aportar tomar un baño, el pasatiempo que, supuestamente, toda mujer adora.

Aún veía aquellas cosas: el esmalte de uñas rojo descarapelado, las piernas peludas, la carne abultada. Y seguía sintiendo la misma ola de vergüenza azotándome la piel. Pero, además de eso, la chispa de algo más ligero y fresco se quedaba atrás, y tuve la minúscula e insignificante idea de que podía tener una relación diferente con y hacia mi cuerpo, y tal vez con otra gente.

Las puntas de los dedos de las manos se me fueron arrugando mientras el agua se enfriaba hasta alcanzar la temperatura ambiental. Un escalofrío me recorrió el cuello cuando me puse de pie. Me envolví en una toalla de playa a rayas rosa y blancas y me senté en el borde de la tina.

Llamé a Patrice.

—Ya está. Buenas noches.

Llamé a Rory para informar sobre mi comida.

Llamé a Marty para obtener mi afirmación.

—Tienes lo que hay que tener, muñeca —dijo hablando como Groucho Marx.

Me reí. Tenía los músculos del cuello y los hombros tibios y relajados gracias al baño. Me noté algo mareada y medio dormida.

—Te quiero —articulé, sujetando el teléfono con los dedos todavía arrugados. Las palabras se me escaparon sin darme cuenta.

—Pues claro, nena. Yo también te quiero. ¿Apoco no es divertido?

Sonreí. *Divertido* no era la palabra que habría utilizado para aquella sensación cálida y vasta que se me propagaba por el pecho, pero no se me ocurrió otra mejor.

En la cama, tuve una visión: las manos de los miembros del grupo bajo mi cuerpo, como aquel truco infantil en el que levantas a alguien con solo dos dedos. Todos colaboraron para invocar a los supuestos espíritus que debían ayudarles a levantarme hasta el techo. Podía sentir las manos del doctor Rosen sosteniéndome la cabeza, a Carlos y el Coronel en los hombros, a Patrice y Rory en las caderas, y a Marty en los pies. Sí que los quería. Por su presencia, sus esfuerzos y sus fuertes manos en mi cuerpo. Se estaban haciendo un hueco cada vez más grande en mi vida.

Aquello me emocionó, me dio ganas de gritar, y me entró mucho miedo.

10

Un martes de primavera, unas gruesas lágrimas corrieron por las mejillas de Marty. Tenía una lata plateada sobre el regazo del tamaño de un tambor pequeño o de una caja para galletas de Navidad de Williams-Sonoma. Dijo que estaba harto de la muerte. Que ya no la deseaba.

Aquello era un gran progreso para Marty. Por fuera parecía agradable y funcional, pero todos sabíamos que guardaba un sobre de cianuro. El doctor Rosen lo mencionaba en casi todas las sesiones y le pedía que lo trajera al grupo.

—Parece que estás preparado para desprenderte de eso —lo animó el doctor Rosen señalando la lata.

—¿Qué hay ahí dentro? —preguntó el Coronel.

Marty estrechó la lata contra el pecho.

—Los restos de un bebé.

Clavé el talón en la alfombra y empujé la silla hacia atrás. Se suponía que los bebés eran unas criaturas con mejillas regordetas que hacían mucho ruido (balbucear, gritar y llorar), no algo que estaba sellado dentro de una lata.

Marty nos explicó que el bebé, que había fallecido con menos de un mes, era el hijo de uno de los primeros pacientes a los que había atendido en su consulta de psiquiatría. El paciente le había pedido a Marty que se quedara con los restos mientras él intentaba superar el dolor, pero luego murió. Así que Marty le preguntó al doctor Rosen qué debía hacer con aquel recuerdo mortuorio.

Al doctor Rosen le encantaba avivar los sentimientos del grupo sobre la muerte. Si hubiéramos hecho una gráfica de sectores con los temas que más se debatían en el grupo, los más grandes habrían sido los del sexo y la muerte. Y si tuvieras un trauma relacionado con una experiencia cercana a la muerte, el doctor Rosen te insistiría en que hablaras de ello por lo menos dos veces al mes. Rory hablaba del Holocausto casi siempre que contaba una historia, aunque la aniquilación masiva de judíos en un principio no pareciera tener nada que ver con el crédito que debía de su tarjeta de Citibank. Cuando Patrice tenía dificultades con un problema complejo en el trabajo, el doctor Rosen sacaba a colación el suicidio de su hermano. Como es de esperar, a mí también me insistía a menudo para que hablara del accidente en Hawái. En esos casos, yo solía dar un paso atrás y recordarle que debía centrarse en mi vida sexual, no en la enorme desgracia que suponía presenciar una muerte en un viaje que hice a la playa a los trece años.

Marty le entregó la lata al doctor Rosen, que la inspeccionó y dijo algo en hebreo. El doctor Rosen le explicó a Marty que si estaba listo para desprenderse de la preocupación por la muerte sería capaz de apreciar más la vida y aproximarse a su pareja, Janeen.

Un silencio sombrío cayó sobre el grupo. Una oleada de sentimientos se alzó en mi pecho (recuerdos difusos de Hawái), pero la contuve. Estaba convencida de que estaba inventándome aquella tristeza para sentirme igual que el grupo.

No obstante, sentí la necesidad de cruzar las piernas y mostrarme a la defensiva. ¿Dónde estaba el truco mágico del doctor Rosen? ¿Qué tenía escondido en el clóset que pudiera traer al grupo y así poder estar lista para tener intimidad y cercanía? Marty y yo habíamos empezado el mismo día y me estaba superando. Yo había acudido a la consulta del doctor Rosen deseando morirme porque estaba crónica y fundamentalmente sola, pero Marty tenía pastillas de cianuro en la mesita de noche. ¿Cómo podía ser que hubiera avanzado más rápido que yo? Dejé que los celos y la ira me invadieran, pero no dije nada.

Cuando solo quedaban quince minutos de sesión, el doctor Rosen volvió a fijarse en la lata de Marty.

—Pídele a alguien que te la cuide.

Miré la alfombra manchada mientras Marty hacía un barrido por la sala. Seguro que elegiría a Patrice, la mamá osa del grupo.

—Christie.

Maldita sea. Miré a Marty y entrecerré los ojos, asustada e irritada por que me hubiera elegido a mí para quedarme con aquel bebé que no tuvo la oportunidad de crecer y cuyo cuerpo estaba encerrado en una lata plateada. Fruncí el ceño al mirar al doctor Rosen por haber orquestado aquella situación macabra. Quería levantarme, darme puñetazos en la cabeza y gritar: «No vine aquí en busca de muerte, huesos y cenizas. ¡Vine aquí porque quiero vivir! ¡Quiero vivir!».

¿Qué sentido tenía que una compañera aleatoria del grupo de terapia de Marty tuviera que custodiar aquella lata? ¿Ese bebé no merecía estar en manos de alguien que quisiera mucho a sus padres o a él? Aquello no tenía que ver con nada y era insoportable.

El doctor Rosen le ordenó a Marty que me mirara a los ojos y me preguntara si quería quedarme con la lata. Cuando nuestras miradas se encontraron, vi el dolor que sentía, pero no pude soportarlo. Me dirigí al doctor Rosen.

—Y las pastillas de cianuro, ¿también me las puedo quedar?

—Mejor no —replicó el doctor Rosen.

Después hizo una pausa y añadió:

—No hace falta que hagas eso, ¿sabes?

—¿Qué?

—Hacer una broma cuando tienes miedo o estás molesta. Bloquear.

—Bueno, y ¿qué te parece esto? Jódete.

El doctor Rosen se acarició el corazón con la mano, un gesto que ya le había visto hacer. Una vez nos explicó que, cuando alguien compartía su ira con él de forma directa, se lo tomaba como una señal de amor y se la guardaba en el corazón como una bendición.

—Eso está mejor.

—Está bien —susurré escarmentada. Le pregunté a Marty cómo se llamaba el bebé.

—Jeremiah.

No podía abandonar al pequeño Jeremiah. Aún quedaba algo de aquel niño tan querido en aquella lata, no podía darle la espalda. Yo era egoísta y engreída, pero no era un monstruo. Alargué los brazos hacia la lata.

El doctor Rosen se la pasó a Patrice, y ella me la entregó. La tomé y la sostuve con firmeza. No quería notar el contenido. Me la imaginé llena de pequeñas conchas mientras la colocaba sobre el regazo. Me esforcé por no pensar que eran huesos. Me vino a la mente una imagen de mí meciéndome y llorando mientras acunaba la lata, pero la ira que sentía hacia el doctor Rosen se encargó de acabar con aquella delicada pena.

—Una pregunta —le dije al doctor Rosen—. Marty se acercará a Janeen si se desprende de Jeremiah, pero ¿qué pasará conmigo?

Tras lanzar al cielo unos cuantos titubeos y balbuceos, al fin dictaminó:

—Para ti esas cenizas representan tu vínculo con el grupo. Necesitas el apoyo del grupo para aceptar la muerte, para dejar de huir de ella. —Se inclinó hacia adelante como si tuviera miedo de que pudiera oírlo—. ¿Quieres avanzar? Pues empieza a sentir.

—No lo sé.

Mis manos temblorosas se aferraron a la lata.

—¿Qué no sabes?

—Cómo hacerlo. O si podré.

—*Mamaleh*, ya lo estás haciendo.

Dos semanas más tarde, Marty sacó un sobre y se lo presentó al doctor Rosen.

—Las pastillas —expresó.

Sacó los discos amarillos, se los colocó en la palma de la mano y se los ofreció al doctor Rosen, que se levantó y dijo:

—Vamos a oficiar un funeral.

Seguimos al doctor Rosen hasta el pequeño cuarto de baño que había a la salida de la sala de terapia. Rory tomó la mano de Marty hasta que estuvo listo para desprenderse de las pastillas. El doctor Rosen anunció que iba a recitar el kadish del doliente.

—¿Por qué estamos de luto? —pregunté.

—Porque las ganas de suicidarse de Marty han muerto.

—*L'chaim* —exclamó Carlos.

—Eso significa «por la vida» —me explicó el Coronel, colocando una mano nudosa sobre mi hombro.

—He visto *El violinista en el tejado* —repliqué apartándole la mano.

—Sí, *l'chaim* —prosiguió el doctor Rosen sonriéndole a Marty, que tiró las pastillas al retrete y las observó dibujar un remolino en el agua hasta desaparecer.

Tras desprendernos de las pastillas de Marty, volvimos a sentarnos en la sala. El doctor Rosen me miró.

—¿Estás preparada? —preguntó.

—¿Para qué?

—Lo sabes muy bien.

—Pues no.

—Yo creo que sí.

Pues claro que lo sabía.

11

En la etiqueta de mi equipaje decía «Christie Tate-Ramon». Cuando el padre de Jenni, David, me lo dio, me dijo: «Siempre quise tener dos hijas». Me abrazó y, luego, nos apremió a Jenni y a mí para que subiéramos al taxi que esperaba en la entrada. Éramos cinco: Jenni, su padre David, su madre Sandy, su hermano Sebastian y yo. El primer año de preparatoria empezaba en seis semanas.

Cuando aterrizamos en Honolulu, toda la gente del aeropuerto llevaba camisas floreadas y nos dio la bienvenida diciendo «*mahalo*». En el trayecto hacia el hotel estuvimos repitiendo aquella palabra una y otra vez como si fuera un mantra.

Pasamos tres días explorando la exuberante isla principal, parándonos en los bordes de la carretera para contemplar maravillados las cascadas que surgían de las laderas de las montañas, comiendo nueces de macadamia y haciéndoles fotos a las playas de arena negra. La segunda noche asistimos a una fiesta *luau* obligatoria, donde todos probamos el *poi* y nos pusimos collares de orquídeas frescas.

El cuarto día, justo después de comer, David nos subió a los niños al sedán rentado junto con toallas y tablas de surfear. Íbamos a ir a una playa negra aislada que se encontraba al final de la carretera y que ya habíamos visto el primer día que estuvimos haciendo turismo. Sandy se quedó en el apartamento para lavar la ropa.

David no hacía más que corear «¡Surf, surf, surf!» mientras transitábamos por la carretera llena de curvas que bordeaba la ladera de una montaña. Sebastian metió un casette en el reproductor de cintas y subió el volumen al máximo. The Cure cantaba sobre playas y pistolas con tintes melancólicos. Bajamos las ventanas y cantamos a todo pulmón, dejando que el viento golpeara el fondo de nuestras gargantas.

David estacionó el coche y se dirigió hacia una senda sombreada donde un cartel con las palabras PROHIBIDA LA ENTRADA colgaba de una reja de hierro, parcialmente oculto por una enredadera llena de flores. Me detuve un nanosegundo, cuando noté que el miedo me aguijoneaba la columna. Estábamos rompiendo una regla y, sin embargo, David seguía silbando. Sobre nosotros, el cielo azul no auguraba nada más que una fresca brisa y un baño refrescante en cuanto llegáramos a la playa. En los sitios donde había tantas flores no pasaban cosas malas.

Avanzamos en fila india, conmigo a la retaguardia. Las chanclas apenas eran capaces de sostenerme mientras descendía por aquel empinado camino montañoso.

Cuando el terreno se allanó y dio paso a una extensión de hierba silvestre pudimos ver las olas desparramándose hacia la orilla. Los cristales de la arena negra destelleaban a la luz del sol. David encontró una zona plana y seca donde dejar las cosas. No había nadie más en la playa: ni silla de socorrista, ni toallas extendidas. Ni rastro de vida. Tener aquel pedazo de paraíso para nosotros solos nos hizo sentir libres. Me quité la blusa y los shorts. Me ajusté los tirantes del traje de baño de Ocean Pacific y Sebastian se zambulló en el agua. Jenni y yo corrimos tras él.

—Enseguida voy —dijo David inclinado sobre la caja

de pupilentes con una botella de solución salina de bolsillo en la mano.

Las olas parecían gentiles, no como el abrupto oleaje de la Isla del Padre, en la costa del golfo de Texas, donde mi familia pasaba las vacaciones. El cielo seguía siendo una vasija azul inofensiva. Mi mayor problema era que deseaba tener un cuerpo tan delgado como el de Jenni.

Tras adentrarme en el mar hasta que el agua me llegó a la mitad del muslo, una ola me derribó. Todo mi cuerpo se hundió bajo la línea del agua y la corriente me arrastró hacia abajo. Me esforcé por salir a flote, pero en cuanto salí a la superficie, otra ola me empujó hacia abajo de nuevo y di una voltereta entre la espuma de las olas. El agua salada me irritó los ojos y me subió por la nariz. Era como si una fuerza invisible bajo la arena me jalara, desafiándome a una pelea. Cada vez que lograba sacar la cabeza del agua intentaba recuperar el aliento, pero volvía a hundirme antes de que pudiera llenar los pulmones de aire. Todo esfuerzo por mantenerme a flote fracasaba.

Tenía que salir. Desesperada, agité los brazos y pataleé, pero la corriente siguió engulléndome. Cuando al fin aterricé en una zona donde podía pisar, jadeé y tosí con el cuerpo encorvado hacia delante, completamente agotada. La cabeza me palpitaba por el esfuerzo que había hecho luchando contra el mar. Salí del agua entre tambaleos.

Una vez en la orilla, el pecho me subía y bajaba debido al afán de mi huida. Me dolían los brazos por intentar abrirme paso entre el agua. Jenni emergió del agua y se acercó a mí. Decidimos que tomar el sol era mucho más divertido.

—¿Y mi padre? —preguntó mientras escudriñaba el agua.

Me llevé la mano a la frente e inspeccioné el océano. De izquierda a derecha, y luego otra vez a la izquierda. Ni rastro de David. El miedo me azotó de nuevo, ascendió por la columna y anidó en la base del cuello.

—¡Dios mío! —Jenni señaló justo delante de nosotras y salió corriendo hacia el agua. A diez metros de distancia, un objeto naranja se mecía sobre el agua. La tabla de David. Algo grande y blanco flotaba junto a ella.

David estaba bocabajo. Una ola se levantó y lo empujó hacia nosotras, hasta una zona con bajo nivel de agua. Le dimos la vuelta y sus ojos miraron hacia el cielo sin pestañear. Se me entrecortó la respiración. El agua le salía a chorro por la nariz y la boca. De su interior brotó una cantidad inmensa de agua. Como si contuviera la mitad del océano.

Jenni y yo lo tomamos de los brazos, uno cada una, y lo arrastramos hasta la orilla. Ninguna de las dos sabía cómo prestar primeros auxilios, pero presionamos su pecho como mejor creímos que era. Gritamos como locas para llamar a Sebastian. Cada vez que comprimíamos el pecho de David, le salía más agua de la boca y la nariz, mientras los ojos miraban fijamente el cielo, imperturbables, hacia la nada.

Me castañeteaban los dientes de un modo incontrolable, y los brazos se me pusieron rígidos. Cuando no estaba bombeando el pecho de David, me ponía a correr sin moverme del sitio, porque quedarse quieta implicaba que la verdad de sus ojos abiertos y su boca chorreante podía encontrarme y apoderarse de mí. Mi mente empezó a escupir mentiras: «Está bien. La gente no muere cuando está de vacaciones. En el camino de vuelta a casa nos reiremos al recordar las malvadas olas hawaianas». Aún podía oírlo silbar.

Si conseguíamos sacarle la cantidad suficiente de agua, podría incorporarse y toser.

—Dios santo. —Sebastian llegó, empapado y jadeando. Oprimió el pecho de su padre con las dos manos abiertas.

—Buscaré ayuda —dije yo, y salí corriendo, descalza, todavía temblando; mis piernas necesitaban moverse desesperadamente. Si me estaba quieta, la verdad se cernía sobre mí, así que me envolví y empujé mi cuerpo montaña arriba. El fantasma de David silbando mientras descendía por aquella senda hacía apenas media hora me atormentó a cada paso que daba. A medio camino, me tropecé con una raíz y me caí en medio del camino con los brazos abiertos. Se me abrió un corte largo y rojo en la rodilla. Tenía aspecto de doler, pero no sentía nada. No era más que un manojo de palpitaciones y pánico. Habría salido de mi propio cuerpo para llegar a lo alto de la montaña y suplicar ayuda.

—¡No! ¡No! ¡Papá, no! —El lamento de Sebastian y Jenni llegaba a mis oídos desde la playa. Me puse en pie a tropezones. Tenía que seguir corriendo para acallar el insoportable sonido de sus plañidos. Oía sus llantos cada vez que me paraba a recobrar el aliento. Imaginarme a los dos solos en aquella playa con el cuerpo inerte de su padre me impulsó montaña arriba.

Cuando al fin llegué, me desplomé ante cuatro jugadores de golf mayores. Me quedé mirando sus zapatos blancos con clavos y los dobladillos de sus pantalones a cuadros. Uno de ellos se inclinó y pegó su cara a la mía.

—¿Estás bien, pequeña?

—Un hombre se ha ahogado... No está muerto —insistí. Para mí, en aquel momento, no era lo mismo ahogarse que morirse—. Sus hijos están solos con él.

Los cuatro se alejaron de mí y me dejaron apoyada en una roca.

—No está muerto. —Un grito, un susurro, un mensaje directo desde mi corazón tembloroso.

La inacción era horripilante. Me puse en pie como pude y corrí por la carretera asfaltada en busca de más ayuda. Las piedritas se me clavaban en los pies, pero no atravesaban la piel. Corrí más rápido. Encontré una cabaña abandonada alejada de la carretera. Como nadie respondió a mis llamadas, aproveché que la puerta no estaba cerrada con llave y la atravesé gritando: «¡Un teléfono! ¡Un teléfono!». En aquella oscura habitación solo había una mesa de madera, un par de sillas y una estantería robusta. Ni una persona. Ni una luz. Ni un teléfono.

De nuevo en la carretera, era incapaz de ver la playa ni oír a Jenni y Sebastian. Me quedé de pie enfundada en el traje de baño esperando a que pasara algo, temblando y moviéndome con nerviosismo, sin saber adónde ir. Se me escapó de la garganta un quejido gutural amortiguado, una palabra sin sentido, una mezcla entre «no, no, no» y «por favor, por favor, por favor». Me sujeté la cabeza con ambas manos como si fuera a partirse en dos si la soltaba.

Una familia de Kansas (madre, padre y un hijo adolescente) se detuvieron en el puesto de observación. Agité las manos en su dirección.

—¡Ayuda! ¡Por favor!

Buenas noticias: el padre era cardiólogo. Su hijo y él desaparecieron por el sendero mientras la madre me ofrecía una lata de refresco y me invitaba a sentarme en el coche. Di un sorbo de aquella bebida azucarada sin dejar de temblar, absorbiendo con mi cuerpo la espantosa verdad.

Pasó por allí un agente de tráfico con una camioneta negra y la madre salió del coche a toda prisa para detenerlo. Él sacó la cabeza por la ventanilla y ella le susurró algo al oído. El hombre me miró de soslayo y prometió que enviaría ayuda.

Unas nubes densas y grises surgieron de la nada. La lluvia salpicó el coche. Poco después empezó a granizar. Yo me estremecía cada vez que un trocito de hielo golpeaba la ventanilla. Y seguía temblando. Sentía que las muelas se me iban a caer de tanto castañeteo. Podía aquietar mi cuerpo unos segundos si aguantaba la respiración, pero, en cuanto tomaba aire, los temblores regresaban.

Por encima de nuestras cabezas, las aspas de un helicóptero resonaron a un ritmo intermitente, como un gigantesco pájaro metálico, en dirección a la playa. La madre dio un sobresalto y me tomó la mano. Ella sabía lo que significaba. Los golfistas aparecieron al principio del camino. Bajé del coche como una bala, todavía esperanzada, para saber cómo iba todo en la playa, aunque los dos de adelante sacudían la cabeza de lado a lado. No, no ha salido de esta. No, está muerto. No, ya no hay esperanza.

—Los niños vienen detrás de nosotros. —Finalmente, no quedó ni una pizca de esperanza en mi cuerpo.

Podía oír el zumbido de las aspas incluso cuando no había nada que ver más que la inmensidad del cielo gris. El helicóptero ascendió por encima de la montaña con una larga cuerda colgada de su panza. En su extremo había una bolsa para cadáveres negra, balanceándose como si fuera una cola, que atravesó el cielo hasta convertirse en un punto diminuto en el horizonte.

12

Tras compartir todos aquellos espantosos detalles en un discurso sin interrupciones, me sentí más liviana. Creía que ocupar ese espacio y dejar que los testigos supieran lo que había vivido era toda la cura que necesitaba. Ahora el grupo sabía lo de la cinta de The Cure, los pupilentes de David, aquel océano voraz, mis pies desnudos sobre el camino, el refresco, la lluvia y el helicóptero.

La semana siguiente, en el trayecto desde el elevador hasta la sala de terapia, imaginé que el doctor Rosen me felicitaría por haber realizado un gran trabajo la semana anterior al hablar de Hawái. Lo deseaba, quería que me pusieran una medallita por haber permitido al fin que el grupo fuera testigo de aquel recuerdo terrible con el que cargaba desde aquel fatídico verano. Pero, cuando llegué a la sala de espera, sentí algo distinto que parecía no tener ninguna relación con aquello: ansiedad porque el doctor Rosen se iba de vacaciones. Estaría fuera durante las dos próximas semanas. Para mí, las sesiones semanales eran un ancla; sin ellas, la olas no tardarían en arrastrarme a las profundidades del océano de la soledad. Pasar dos semanas sin acudir a la terapia de grupo se asemejaba a pasar dos semanas sin oxígeno. Bajo la ansiedad también sentía ira. ¿Cómo era capaz de abandonarnos durante dos semanas enteras?

—Siéntate en el suelo y abrázate a la pierna de Carlos —sugirió el doctor Rosen tras quince minutos de sesión, cuando expresé cómo me sentía sobre su ausencia inminente. Se suponía que agarrarme a la pierna de Carlos me calmaría y me proporcionaría una base. Pero no.

La energía del grupo había sido frenética y dispersa desde el principio. Empezamos hablando del paciente de Carlos, luego del plan de boda de Marty y, al final, de la vida sexual de Rory. Cada vez que cambiábamos de tema surgían varias conversaciones secundarias entre los miembros del grupo que le quitaban valor a la conclusión. El doctor Rosen insistía en que la ansiedad colectiva que sentíamos por saber que íbamos a estar dos semanas sin reunirnos era lo que provocaba aquel efecto.

Envolví la espinilla de Carlos con el brazo derecho, y con la mano izquierda me puse a quitar bolitas de la alfombra mientras Marty nos hablaba de su vida sin cianuro. En eso estaba cuando, de repente, la necesidad de gritar hasta quedarme sin voz me surgió; empezó a escalar desde el estómago, por el esternón, hasta llegar a la boca de la garganta. Era demasiado fuerte para contenerla, como un estornudo o un orgasmo. Salió despedida de mi interior y congeló todos los movimientos de la sala.

—¡Aaaaaaaaaaaaaah!

Provenía de lo más profundo de mis entrañas y sacudió las paredes.

—¿¡Qué carajos!? —se sorprendió Carlos. Se quedó mirándome desde la silla.

—No sé por qué lo hice —respondí, avergonzada por aquel llanto primitivo que parecía no tener motivo o explicación.

Sin inmutarse, el doctor Rosen afirmó:

—Seguro que sí lo sabes.

Oí el zumbido del helicóptero y noté cómo el pánico me constreñía el cuerpo. Mi mente voló a Hawái, pasando por encima de las olas y la arena negra.

—¿Dónde crees que voy a irme de vacaciones?

—Ni idea.

—Seguro que tienes alguna imagen en la cabeza.

—*Vacaciones* es una palabra, no una imagen.

—¿Crees que voy a irme a esquiar?

—Estamos en julio.

—Entonces, ¿adónde voy?

—A México. A la dichosa Riviera Maya —espeté.

—¿Qué hay en México?

—Pesos.

El doctor Rosen no se movió. La verdadera respuesta me ardía en la cabeza.

—Playas.

Juntó las manos con una palmada y un «Aaah».

—¿Qué sientes al saber que me voy a la playa?

Durante aquel primer año de terapia de grupo había ido soltando pequeños fragmentos de la historia de Hawái hasta que, al final, en la sesión anterior, la historia completa había salido a la luz. Cada vez que había surgido el tema, el doctor Rosen me había instado a que expresara cómo me sentía al respecto, pero yo siempre me había resistido. Me defendía de las emociones e insistía en que no era para tanto. «No era mi padre. Y fue hace mucho tiempo.» Remover mis sentimientos al respecto me parecía dramático y falso. Además, no quería hablar de cómo me había quedado sola y enfundada en aquel traje de baño, de cómo corrí montaña arriba para pedir ayuda, de lo mucho que me sangraba la rodilla, de los ojos vacíos de David ni del agua marina que le salía a borbotones por los orificios de la cara. No sabía cómo expresar con palabras todo el terror y el dolor que sentía.

Y también había algo más: cuando volvimos de Hawái, Jenni y yo empezamos las clases en la Ursuline Academy. Seis semanas después de estar en aquella playa negra y ver el cuerpo flácido de David flotar bajo la panza del helicóptero nos pusimos las faldas plisadas de color rojo y azul marino del uniforme y los mocasines para acudir a las clases de Álgebra, Historia, Educación Física y Lengua. En Álgebra, observé a la señora Pawlowicz escribir unas ecuaciones complejas en el pizarrón, y a la hora de comer escuché la conversación de las otras chicas sobre qué iban a ponerse para asistir al concierto de Michael Jackson. «¿Qué más da? Todos vamos a morir, así que nada de esto importa.» Durante esos primeros meses, parte de mí seguía en Hawái, esperando a que David se despertara. Así yo podría volver a hacer una vida normal de adolescente que se centrara en mi enamoramiento de Joe Monico o en el dilema de si cortarme el fleco o no. Cuando volvía del colegio me quedaba dormida durante horas, y mis padres empezaron a preocuparse por mi estado emocional. Los veía observarme mientras cenábamos, cuando apoyaba la pesada cabeza en la palma de la mano, y cuando era incapaz de levantarme del sofá por las tardes. Pero nunca hablábamos del «accidente» de Hawái. Una noche, mis padres llamaron a la puerta y me descubrieron tumbada en la cama escuchando la radio. Trataron de iniciar una conversación conmigo sobre los deberes y sobre el siguiente partido de futbol que se jugaría en casa. Deduje que tramaban algo por cómo mi madre se aferraba a la manija de la puerta y mi padre se apoyaba contra la cómoda.

—¿Puedes hacernos un favor?

Mi madre estaba de pie en el umbral de la puerta. Sus ojos, tan cafés como los míos, me suplicaban de una forma tan nueva como alarmante.

—Supongo. ¿Qué quieren?

—¿Podrías tratar de actuar con normalidad? Tú solo inténtalo. Por nosotros. Intenta volver a estar normal. Andar lloriqueando por los rincones como un alma en pena no te hace ningún bien.

—Está bien.

Sabía qué quería decir. Desde lo de Hawái parecía que me habían chupado toda la energía. Dormía en exceso y no tenía ningún interés en las nuevas oportunidades que se me habían ofrecido al empezar las clases en la preparatoria. Pasaba de todo. Para ellos, aquella desgana era solo una falta de ánimo pueril que yo podía (y debía) abandonar antes de perder un año entero de mi vida. Mis padres creían de verdad que podía convencerme de ser feliz. Ahora comprendo que me ofrecían las herramientas que ellos usaban: la fuerza de voluntad, el optimismo y la independencia. Pero yo era incapaz de usar esas herramientas, así que me refugiaba en los atracones y las purgas para aplacar las emociones que trataban de aflorar. Mis padres y yo queríamos lo mismo: que yo volviera a la normalidad. Yo extrañaba ser normal más incluso que ellos, pero ninguno de nosotros entendía que no estaba decaída ni que los atracones que me daba para acallar mis emociones podían pasarme factura. En sus palabras también iba implícito que deseaban que enterrara lo de Hawái y todos los recuerdos horribles sobre el tema. Bajo la petición de mis padres yacía un mensaje subliminal: «Deja de pensar en eso o te pondrás triste. Si te pones triste, no podrás seguir estudiando con normalidad o ser una chica adolescente normal. Tampoco hables más del tema o te pondrás triste. No hables más del tema o nos pondrás tristes». Yo quería ser una buena hija, así que lo enterré tan hondo como pude.

—No todo el mundo vuelve siempre a casa. —Se me quebró la voz. El doctor Rosen me preguntó si podía hablar un poco más alto. No creía que pudiera hacerlo, pero entonces me incliné hacia adelante, coloqué la frente sobre la rígida alfombra y un llanto gutural procedente de una década anterior se elevó y empezó a brotar de mí en oleadas.

—¿Qué pasó después de que el helicóptero se llevara el cuerpo de David? —preguntó el doctor Rosen. Nunca había hablado de lo que sucedió cuando abandonamos la playa. En mi mente, la historia terminaba en cuanto el helicóptero desaparecía por encima de la montaña con el cadáver de David metido dentro de aquella bolsa alargada y negra.

Empecé a temblar, igual que hice en el coche de aquella mujer de Kansas.

—¿Pasaste frío en la comisaría?

—Notaba el suelo frío bajo los pies descalzos y no llevaba más ropa. Un agente me ofreció una manta amarilla acolchada, y otro me llevó a una sala privada para que pudiera llamar a mis padres. Estaban en el cine con unos amigos, así que se lo conté todo a mi hermano.

—¿Qué hiciste cuando te fuiste de la comisaría? —preguntó Rory.

—Sebastian nos llevó de vuelta al departamento. Estábamos a una hora de allí. Luego se le pasó la salida y nos alejamos bastante, así que estuvimos un buen rato circulando por una carretera de dos carriles. Nadie decía nada. Yo estaba sola en el asiento de atrás y observaba el maldito mar y la brillante puesta de sol de Hawái, con todos esos tonos morados, rosas y naranjas. La cinta de The Cure sonaba una y otra vez. Cuando uno de los lados se acababa, sonaban varios chasquidos y luego empezaba la otra. Tardamos un tiempo en llegar al departamento.

—¿La policía permitió que se fueran solos? —se asombró el doctor Rosen.

—Sebastian tenía casi dieciocho años.

—Pero su padre acababa de morir —respondió espantada Rory, con la voz quebrada—. Eran unos niños.

—La policía debería haberse preocupado más por ustedes. —Patrice me tomó la mano. Yo se la apreté como ella había hecho conmigo la primera mañana de terapia de grupo durante la oración final.

—Y ¿qué sucedió cuando llegaron al departamento? —insistió el doctor Rosen.

—Tuvimos que decírselo a Sandy. Llamamos a la puerta porque habíamos perdido las llaves. Cuando miró por la rejilla comprendió lo que había sucedido. Faltaba un miembro del grupo. Empezó a gritar: «¡No! ¡No! ¡No!».

—Vaya, Christie —susurró Carlos.

Yo me abrí camino entre ellos al entrar y me escondí en la tina, sin abrir el grifo, para no molestarlos. Oculta tras la cortina de la regadera, empecé a arrancarme costras de barro y sangre que se habían endurecido sobre mis piernas mientras trataba de soportar su dolor. Ellos se quedaron en el umbral de la puerta, abrazados, y lloraron hasta que los últimos rayos de luz del día se desvanecieron en la oscuridad.

—¿Cómo sonaba aquello? —inquirió el doctor Rosen.

Abrí la boca para tratar de imitar aquel llanto, pero no salió nada. Lo intenté de nuevo y el sonido se congeló en mi interior. Abrirme al dolor me cerró la garganta.

—Hace un momento lo has hecho. Puedes oírlo en tu cabeza —siguió el doctor Rosen.

Podía oírlo, oía a los tres abrazados y llorando, pero era incapaz de emitir ningún sonido. Aquel horror y aquella pena formaban parte de mí; era un órgano que cubría todo mi ser, como la piel o el pelo. Como una mancha. No sabía cómo zafarme de eso. Conseguí soltar unos cuantos aullidos guturales. Luego negué con la cabeza.

—No puedo.

Hacía mucho tiempo que había aceptado que lo de

Hawái, aquellos gritos y cómo se me tensaban todos los músculos del cuerpo cada vez que pensaba en el mar, sería algo con lo que cargaría toda la vida. Era el precio que debía pagar por haber sobrevivido. ¿Cómo sería curarme? No podía imaginarme una versión de mí que no estuviera turbada por la imagen del agua saliendo a chorros del cuerpo de David.

El doctor Rosen me sugirió que llevara a cabo un experimento.

—Repite conmigo: yo no maté a David.

Negué con la cabeza.

—Carajo, doctor Rosen. Sé que no lo maté yo. Esto no es un episodio de *Historias Familiares*.

—Te sientes responsable.

—Qué tontería. Tenía trece...

—El cartel.

—Siempre lo mencionas, querida —añadió Rory.

—¿El cartel? —pregunté mientras barría la habitación con la mirada.

—Sí, el cartel de PROHIBIDA LA ENTRADA —siguió Rory.

Me recosté en la silla como si me hubieran dado una bofetada. ¿De verdad pensaba que había sido culpa mía?

—¿Eso es lo que he estado arrastrando todos estos años?

—Es una de las múltiples historias que arrastras.

Nunca debimos ir a esa playa. Ese era el susurro que rugía en mis oídos desde 1987: «Tú podrías haberlo impedido». Debería haberlo hecho. Puede que solo tuviera trece años en aquel momento, pero sabía leer. Entendía que estábamos infringiendo la ley. Sabía lo que significaba «prohibida la entrada».

—¿Estás lista para repetir conmigo? —insistió el doctor Rosen.

Asentí.

—Mira a Rory y dile: Yo no maté a David.

—Yo no maté a David.

—No fue culpa mía que muriera.

—No fue culpa mía que muriera.

—No tengo por qué culparme.

—No tengo por qué culparme.

—No fue culpa mía.

—No fue culpa mía.

—Y ahora, respira —ordenó el doctor Rosen. Se me hincharon los pulmones bajo las costillas. Al exhalar, el aire salió a intervalos irregulares. Los extremos quedaron atascados en los ganchos de la resistencia que había construido durante diecisiete años.

—¿Así que este trauma es lo que me ha hecho estar sola durante todos estos años?

—No, lo que te ha apartado de la gente son los sentimientos enterrados que tienes al respecto.

—¿Por qué?

Se inclinó hacia mí y me habló despacio.

—Cuando tengas una relación íntima, los sentimientos más intensos brotarán tal y como hicieron esta mañana. Crearás un vínculo con alguien. —Se señaló—. Esa persona podría ir a la playa y podría no volver jamás. El amor te llevaría a esa playa mil veces cada día durante el resto de tu vida.

—Creo que nunca lo superaré.

El doctor Rosen sacudió la cabeza.

—Christie, nunca lo superarás.

La sesión acabó de la forma habitual, y Patrice y Rory se volvieron hacia mí y me envolvieron con sus brazos. Carlos se quedó de pie a nuestro lado esperando su turno. Marty y el Coronel hicieron lo mismo. Cada uno me dio un fuerte abrazo. El doctor Rosen también me dio un abrazo unos segundos más largo de lo habitual. Bajo la piel aún notaba cómo me temblaba el cuerpo al recordar las olas rompiendo contra la playa de arena negra.

13

En agosto de 2002 celebré mi primer aniversario como paciente de terapia de grupo actualizando con ansia el correo electrónico con el dedo índice cada tres minutos en la sala de estudiantes donde había acampado junto con otros estudiantes de Derecho. Había terminado una pasantía de verano de diez semanas en Bell, Boyd & Lloyd, y el coordinador de Recursos Humanos dijo que nos enviarían un correo con ofertas de trabajo indefinido al final de la jornada laboral. Me había pasado el verano escribiendo memorándums, investigando la normativa del Derecho Contractual y quedándome varias noches hasta pasadas las nueve para demostrar mi dedicación. También había ido a animar a un partido de los Cubs y había bebido refresco en la hora feliz para demostrar que algún día sería capaz de socializar con clientes de primera categoría. Pero en ese momento necesitaba una oferta de trabajo.

A las cuatro y media, le di al *mouse* una última vez. Mis ojos se quedaron fijos en el correo del bufete: «El comité aún no ha votado». Según el historial del bufete, cada dos años les ofrecían a todos sus becarios trabajos al terminar la carrera en una fiesta llena de alcohol celebrada en la sala de reuniones que daba al centro de Chicago. Este año, habíamos bebido con cierto asco jugo de arándanos y mordisqueado almendras tostadas mientras el socio gerente hablaba sobre la recesión económica con una sonrisa forzada. Ese correo demostraba que los rumores que nos habían estado atormentando todo el verano eran ciertos: no tenían puestos de trabajo suficientes para todos.

El tercer año de la carrera acababa de empezar. Solo faltaban nueve meses para la graduación. La burbuja de las «punto com» había estallado, y los bufetes de abogados no solían contratar a estudiantes de tercero, sino a los pasantes que trabajaban para ellos durante el verano. Algunos estaban derrumbándose y, de un día para otro, dejaban de existir. Mi facultad era de segundo nivel, así que estaba compitiendo con estudiantes procedentes de la Universidad de Chicago y de la Northwestern, que se encontraban entre las diez mejores. Cuando me graduara, mi deuda sobrepasaría los ciento veinte mil dólares. Si no tenía un trabajo, uno bueno de verdad, ¿cómo iba a pagar la renta, los financiamientos estudiantiles y la terapia?

Me dirigí a toda prisa al centro de orientación profesional, donde muchos otros estudiantes ojeaban ofertas de trabajo guardadas en enormes carpetas blancas. Clavada en un tablón en anuncios había una lista ridícula de bufetes que concertaban entrevistas con estudiantes de tercer año y, abajo de todo, alguien había garabateado «Estamos jodidos». Solo dos organizaciones entrevistaban a estudiantes de tercero: el cuerpo de jueces abogados militares Judge Advocate General (JAG) Corp. y Skadden, Arps, un bufete de primera, famoso por tener los sueldos base más altos del país. Descarté el JAG Corp. porque no quería confesarle al gobierno federal que recibía tratamiento psicológico ni que había fumado marihuana en tres ocasiones. En cuanto a Skadden, era un bufete de abogados muy potente provisto de fiscales purasangre procedentes de universidades de la Ivy League acostumbrados a trabajar sesenta horas a la semana. Skadden era el Harvard de los bufetes. Nunca me contratarían.

Me esforcé por no vomitar sobre la carpeta blanca.

La amiga más cercana que tenía en la Facultad de Derecho, Clare, desdeñó mis temores.

—¡Eres la primera de la clase! Lo tienes fácil.

Sí, al ser la mejor alumna de la clase conseguiría un trabajo, pero, si solo me pagaban treinta mil, me hundiría bajo el peso de mi deuda. Había pedido un préstamo privado al diez por ciento de interés para pagar el tratamiento del doctor Rosen, y mi deuda estudiantil era considerable. ¿Qué iba a hacer si la búsqueda de empleo se alargaba? ¿Tendría que volver a casa de mis padres?

En terapia, el doctor Rosen me presionó.

—Pide una entrevista en Skadden.

Me opuse. Me consideraba de segunda, una abogada más bien mediocre. Mi facultad era de segunda, al igual que Bell, Boyd & Lloyd. Los socios de Skadden comparecían ante el Tribunal Supremo y dirigían litigios comerciales complejos que el *Wall Street Journal* publicaba con artículos de varias páginas. Llevaban trajes hechos a la medida con zapatos italianos de cuero. Yo era una niña con lombrices intestinales, una estudiante universitaria que casi muere por vómitos autoprovocados, una joven con una obsesión por las manzanas que no parecía remitir.

—Skadden no es para mí, doctor Harvard.

—Sí lo es.

¿Qué sabía él? Se pasaba el día rodeado de gente psicológicamente frágil. Skadden esperaría que rindiera al máximo nivel rodeada de gente que hacía lo mismo desde que se graduaron *summa cum laude* en Princeton. Yo era una Loyola Rambler de cuarta.

—Eres brillante. Skadden te querrá en su equipo.

Brillante era una palabra para describir a Madame Curie, Steve Jobs o a la doctora Shirley Ann Jackson, la física que inventó el identificador de llamadas. No era una palabra aplicable a mi persona. Ser la primera de la clase me convertía en una trabajadora infatigable que desesperadamente quería obtener logros con los que cubrir los agujeros de su vida personal, no en una persona «brillante». Y tenía la calificación del examen de ingreso para demostrarlo.

Patrice me dio un codazo en el antebrazo y, luego, se frotó el pecho con exageración, imitando lo que siempre hacía el doctor Rosen cuando alguien le dedicaba un cumplido o un insulto. Imité aquel gesto sin ganas. Sin embargo, una diminuta parte de aquella palabra se coló por el esternón y anidó en el blando rincón de mi interior que estaba dispuesto a recibirla.

En casa, abrí el clóset y me quedé mirando el traje azul marino de Calvin Klein y los zapatos planos de Cole Haan que guardaba allí. Evidentemente iba a ponerme el lápiz labial que Carlos había elegido. Al menos podía ir engalanada.

Una semana después, me senté frente a un tipo blanco medio calvo de unos sesenta años y con calcetines finos que se quedó de pie, apoyado en una estantería de roble sobre la que sus hijos sonreían enmarcados en plata. El jefe del departamento procesal de Skadden. Pestañeó y me preguntó dónde me veía dentro de cinco años, riéndose entre dientes como si la pregunta fuera una tontería. Le dije la verdad: «Espero colaborar con el bufete». No me refería necesariamente a formar parte de él, pero él no lo sabía.

El siguiente socio que me entrevistó llevaba el traje gris marengo más lujoso que había visto en mi vida. Lo examiné con detenimiento para poder describírselo luego a Carlos. Durante la conversación de treinta minutos que mantuvimos, cortó cinco pedazos de cinta adhesiva (con la parte pegajosa hacia arriba) y los pasó por el escritorio para retirar partículas de polvo invisibles. Cuando nos dimos la mano al final, me dijo: «Podemos ofrecerte un trabajo emocionante».

Los socios varones tenían objetos peculiares en sus despachos: un suéter clásico de los Cubs enmarcado, un muñeco cabezón de Gorbachov, un álbum de Bruce Springsteen firmado. Ninguno parecía un psicópata o ser incapaz de hablar sobre su vida fuera del trabajo. La única mujer con la que hablé, Leslie, tenía una sonrisa sincera y una risa fácil. Sentí que me hundía en la silla de una forma muy distinta a la que había experimentado en los despachos de los hombres. Cuando le pregunté si una mujer podía triunfar en Skadden, asintió lentamente con la cabeza: «Sí, creo que sí».

A la hora de comer, dos asociados júnior, Jorge y Clark, pidieron un taxi que nos dejó en un dos por tres en Emilio's para comer unas tapas. Jorge tenía un porte majestuoso y lucía corbata de moño y mancuernillas. Clark tenía cara de niño, iba un poco despeinado y se había casado hacía poco. Una vez que nos sentamos, Jorge sugirió que cada uno pidiera cuatro platos para compartir. Nunca había comido tapas. Nunca había tomado chorizo y queso manchego en el almuerzo ni en ninguna otra comida. Nunca había compartido doce platos de comida con dos hombres mientras intentaba obtener un trabajo.

Cuando llegó la comida, mantuve la calma y probé un poco de cada plato: queso de cabra fundido sobre triángulos de pan tostado, jamón español, relucientes aceitunas tricolor con aceite, caracoles salteados y papas asadas. A medida que aquellos sabrosos bocados se me deslizaban por la garganta, la panza se estremeció de placer y sorpresa. Era un salto enorme, alejadísimo de la col, el atún y la mostaza. Jugueteé nerviosa con la punta de una servilleta de tela blanca entre un plato y otro, y pensé en la reacción explosiva de Rory cuando por la noche le contara lo que había comido ese día.

Aunque no consiguiera el trabajo, aquella comida era un milagro.

Me aseguraron que tenían una vida fuera del trabajo: Jorge tenía una prometida y Clark, la afición incondicional de jugar largas partidas de póker. Mientras masticaba el último bocado, sentí cómo el deseo despertaba en mi pecho. Yo también quería trabajar en Skadden. Quería respirar el aire enrarecido de un bufete de abogados sofisticado, igual que Clark y Jorge.

Nos separamos al salir del restaurante, y bajé por la calle Ohio en dirección a la avenida Michigan. Mis elegantes zapatos azul marino chasquearon contra la banqueta cuando giré hacia la avenida y pasé frente a Tiffany & Co., Cartier y Neiman Marcus. Mis pies adquirieron un ritmo intermitente perfecto, y erguí la espalda tanto como un pilar. Mis pasos eran los de una mujer que era la primera de su clase en la Facultad de Derecho. Puede que fuera una facultad de segunda, pero solo una persona lo había conseguido. La verdad de ese número (el uno) estalló por todo mi cuerpo, convertido finalmente en algo más que un concepto o un sentimiento de vergüenza. Era energía, y me pertenecía.

Para cuando metí la llave en la cerradura de la puerta, ya estaba convencida de que merecía una oferta de Skadden, en parte porque era la primera de la clase, pero también porque calle abajo había un doctor chiflado con un *pedigree* extraordinario que me dijo que era brillante. Y, aunque yo no lo creyera, sí creía que él creía tal cosa.

Acabé recibiendo dos ofertas de trabajo: una de Bell, Boyd & Lloyd, donde había hecho la pasantía, y otra de Skadden. Clare me aconsejó que aceptara la del bufete más pequeño porque Skadden me haría trabajar hasta el cansancio. ¿No era el objetivo de la terapia evitar que aceptara un trabajo que me consumiera? No quería que el trabajo me absorbiera la vida. Mi profesor preferido de la facultad me dijo que aceptara la de Skadden porque era joven, tenía energía y era una oportunidad demasiado buena para dejarla escapar.

Con solo veinticuatro horas para tomar una decisión, lo consulté con el grupo. Había almorzado con Jorge y Clark, iba súper llena de jamón serrano y estaba convencida de que podía triunfar en Skadden, pero las dudas me atraparon. ¿Me iban a explotar en Skadden a base de horas extras remuneradas? Aquel bufete podía ser una pesadilla hecha realidad si no me dejaba tiempo libre para trabajar en mis relaciones sociales.

El doctor Rosen discrepó.

—Será mucho más fácil ejercer la abogacía si estás rodeada de gente tan brillante como tú. —Esa palabra otra vez—. Podrías llamar ahora mismo y aceptar la oferta.

Una cosa era decirle a un muchachón de la facultad que era un calientahuevos, pero otra muy distinta era dejar que el doctor Rosen tomara una decisión de este calibre (el génesis de mi carrera como abogada). Le dije que necesitaba pensármelo unos minutos más. Él se encogió de hombros como diciéndome «allá tú» y dirigió su atención a otra persona.

A quince minutos del final de la sesión, aquella mezcla de deseo y ambición volvió a asentarse en mi pecho, temblorosa, translúcida, frágil como una bomba de jabón. El año que empecé a estudiar Derecho, antes de aquella primera llamada al doctor Rosen, descargué la aplicación de la Facultad de Derecho de Northwestern. Con mis notas, podría haber pedido el traslado y haberme matriculado en la octava mejor Facultad de Derecho del país. Completé el formulario y metí las hojas en un grueso sobre color manila. Sin embargo, en el buzón de enfrente de la biblioteca jurídica, los dedos no pudieron sujetar la pequeña asa metálica de la tapa. Los codos no se me doblaban, los bíceps no me respondían. El futuro que me jalaba desde el otro lado de aquel buzón exigía más de lo que mi cuerpo podía dar. Aquello no estaba hecho para mí, porque era una persona de segunda. Di diez pasos para regresar a la biblioteca y tiré el sobre a la basura.

Skadden era prestigioso, y no sabía si era mi lugar, pero, de pronto, el miedo a no estar a la altura no era tan fuerte como el impulsivo sí de mi pecho. Parecía absurdo dejar que la inseguridad y el miedo me impidieran alcanzar todo lo que Skadden me ofrecía. Además, con lo que me pagarían tendría suficiente para la renta, los financiamientos estudiantiles y la terapia.

A medida que la sesión de grupo se acercaba a su fin, observé la cúspide del Jeweler's Building, a pocas manzanas de allí. Me quedé quieta para evitar que la nueva visión se evaporara: mi tarjeta de presentación hecha con papel blanco de alto gramaje. Mis primas de servicios de cinco dígitos. Mi vestuario actualizado. Mi maletín de Tumi. Mis casos y mis clientes. ¿Podría abarcar todo aquello? ¿Podría intentarlo?

Quería intentarlo.

Levanté el celular como si fuera una antorcha.

—Quiero trabajar en Skadden.

El doctor Rosen hizo un gesto con la mano, como queriendo decir «adelante».

Abrí la tapa y marqué el número, pero dudé antes de darle al botón de llamar. Patrice acercó la silla y alargó la mano. Yo coloqué la mía sobre su palma.

Saltó el contestador del coordinador de Recursos Humanos. Cuando sonó el pitido, miré al doctor Rosen en busca de apoyo moral. Él asintió con la cabeza.

Tomé aire rápidamente y, al soltarlo, me adentré en mi futuro.

—Espero que sepas lo que haces —dije cuando cerré el celular—. Esta es mi vida.

—A lo mejor conoces allí a tu marido.

El doctor Rosen hizo una mueca. Solté la mano de Patrice y le hice un gesto obsceno. No había aceptado un trabajo para encontrar marido. Se rio y se frotó el pecho con entusiasmo.

Tenía un trabajo nuevo que hacía juego con mi nuevo hogar.

Pocas semanas después, Clare, mi amiga de la facultad, me llamó y me comunicó:

—Tater, necesito una compañera de departamento nueva.

Pensaba que se lo pediría a su novio, nuestro compañero de clase Steven, pero me dijo que todavía no estaban preparados para dar ese paso.

El edificio de Clare, en el casco antiguo de Chicago, contaba con vestíbulo de mármol, portero las veinticuatro horas y piscina. Estaba cerquísima de la facultad y solo a tres paradas de tren del doctor Rosen. En la sala tenía cortinas color púrpura sujetas con bandas de terciopelo dorado. Tendría acceso al gimnasio y contaría con una plaza de garaje. Me estremecí de placer de la cabeza a los pies al recibir la invitación. Se ofreció a cobrarme lo mismo que estaba pagando por el cuchitril con el radiador tembloroso, el techo manchado de humedad y la cocina con electrodomésticos obsoletos. ¿Cómo iba a decirle que no? Diez minutos más tarde, hojeé la sección amarilla y contraté a una empresa de mudanzas.

La noche que me comprometí con Skadden me estiré sobre la cama e hice un balance de mi vida. Trabajo nuevo. Casa nueva. En caso de que muriera, Clare podría avisar a las autoridades. O al portero. No moriría sola.

14

Carlos, mi compañero de terapia de grupo, era mi primer mejor amigo. Solía llamarme de camino al gimnasio para contarme que Jared, su prometido, se gastaba demasiado dinero en zapatos italianos o en ropa de cama antigua. Me llevaba a restaurantes en su pequeño BMW plateado y me hacía probar platos que no había comido nunca (como el *pad thai* o el esturión) o de los que jamás había oído hablar (como el *cassoulet* o el *shawarma*). Si no hubiera conocido a Carlos, nunca habría probado el *spanakopita* ni habría puesto un pie en Barneys. Cuando empecé el segundo año de terapia de grupo, la relación con Carlos era uno de los grandes indicios de que mi vida mejoraba de forma constante. Cuando presumía en el grupo de que nunca tenía conflictos con Carlos, el doctor Rosen siempre opinaba:

—Reza para que se peleen.

—¿Por qué?

—Porque buscas tener una relación íntima de verdad.

—¿Y eso significa que tenemos que pelearnos?

—Si no estás dispuesta a discutir con una persona, ¿cómo vas a tener una relación íntima con ella?

¿Pelearme con mi hermano para conseguir el control remoto contaba?

Rebusqué en el baúl de los recuerdos de mi mente a ver si había alguno donde hubiera tenido una buena discusión a la antigua usanza con alguien (apretar el puño, acabar dando un portazo o con la garganta destrozada por haber gritado mucho), pero no encontré ninguno. Cuando estaba en la preparatoria, mi amiga Denise se escapó de mi casa para irse a Caruth Park con su novio de último año para tener sexo con él. Pero no me enojé con ella por haber estado a punto de meterme en un buen lío al escaparse por la ventana de mi habitación. Me tragué el enojo y dejé que volviera a entrar en casa cuando llamó desde el alféizar. En el primer año de la universidad, mi amiga Anne invitó a su casa al chico con el que yo salía para ver una película mientras yo estaba en la biblioteca. Nunca le dije nada. En vez de eso, me cambié de casa dos meses después. Además, cuando mi amiga Tyra me echó en cara que me fui de su función teatral antes de la ovación final, sentí que un ataque de furia me subía por el esófago. Le había dado igual que le hubiera llevado flores, me hubiera quedado hasta que hubiera recitado todas sus líneas y que me hubiera ido porque tenía gastroenteritis. Una parte de mí quería plantarse ante su expresión dolida y soltarle: «¿Puedes hacer el favor de pensar en los demás por un segundo?». Sin embargo, me limité a mascullar: «Lo siento mucho. Te prometo que iré a la siguiente».

Cuando se trataba de expresar ira, me limitaba a tragármela, fingía que no existía, la ignoraba y me apartaba. No sabía qué era mantener una discusión con alguien.

—Creo que deberías unirte al grupo de hombres de los lunes —le sugirió el doctor Rosen a Carlos una mañana de martes, más o menos cuando yo llevaba trece meses de terapia—. Te ayudará a prepararte para el matrimonio.

Le pregunté si a mí también me recomendaba que me uniera a un segundo grupo, pero el doctor Rosen negó con la cabeza y me dijo que no estaba preparada para eso todavía. La vergüenza me dejó inmóvil y no volví a mediar palabra en toda la sesión. No sabía si quería unirme a un segundo grupo, pero esa no era la cuestión. El doctor Rosen le había ofrecido algo a Carlos y a mí no. Durante el resto de la reunión, los pensamientos tóxicos no pararon de rondarme la cabeza.

«Carlos le cae mejor que yo.»

«Hay algo que no estoy haciendo bien.»

«Esto de la terapia no se me da.»

Me fui de la sesión muy molesta y sin abrir la boca. Luego estuve evitando las llamadas de Carlos; en primer lugar estaba celosa de que él fuera el favorito y, en segundo lugar, la irritabilidad que me había invadido me avergonzaba. No hablamos hasta el domingo por la noche, momento en el que decidí confesarle los celos que sentía.

—Pues, niña, no entiendo por qué te da envidia que me metan en otro grupo de terapia más —se sorprendió—. Solo me va a dejar más pobre y a darme más dolores de cabeza.

Esa noche, le dejé un mensaje al doctor Rosen y le pedí que me llamara antes de la siguiente sesión para informarle sobre la reacción intensa que tuve al oír que invitaba a Carlos a un segundo grupo de terapia. El doctor Rosen solía atender mis llamadas entre sesiones, así que di por hecho que me diría algo.

Me pasé el lunes entero mirando la pantalla del celular como si fuera una paciente que necesitara un trasplante de corazón y estuviera esperando noticias sobre un nuevo donante. Al anochecer, perdí la esperanza. Llamé a Marnie mientras doraba una pechuga de pollo en los elegantes fogones de la cocina del departamento de Clare. Ella aún veía al doctor Rosen, así que pensé que entendería cómo me sentía.

Antes de que pudiera decir nada, oí el pitido de la otra línea.

«Hola, soy el doctor Rosen. Deja un mensaje y te llamo luego.»

Click. Marnie no estaba.

Tomé la sartén por el borde y me quemé con el hierro ardiente.

—¡Mierda!

Oprimí los dedos contra el pecho y me puse a dar saltitos del dolor mientras seguía maldiciendo entre dientes. Me senté en medio de la cocina y me mecí. El pollo y el aceite chisporroteaban en la sartén.

Cinco minutos más tarde, Marnie me llamó. Respiré hondo. Puede que el doctor Rosen la hubiera llamado porque acababa de quedarse embarazada tras sufrir un aborto. Era posible que le hubiera pasado algo. A lo mejor tenía calambres o el médico le había dado una mala noticia.

—¿Está todo bien? —le pregunté preocupada de verdad.

—Sí, solo que el maldito contratista nos está dando problemas. Nos ha instalado la puerta equivocada. Se la pedimos de roble, no de caoba. El doctor Rosen me estaba preparando para hablar con él mañana.

Se me vaciaron los pulmones de aire y me doblé. Presioné un poco de hielo contra mi mano quemada mientras la entusiasta y recién embarazada Marnie me explicaba cómo debía darles órdenes a los trabajadores desde un diván tapizado a su gusto en su casa de cuatro pisos.

¿Por qué el doctor Rosen la ayudaba y a mí no?

Me temblaba todo el cuerpo mientras marcaba su número. Cuando sonó el pitido, exclamé:

—Tú te pasas. ¡Eres un cabrón! No has parado de insistir en que aprendiera a pedir ayuda. En que te llamara. En que los dejara entrar a ti y al grupo en mi vida. Y ¿ahora no eres capaz de llamarme? ¡Vete a la mierda!

Y así estuve un buen rato gritándole al contestador del doctor Rosen mientras la mano me palpitaba.

El contestador volvió a pitar. Había llegado al final del mensaje y estampé el teléfono contra el suelo. Quería romperlo todo: los preciosos platos ciruela de Pottery Barn de Clare, el molde para hielos del rincón, el jarrón con flores secas, el póster del Jazz Fest enmarcado que estaba colgado encima de la mesa. Todo me palpitaba: la cabeza, el corazón, la garganta y la mano. Odiaba todo del doctor Rosen: su expresión engreída, su risa élfica y estúpida y sus consejos presuntuosos. Que se fuera a la mierda él y el círculo de sillas de aquella consulta en el decimoctavo piso.

Durante los primeros minutos de la sesión de terapia evité el contacto visual con la gente. Junté las manos sobre el regazo y me quedé mirando una mancha ovalada que había en la alfombra. Marty nos puso al día sobre la operación de cadera de su madre, y el doctor Rosen pasó la mirada por todos los miembros de uno en uno, como era habitual.

—¿Me dejaste un mensaje?

Miré hacia arriba y constaté que el doctor Rosen me estaba observando. Asentí y me noté aturdida.

—¿Quieres contarle al grupo qué me dijiste?

Me sonrió como lo hizo con Rory cuando nos contó que había terminado un capítulo de su tesis. Vi cómo a los otros miembros se les iluminaba el rostro con ansias de saber más.

—Estaba enojada y dije cosas un poco feas...

—¿Un poco feas? ¡No lo minimices! ¡Fuiste despiadada! —El doctor Rosen hizo un gesto con las manos y dio un salto en la silla. Se acarició el pecho y cerró los ojos como si estuviera saboreando un plato delicioso—. Creo que deberíamos ir a mi despacho y escucharlo.

Todos se levantaron. ¡Nos íbamos de excursión! Era la primera vez que entraba en su despacho desde que había empezado a ir a terapia de grupo, pero todo estaba igual: los títulos de Harvard enmarcados, las letras bordadas y la mesa despejada pegada a la pared.

Mientras el doctor Rosen sujetaba el auricular e introducía la contraseña en el buzón de voz, Carlos me susurró:

—¿Qué diablos le dijiste?

El doctor Rosen pulsó el botón del altavoz y entonces todos oímos mi voz, clara y chillona.

—¡No te importo una mierda! ¡Marnie lo tiene todo! ¿Qué tengo yo?

Continuamos escuchando mi voz durante tres minutos. El grupo se arremolinó en torno al teléfono.

Cuando al fin terminó, el doctor Rosen colgó.

—Esto hay que celebrarlo.

Enunció cada palabra como si fuera la primera vez que hablábamos en el mismo idioma.

¿Celebrar la ira? Eso era más extraño aún que discutir. No recuerdo haberles gritado nunca a mis padres. Ni siquiera cuando era una adolescente. No solíamos gritar. Se nos daba mejor dejar de hablarle a alguien; emitíamos suspiros de irritación y desatábamos la furia en silencio. Cuando mis padres me prohibieron ir a la fiesta de Año Nuevo de Troy Tabucci en segundo de secundaria porque sospechaban que íbamos a tomar alcohol, me encerré en la habitación y me puse a grabar cintas de canciones tristes. Cuando me dijeron que iba a ir a la universidad en Texas, me limité a tirar el folleto de Dartmouth con las esquinas dobladas que había releído mil veces durante las últimas semanas. Solía poner una sonrisa falsa, decir «Estoy bien» y darme atracones como método de consolación. Pero ahora este hombre estaba tratando mi ataque como si se tratara de una sonata de Chopin.

—¿Celebrarlo?

El doctor Rosen abrió los ojos aún más.

—¡Es maravilloso!

—Es asqueroso...

—¿Por qué iba a serlo?

—Para empezar, por la autocompasión...

—No estoy de acuerdo. Es sincero, auténtico y real. Es tuyo. Y lo has compartido conmigo. Gracias. —Se frotó el pecho con la mano—. Bienvenida a la ira, *Mamaleh*. Esto te ayudará.

Era el primer cumplido que recibía por las partes feas, irracionales, insignificantes, imprudentes, maliciosas y crueles de mi ser. Jamás había oído algo así. Si hubiera sido yo la terapeuta, me habría dicho que no volviera a hacer una estupidez como aquella, pero el doctor Rosen lo celebraba como si fuera el Día del Armisticio, con el júbilo propio de un día festivo y con desfiles en las calles.

—No te preocupes —me tranquilizó—. Esto no ha hecho más que empezar.

15

Por primera vez en más de un año me desperté tras dormir la increíble cantidad de ocho horas. No sabía muy bien dónde estaba, pero sabía que tenía algo cálido y vibrante entre las piernas.

Había tenido un sueño húmedo. Un sueño erótico gráfico y tórrido con el cantante de *R&B* Luther Vandross. En él, mi objeto de deseo me había acariciado la cara y me había besado intensamente, colmándome la boca con su lengua. Luego había hecho algo con ella en mi estómago, un conjunto de movimientos circulares vigorosos que me hicieron ver las estrellas, los planetas y las galaxias del universo entero. Y cuando sus suaves labios comenzaron a rondar entre mis piernas, maullé como un gatito recién nacido.

Me desperté mojada, acalorada y satisfecha.

Aquella mañana, en el tren de camino a la terapia de grupo, tarareé mi canción favorita de Luther Vandross, *Here and Now*. Oh, sí, Luther, justo aquí y ahora.

Mientras el tren dejaba atrás los clubes nocturnos gays ensombrecidos y las estrafalarias *boutiques* de Belmont, me sentí muy optimista, como si pudiera flotar hasta el cielo como un globo volando. No estaba tan muerta por dentro como temía. Ese sueño también era la prueba de que la parte de mi subconsciente que había llevado al señor

Vandross a la cama y había dejado que su lengua deambulara por mi cuerpo, fuera la que fuera, estaba viva. Y hambrienta. Esta anoréxica sexual se estaba abriendo paso hasta la mesa del buffet. Había soñado y sentido una clase de sexo que era ardiente, salvaje, escandaloso, húmedo y completamente centrado en mi placer. Sexo sin inhibiciones, sin monjas con amenazas de fuego eterno, sin padres con miradas de desaprobación que ligaban el sexo al matrimonio, sin preocupaciones por quedarme embarazada, estar gorda o no «hacerlo bien». Estaba mi cuerpo, un hombre guapísimo y el placer.

En los primeros diez minutos de la reunión, se lo conté todo a todos.

—Me estaba practicando sexo oral, y tenía la espalda suave y musculosa. Tuve un orgasmo en sueños.

—¿Cuánto duró?

—¿Lo has visto alguna vez en concierto?

—¿Es el tipo que hizo aquel dueto con Chaka Khan?

El doctor Rosen, que había estado escuchando la conversación en silencio, por fin habló.

—Has soñado conmigo.

El ruido que hicieron nuestros cuellos al girarse hacia él se pudo oír desde la calle.

—¿Cómo dijiste, Freud? —solté entre risas—. No te ofendas, pero no te pareces en nada a un hombre negro que está como quiere, ha ganado un montón de Grammys y es amigo de Oprah. Tú eres..., en fin... —Hice un gesto para señalar su cabello alborotado, el suéter café de punto trenzado y los zapatos pardos de suela gruesa—. O sea, mírate al espejo.

El doctor Rosen sacudió la cabeza con aquel aire condescendiente tan suyo. Fruncí el ceño. Si el sueño se trataba sobre él de verdad, ¿por qué no había aparecido Dustin Hoffman? ¿O quizá Adam Sandler?

—Dios mío —exclamó Carlos.

—¿Qué? —pregunté.

Carlos y Rory intercambiaron miradas de complicidad. Luego, Carlos me dio la noticia.

—¿No sabes que, una vez que empiezas a ir a psicoterapia, los sueños húmedos que tienes son con el terapeuta?

El doctor Rosen asintió.

—Van-de-Ross, se parece a Rosen.

—Sí, riman y todo.

Puse los ojos en blanco. Mi terapeuta judío, medio calvo y flacucho, no se parecía a Luther, mi objeto de deseo, en ningún universo posible. El doctor Rosen levantó las manos y se encogió de hombros. No intentaba convencerme, y esa era la forma más rápida de hacer que dudara de mí.

—¿Por qué tienes que ser siempre el centro de todo?

Murmuré la palabra *sabiondo* lo bastante alto para que pudiera oírme. Lo ignoré cuando se frotó el pecho, como si hubiera dicho que era un terapeuta excelente. Me negué a mirarlo, y los miembros del grupo pasaron a hablar de otro tema.

—¿Entiendes por qué ese sueño ha sido posible? —me preguntó el doctor Rosen a dos minutos de terminar la sesión. Negué con la cabeza—. ¿Crees que es una coincidencia que hace dos semanas pudieras expresar la rabia que sentías contra mí y ahora hayas tenido un sueño orgásmico conmigo?

Pasé por alto la parte en la que conectaba mi ira con mi deseo sexual y me centré en su empeño en que hubiera soñado con él.

—¿Por qué intentas arruinar mi sueño?

—¿Por qué crees que tener relaciones conmigo es arruinarlo?

—Eres mi psiquiatra.

Retorcí la cara ante aquella idea.

—¿Y?

—¿Qué ha pasado con el doctor Celebralotodo?

—Lo estoy celebrando. Yo no soy quien está oponiendo resistencia.

Oponer resistencia era el único cargo que no podía ignorar. Era la infracción terapéutica más grave que había, y me encogía cada vez que la detectaba en alguno de mis compañeros. El doctor Rosen le había recomendado a Rory que solicitara empleos en organizaciones de derechos civiles mejor remuneradas que le generaran beneficios superiores, pero ella insistía en que solo la podían contratar en clínicas legales de Wisconsin con recursos limitados. Con sus referencias, podría haber trabajado en cualquier lugar de la zona de Chicago, pero seguía yendo y viniendo todos los días de Waupun, Wisconsin, y se enfadaba siempre que le insistíamos que buscara algo mejor. Oponer resistencia (al cambio, al placer, a los desplazamientos por trabajo) era lo que nos alejaba de lo que realmente queríamos. No iba a cometer ese pecado, aunque prefiriera darle un puñetazo al doctor Rosen en esa jeta de engreído suya antes que reconocer que mi sueño iba sobre su culo flácido.

—De acuerdo. —Me deslicé hasta el borde del asiento y me enderecé. Agarré los brazos de la silla y susurré con voz cantarina—: Doctor Rosen, me encantaría tener tu cara en mi entrepierna. Me muero de ganas de que me metas la lengua y le des vueltas muy pero muy lentamente hasta venirme.

Solté un gemidito para impresionarlo.

—Carajo, mujer —murmuró Carlos.

El Coronel abrió los ojos de par en par como si fuera un personaje de dibujos animados. Rory se puso roja y desvió la mirada hacia la ventana.

El doctor Rosen parpadeó dos veces y, luego, dijo:

—Estás lista para unirte a otro grupo.

Todos esperaron a que yo hablara, pero ya no me quedaban palabras, solo sensaciones: el buenote de Luther entre las piernas, el enojo con el doctor Rosen revolviéndome el estómago y el miedo que me ascendía por el pecho mientras digería sus palabras.

Mascullé la oración que pronunciábamos al final de cada sesión y salí de allí a toda prisa con Carlos, que pasó el brazo por mis hombros.

—Te dije que podrías unirte a otro grupo.

Pero claro, ahora que la tenía, la estaba cuestionando. ¿De verdad quería otro grupo totalmente distinto? ¿Bajar al centro dos veces por semana para escarbar en los recuerdos de las lombrices intestinales y que me prescribieran llamar a mis compañeros para hablarles de mis necesidades humanas básicas? ¿Por qué había deseado aquello con tantas ganas? Pensaba que me haría sentir como una hija predilecta, como una de los elegidos de Rosen, pero ahora aquella invitación a participar en un segundo grupo de terapia me hacía sentir vergüenza por lo enferma que debía estar.

A la semana siguiente, comencé la sesión con la pregunta que me estaba quemando por dentro.

—¿Por qué ahora?

El doctor Rosen ni siquiera había tomado asiento todavía, pues seguía peleándose con las persianas de la sala.

Se sentó donde siempre y analizó mi pregunta.

—Tu disposición a compartir ese sueño con los demás, estar orgullosa de él y hablar de ello, indica que estás preparada.

—¿Para qué?

—Para más.

—¿Más qué?

—Calor. Intimidad. Intensidad. Sexo.

—¿Me ayudará con las relaciones?

—Te lo garantizo.

—Pues vaya ganga.

A veces tenía la sensación de que Rosenlandia era una secta. Había empezado a reconocer a pacientes del doctor Rosen por todas partes. En una reunión de terapia de doce pasos, oí a una mujer decir: «Me llamo Ginny y mi terapeuta loco me ha dicho que les cuente que me atasco de Oreos de marca blanca». Antes de que dijera una palabra más, me di cuenta de que Carlos ya me había hablado de ella: estaba saliendo con Chip, un miembro del grupo masculino, y estuvieron a punto de romper porque él no le chupaba la vagina. En otra reunión, una mujer se sentó en medio del círculo y se zampó a bocados sobrehumanos una *whopper* del Burger King. En los once años que había estado asistiendo a rehabilitación para trastornos alimenticios, nunca había visto a nadie comer más que una galletita salada durante una reunión. En la mayoría de ellas existía la norma explícita de no llamar a cualquier clase de comida por su nombre porque podías incitar a alguien a que se diera un atracón. Por eso, ver a alguien devorando una *whopper* resultaba chocante, casi como ver la luna caer del cielo y aterrizar sobre tu regazo. Marnie se inclinó hacia delante y susurró: «Tiene que ser una de las nuestras». Más tarde confirmamos que el doctor Rosen le había aconsejado que se hartara de comida rápida durante las reuniones en lugar de hacerlo en casa a escondidas.

¿Cómo iba a aumentar mi participación en el entramado de Rosenlandia manteniendo la vida cotidiana de persona seminormal que llevaba? Siendo estudiante de Derecho, era complicado conciliar mi trayectoria pública y profesional con, digamos, mi vida de terapia poco convencional. Con el pequeño Jeremiah en el clóset. Las llamadas a Rory y Marty de cada noche. Decirle al Fumador Sexy que yo era una calientahuevos. Una parte de mí quería unirse al segundo grupo por la misma razón por la que me uní al primero: curiosidad. Sentía curiosidad por saber quién formaría parte de él y cómo cambiaría mi vida si me unía. Los cinco compañeros actuales y el doctor Rosen conocían todos los detalles sobre mis costumbres alimenticias, mis horas de sueño y mis fantasías sexuales nocturnas. ¿Qué más iba a hacer con otro grupo?

Mientras meditaba sobre la posibilidad de unirme a un segundo grupo, analicé los avances en mi vida amorosa desde que empecé a acudir al primero. Había tenido una cita oficial desde los desastrosos cincuenta minutos de Sam y el fracaso con Andrew, el de las pechugas chamuscadas. Dos semanas después de Andrew, conocí a Greg durante una fiesta en una casa y me pidió el número de teléfono. Acababa de salir de un coma inducido en el que estuvo sumido un año entero. Cuando salimos del restaurante de *sushi* al que habíamos ido a cenar, no recordaba dónde vivía. Puede que yo no estuviera preparada para una relación, pero él lo estaba menos todavía.

Luego estaba Xavier, mi exnovio de la universidad, uno de los chicos decentes a los que rechacé porque su lealtad inquebrantable me provocaba náuseas. Salí con él mientras visitaba a la familia en Texas. Nos citamos en un estacionamiento oscuro situado en un barrio de dudosa reputación cerca del aeropuerto internacional de Dallas-Fort Worth. Cuando empezamos a tener sexo, vi el contorno borroso de estrellas y galaxias. Sus labios sobre los míos me despertaron. Su mano sobre mi muslo me desbloqueó, y quise ir más allá, hasta el mismísimo final, bajo el cartel de luces de neón que rezaba SE ACEPTAN CHEQUES. Evidentemente, nunca había sentido aquella avidez interior por él cuando estuvimos juntos, pues evitaba mantener relaciones alegando que me dolía la cabeza o tenía que madrugar para ir a trabajar al centro comercial.

Cuando me arremangué la falda, Xavier me apartó.

—El avión de Connie está a punto de aterrizar —declaró. Me quedé mirándolo fijamente, sin pestañear—. Sé lo que estás pensando, pero no estoy metiéndome contigo porque me dé miedo ir en serio con Connie.

Se me cayó el alma a los pies. La palabra *tonta* atravesó mi mente. Unos días más tarde, de nuevo en Chicago, los miembros del grupo destacaron que Xavier no estaba disponible, y eso era precisamente lo que me había atraído de él.

Ahora Xavier iba a casarse, y también mi compañera de cuarto de la universidad, Kat, al igual que dos amigas de la Facultad de Derecho y dos primas mías. El nuevo grupo del doctor Rosen parecía ser una cuerda que tal vez debiera agarrar.

—Está bien, me uniré al segundo grupo.

—Te sugiero un grupo exclusivamente femenino.

—¿Por qué?

—Es tu siguiente paso.

Se me irritaron los ojos.

Me sugirió el grupo de los martes por la tarde. Ciento ochenta minutos de terapia en un solo día. Dos viajes de ida y vuelta en tren a Washington y Wabash todos los martes.

—Eso es una locura.

Además, el grupo de la tarde era el de Marnie. Le recordé que éramos amigas, y se me volvieron a irritar los ojos.

—Te plantea ciertos riesgos sociales.

Cerré los ojos con fuerza y pensé en Bianca y en aquella mesa llena de chicas de quinto de primaria. Desde entonces, me aterrorizaba que cualquier grupo de mujeres se volviera contra mí y acabara teniendo que comer en el baño. Pero ¿era mejor soportar los roces que surgieran entre amigas a morir sola, sin amor e intacta, con un corazón más terso que la superficie de una placa de metal?

Acepté.

Parte 2

16

Aquel primer martes fui arrogante. Ya sabía cómo era el asunto. Había hecho un recuento de los minutos que había pasado en terapia de grupo durante los últimos trece meses: 5265. Por fin tenía algunas hendiduras en el corazón (superficiales y poco profundas, pero eran marcas al fin y al cabo) gracias a todo el esfuerzo que había estado haciendo hasta el momento.

No pensaba decirle a Clare que me había apuntado a dos sesiones de terapia en un mismo día, ya que ella no hacía uso de ningún servicio de salud mental, pero se me escapó una tarde cuando volvíamos a casa después de una clase de Derecho de Familia. Ella hizo una pausa y, después, me sonrió como si estuviera orgullosa de mí.

—Acuérdate de agarrar algo para picar los martes, porque te van a resultar muy largos.

El primer día que tuve sesión doble de terapia me prestó su suéter de Anthropologie favorito.

Salí de clase de Derecho Penal media hora antes de comenzar la segunda sesión de terapia. Estaba lista para enfrentarme a ella, me sentía como pez en el agua. Llegué siete minutos antes de la hora, pero toqué el botón de la sala de terapia aun sabiendo que, en realidad, era para avisar al doctor Rosen de que un miembro del grupo que llegaba tarde quería entrar. «Adivina, doctor Rosen. ¿Qué piensas de mí ahora? He sido capaz de venir a dos sesiones de terapia en un mismo día.» Me senté y pronto se me unió Emily, famosa en Rosenlandia porque su padre, un drogadicto pastillero que vivía en Kansas, se molestó cuando ella comenzó a ir a terapia y empezó a acosarla y a amenazar al doctor Rosen por teléfono y correo electrónico.

Ella y Marnie eran buenas amigas y, mientras charlábamos antes de la sesión, me di cuenta de lo raro que era que estuviera inmiscuyéndome en su grupo. No obstante, deseché el miedo y saludé a una mujer alta con un sombrero de paja.

—Soy Mary —se presentó. Luego, se sentó a mi lado. Había oído a Marnie hablar de una tal Mary, pero no recordaba si era la que adoraba o la que odiaba con todas sus fuerzas.

A mediodía, el doctor Rosen abrió la puerta de la sala de espera y nos sonrió a todas. Antes de que nos pudiéramos acomodar en los asientos, una mujer corpulenta llamada Zenia se unió a nosotras. Llevaba el cabello de color púrpura y tenía unos ojos gigantes de color café que parecían no poder expresar otra cosa que no fuera sorpresa. Empezó ella la reunión contándonos el fin de semana multiorgásmico que había pasado gracias a una comunidad erótica en línea para fanáticos de *Calabozos y Dragones*. También mencionó que su novia vivía en Croacia y que nunca la había conocido en persona.

Yo había pasado más de cinco mil minutos en esa sala. Noventa de esos minutos los había pasado ese mismo día, tres horas antes. Todo parecía igual: los sillones giratorios, la estantería, las minipersianas baratas y el lirio de Pascua flácido que había decidido aguantar una estación más. Pero todo me resultaba desconocido. Como cuando sueñas que estás en tu casa, pero no es tu casa de verdad porque la puerta es de otro color y tiene dos pisos en vez de una. En términos de energía y partículas, algo no cuadraba.

El doctor Rosen parecía un extraño antipático: tenía los labios fruncidos en una línea rígida, y había colocado los brazos de una forma inflexible y poco natural. No fluía ninguna energía cálida o familiar entre nosotros, así que se me contrajo el corazón al extrañar la sesión de los martes por la mañana.

Zenia resplandecía mientras hablaba de su relación con Greta, la chica croata: de las horas de sexo en línea de las que disfrutaban y de que estaban ahorrando para conocerse en una convención en Bruselas. Zenia me sonreía cada pocos minutos, lo que yo consideré una cálida bienvenida, y luego pasó a hacerle una pregunta al doctor Rosen sobre cómo tratar a una de sus pacientes.

—¿Pacientes? —pregunté en voz alta.

—Soy médica.

El doctor Rosen me dedicó una sonrisa de satisfacción. ¡El maldito cabrón se estaba riendo de mí! Vaya, vean a esa mojigata solitaria que está sentada al lado de una médica con éxito que disfruta del sexo virtual con su novia. Entrecerré los ojos y fruncí el ceño; su sonrisa se ensanchó. No esperaba que fuera a mimarme, pero tampoco que fuera a sentarse en su trono y a reírse de mí.

Mary nos contó que su hermano, el maltratador que se había pasado la vida amenazando con matarla, le había llamado para pedirle dinero. Regina, una masajista envuelta en lo que parecían dos chales negros y una falda de nailon holgada, había llegado en medio del monólogo sexual de Zenia. Le dijo a Mary con un tono empático y sosegado que, después de que su primo psicópata la hubiera amenazado con un cuchillo, ella había interpuesto una orden de alejamiento.

El doctor Rosen había malinterpretado mi historia. El miedo me generó un nudo en el estómago que se fue hinchando al darme cuenta de que ese grupo no era el adecuado para mí. Quería tomarlo por el cuello café y bien planchado de la camisa y recordarle que sí, había sufrido secuelas tras lo acontecido en Hawái y estaba luchando contra un trastorno alimenticio, pero que en mi vida había sido objeto de un intento de asesinato. Me había transformado en una persona perfeccionista, frígida y casi asexual, pero ¿cómo podía pensar que pertenecía a un grupo como aquel? Yo era un ser insignificante que no paraba de lloriquear porque no tenía novio, algo común y corriente a la par que absurdo comparado con las historias de estas mujeres, que eran mucho más valientes, interesantes y experimentadas de lo que yo llegaría a ser jamás.

Pasaron veinte minutos. ¿Dónde se había metido Marnie? Se suponía que ella iba a ser mi compañera comodín.

Marnie llegó media hora tarde a la sesión, soltó la bolsa de cuero naranja con brusquedad y cayó con pesadez sobre la silla. Intenté llamar su atención, pero no me miró. Tenía la mandíbula tensa y miraba de un lado a otro del círculo con aquellos ojos cafés suyos, como si buscara una presa.

—Carajo, estoy tan destrozada que me quiero morir —se quejó. Había dado a luz a una niña preciosa seis semanas antes—. Pat no para de trabajar, y la niña no se duerme ni por error. No puedo...

Le temblaban las manos mientras sacaba una botella de agua Voss. Había hablado con ella por la mañana, pero no me había expresado nada de esa angustia. Ahora parecía fingir que yo no estaba en la sala. Me evitaba de una forma tan estudiada que solo podía significar una cosa: que estaba molesta conmigo. Dejé de enterarme de lo que decían porque me absorbió por completo el pánico que me producía pensar en cómo detener la furia de Marnie. La había visto enojada y no solía ser bonito.

El timbre volvió a sonar. Una mujer con un bolso enorme decorado con borlas de cuero y un recipiente de plástico de poliestireno entró en la sala, y todas las partículas del lugar se transformaron. Aquella tenía que ser Nan; Marnie me había hablado de ella, pero no me había dicho que era tan radiante ni que desprendía tanta energía que parecía arrojar rayos de luz. Aunque estaba a punto de jubilarse, la piel de Nan brillaba como la de una mujer joven. Cuando sonreía, le aparecían dos hoyuelos en cada mejilla. Yo no era capaz de apartar la mirada de las sandalias plateadas que llevaba puestas, el llavero que tintineaba mientras colgaba el bolso en el respaldo de la silla, la sonrisa pícara que le dedicó al doctor Rosen cuando se sentó ni de cómo se le movía la boca cuando mascullaba entre dientes mientras Marnie hablaba. Me saludó con un leve gesto de la cabeza, y yo le sonreí.

—Mi NI me está sacando de quicio —soltó Nan—. La muy perra me quiere matar.

Miré al doctor Rosen. ¿NI? Él me miró, pero no me dijo nada. Si quería saber de qué hablaba Nan, tendría que preguntárselo.

Nan tomó el recipiente de poliestireno y le quitó la tapa. Uno de los compartimentos estaba lleno de macarrones con queso, de esos que son curvos y llevan una salsa casi naranja. Siguió hablando mientras se metía unos cuantos a la boca.

—Me quita hasta las ganas de comer.

Se le quebró la voz. Me miró y me explicó que la ene era la abreviatura de la palabra altisonante que la había oprimido toda la vida, y que la i era la de *interior*. Nos dejó claro que ella (y solo ella) tenía permitido decir el nombre completo de NI, y la verdad es que no se me habría ocurrido desafiarla. Asentí para agradecerle que me hubiera explicado lo que era.

—Nan, estaba hablando yo —dijo Marnie. Conocía bien esa frase. Marnie le había dicho lo mismo a Pat justo antes de la discusión marital que había presenciado. Me acomodé más en la silla y noté que estaba conteniendo la respiración. El ambiente era cortante y vibraba con la amenaza de la violencia. No quería inhalarlo.

Nan señaló a Marnie con el tenedor.

—Pues. Te. Aguantas. Carajo.

Tomé una bocanada de aire y la aguanté. Se quedó suspendida en mis pulmones.

Marnie giró la tapa de la botella de agua.

—Espera tu jodido turno. —Sonaba como una advertencia, una protesta.

Este grupo no era como el otro, donde el Coronel Sanders molestaba a Patrice hasta hacerla saltar o Carlos discutía con Rory por llegar tarde. Notaba algo más profundo entre Marnie y Nan, algo más corpóreo e inestable. Las palabras provenían de la profundidad de su ser, no era algo que se les acabara de ocurrir. Usaban las manos y los brazos. Escupían. El calor y una posible amenaza hacían que saltaran chispas en el ambiente.

Nan dejó el recipiente en el suelo. Pensaba que iba a levantarse y a arremangarse la camisa, pero, en lugar de eso, sacó una servilleta del bolso y se limpió la boca lentamente, como un *sheriff* furioso en una película del Oeste. Solté poco a poco el aire que había retenido en los pulmones. Se pusieron a gritarse sin parar. Marnie era una «perra blanca y flacucha» y Nan era una «melodramática incapaz de aceptar ayuda». El doctor Rosen parecía estar atento, pero no alarmado. Entonces, Nan le apuntó con el tenedor.

—Tienes que ayudarme —le pidió en un tono bajo.

No me había dado cuenta de que había empezado a llorar, y ahora veía cómo las lágrimas le descendían por las mejillas. Bajó la cabeza como si le estuviera hablando a las sobras de la comida, que seguían en el suelo.

—Por favor, ayúdame.

Me entraron ganas de atravesar el círculo y rodearla con los brazos, pero, en lugar de eso, me puse a arrancarme la cutícula del pulgar derecho hasta que me salió sangre y el estómago se me revolvió.

—Me encantaría —le respondió el doctor Rosen sonriendo e irguiéndose en la silla como un actor esperando su gran solo.

—Es lo único que conozco.

Nan se enjugó los ojos con la servilleta. Luego, se giró hacia mí y me describió su infancia, que se había visto marcada por la violencia y la adicción. Había tenido un padrastro inestable que solía sacarle una pistola cuando volvía a casa tras pasar la noche apostando, y un hermano bipolar que daba puñetazos a las paredes y se robaba reliquias familiares.

—Solo conozco la fuerza bruta.

Marnie acercó su sillón hacia Nan y le tocó el brazo.

—También es lo único que conozco.

A Mary y Emily se les llenaron los ojos de lágrimas. Los míos permanecían fijos en mi dedo. Seguí cavando en la rosada carne viva. Una gota de sangre me inundó la base de la uña.

En los cinco años desde que nos conocimos, Marnie se había enfrentado a todas las situaciones emocionales con una resistencia dura de roer, una especie de actitud bravía de macho italiano, del tipo «¿Me estás hablando a mí?»; algo que yo admiraba y temía. Observé fascinada cómo Nan y Marnie, que segundos antes habían estado a punto de llegar a los golpes, se fundían en un *collage* de trauma mutuo y de sanación. Marnie se aferró al brazo izquierdo de Nan.

Jamás había visto a dos personas discutir ni hacer las paces. El pulgar me palpitaba, y me mordí el labio para evitar llorar. A medida que iban pasando los minutos, fantaseaba con encogerme (perder piel, músculo, huesos y células) hasta convertirme en nada más que un montón de ropa sobre aquel raído sillón giratorio.

La siguiente vez que el doctor Rosen me miró, gesticulé un «Ayúdame».

—¿Qué has dicho?

No salía ningún sonido.

—Ayúdame —seguí gesticulando.

No podía parar. «Ayúdame.»

Todo el mundo dejó de mirar a Marnie y a Nan y se centró en mí. Yo no podía mirar a aquellas mujeres ni lograr que saliera un sonido de mi boca.

—¿Qué te pasa? —preguntó Marnie, prestándome atención al fin.

Negué con la cabeza mientras le sostenía la mirada al doctor Rosen.

—¿En serio? ¿Qué diablos te pasa? Algo te debe de pasar si estás aquí. —Le dirigió una mirada al doctor Rosen y alzó la barbilla—. Por cierto, nadie me ha preguntado qué me ha parecido que ella se una a mi grupo. Vamos, habla. Aquí tratamos asuntos profundos.

Yo solo podía pensar en que quería irme a casa, con mi grupo de la mañana, aquellos que me conocían y me querían.

Me giré hacia el doctor Rosen.

—¿Por qué me metiste en este grupo? Yo no encajo aquí. Todas estas personas han sufrido una violencia terrible o les han apuntado con un arma. Yo solo quiero tener a más gente en mi vida, quizá un novio que no se vaya a morir bebiendo o que no esté demasiado deprimido para coger, pero me siento repugnante y...

—Repugnante no es un...

—¡Sí! ¡Sí lo es!

Me temblaba todo el cuerpo. Me apreté las manos como si quisiera secármelas. Quería quitarme aquel asco de encima, aunque proviniera de mi interior.

—No.

—Bien. Pues siento vergüenza por haberme colado en el grupo de Marnie, me da miedo lo que veo y oigo, y estoy molesta contigo por haberme metido aquí. Nunca voy a encajar en este grupo. ¡No debería haberme unido a un segundo grupo!

—¡Bien! —El doctor Rosen levantó ambos pulgares como si mi angustia fuera una película que acabara de ver y se la estuviera recomendando a su público—. Ya está funcionando.

—¿Qué funciona?

—Este grupo.

Una sonrisa iluminadora. Un barrido con el brazo por el círculo. Júbilo élfico.

—*Mamaleh*, una parte de la intimidad consiste en aprender a expresar la ira. Has progresado mucho en el grupo de la mañana. Pero la otra parte de la intimidad es aprender a tolerar la ira de otros. Este grupo te ayudará a conseguirlo.

Se dirigió a Marnie, que la miraba sin parpadear.

—Ya ha empezado a hacerlo.

Se puso a explicarme, como si fuera el señor Rogers, que mi terror hacia la ira de los demás era otra piedra que obstaculizaba mi camino hacia la intimidad. Sí, ahora era capaz de ir a comer a restaurantes con mis amigos de la facultad, hablar de los baños que me daba y gritarle al doctor Rosen. Pero siempre había más. La terapia era una trampa de Sísifo.

—Y ¿qué hago con Marnie?

—Podrías celebrar su ira.

Puse los ojos en blanco. Luego, le pregunté cómo.

—Mírala —me ordenó.

Giré el sillón y clavé la mirada en sus ojos furiosos.

—Dile que la quieres y que su ira es bella.

—Marnie, te quiero y tu ira es bella.

—Ahora, respira.

Mis palabras se quedaron suspendidas sobre el círculo. El instinto me presionaba para que me saliera del guion del doctor Rosen, me inclinara a los pies de Marnie y le prometiera que me iría del grupo o que me quedaría toda la noche cuidando de su hija, que estaba dispuesta a cualquier cosa con tal de que no estuviera molesta conmigo. Pero seguí respirando. Con cada segundo, me iba alejando cada vez más de mis viejos y desgastados impulsos.

Dejé de mirarla un momento para consultar la hora, pero el doctor Rosen me instó a que no dejara de hacerlo.

—Dile que agradeces su ira y que aceptas que te exprese más.

Lo hice. No me respondió nada.

—¿Qué sientes? —inquirió el doctor Rosen.

—Miedo.

Curvé los dedos de los pies hacia el suelo.

—Bien. Cuando seas capaz de tolerar ese miedo y dejes de intentar arreglar su ira, estarás lista para tener una relación íntima.

—Pensaba que bastaba con hablar de lo que como y los baños que me doy. Ah, y con cuidar del pequeño Jeremiah. Y también con decirle al Fumador Sexy que soy una calientahuevos.

—Debes seguir haciendo todas esas cosas. Pero esto también.

La sesión había terminado. El doctor Rosen le puso el broche final habitual. Cuando empezamos a darnos abrazos, no aparté la mirada de Marnie. Vi cómo abrazaba a Emily, Mary y Zenia. «Abrázame, por favor», deseé desde el otro lado de la sala. Me cargué la mochila al hombro.

—Oye, tú —me increpó Marnie dándome un golpecito en el hombro.

—Hola —dije. Primero la miré y luego clavé los ojos en el suelo.

—Hoy lo has hecho bien.

Ambas sonreímos.

—Pues no me siento tan bien.

—Lo sé.

Abrió los brazos y yo avancé hacia ellos. Me susurró algo al oído.

—¿Qué dijiste? —le pregunté.

—Que me enoje contigo no significa que deje de quererte, ¿sabes?

No, la verdad es que no sabía que eso pudiera ser así. No tenía ni idea.

17

Me puse uno de los vestidos negros de Clare y un nuevo par de sandalias de tiras del mismo color. Marnie hacía una fiesta para celebrar el cumpleaños cuarenta de Pat y, por milagros de la vida, tenía una cita. Una cita con alguien por quien me sentía atraída. Había conocido a Jeremy unos años antes de entrar en Derecho, en una fiesta llena de gente que asistía a reuniones de doce pasos. Me embelesaron sus lentes de armazón metálico, sus dulces ojos verdes y sus comentarios perspicaces. Y resultó estar en el otro grupo de terapia al que iba Carlos, así que de vez en cuando oía ciertas cositas sobre él. Como que acababa de romper con su novia.

La semana anterior a la fiesta de Pat vi a Jeremy en el tren mientras esperaba en el andén de Fullerton. Estaba absorto leyendo un libro de Tucídides grueso e imponente. Los pantalones caqui se le ajustaban ligeramente a los tobillos, y la camisa de lana azul le resaltaba los ojos verdes. Me acerqué a él poco a poco y, cuando la marabunta salió del vagón, levantó la mirada.

—Hola —exclamó mientras doblaba la esquina superior de la página y cerraba el libro.

—Me había parecido que eras tú.

Me agarré a la misma barra que él. Me preguntó por los estudios, y yo le pregunté por el trabajo y por qué estaba leyendo a Tucídides. «Por diversión», me contestó. Su sonrisa me hizo sentir cómoda, como si estuviéramos sentados frente a una chimenea y no apretados en un vagón destartalado lleno hasta el tope de trabajadores irascibles.

—Nunca te había visto en este tren —comenté cuando me di cuenta de que vivíamos a dos paradas el uno del otro.

Él soltó una breve risita apenada.

—Antes vivía con mi novia en Bucktown. Cortamos.

—Eso me dijeron. —Sonreí, deseando ser capaz de guiñarle el ojo sin parecer tonta. Él inclinó la cabeza—. Voy al doctor Rosen. Los martes por la mañana, con Carlos.

Él se inclinó hacia mí, tan cerca que pude ver las manchitas doradas de sus ojos verdes, y me susurró:

—Eso me dijeron.

—*Touché.*

Los chismes de Radio Rosen nos rodeaban por todas partes.

Los dos nos reímos, y el sonido de nuestras voces se elevó por encima de nuestras cabezas y de las de aquellos que permanecían absortos en sus celulares, libros y periódicos. El deseo por aquel hombre culto y sonriente fluyó desde los dedos que rodeaban la barra de acero, descendiendo por el brazo hasta atravesar el pecho, la panza y llegar finalmente a la entrepierna.

Cuando me quise dar cuenta, ya lo había invitado a venir a la fiesta de Pat, como si fuera la clase de mujer que acostumbra a pedirle salir a diario a hombres aficionados a la filosofía que se acaban de quedar solteros. Él aceptó sin pensárselo dos veces y apuntó su dirección en una nota adhesiva que usaba como separador. Nuestras manos se tocaron cuando el tren salió a tropezones de la parada de Southport, y una nueva chispa de deseo me recorrió el cuerpo entero.

Me estaba esperando afuera cuando llegué la noche del viernes siguiente, vestido exactamente igual que la vez que nos encontramos en el tren, lo cual me tranquilizó. El primer tema de conversación fue el doctor Rosen. Bromeamos sobre sus elecciones de vestuario poco acertadas y el absurdo optimismo que enarbolaba creyendo que la terapia de grupo podía curar prácticamente cualquier discapacidad emocional.

—Le encanta la terapia de grupo —dijo Jeremy entre risas.

—Y los suéteres cafés.

Tenía las extremidades sueltas y relajadas mientras recorríamos los puntos en común de nuestra experiencia en terapia. No sentía la rigidez habitual de las primeras citas ni el impulso de refrenar ninguna parte de mí. Tampoco lo necesitaba, porque él iba al doctor Rosen.

Para cuando me estacioné frente a la casa de Marnie, ya había decidido que lo único que le faltaba a Jeremy era el amor de una mujer emocionalmente disponible. Para cuando tomé un agua mineral y un champiñón relleno, ya había decidido que esa mujer sería yo.

—Ven, quiero enseñarte una cosa.

Conduje a Jeremy a la habitación de la recién nacida, en el piso de arriba, cuyas paredes amarillo claro había decorado Marie con siluetas de patos recortadas a mano. Sin ningún tipo de reparo, abrí todos los cajones para dejarme embelesar por los diminutos pañales de Landyn, sus calcetines increíblemente minúsculos y un saco de dormir rosa pastel tan suave como un búho blanco.

—Qué lindo —manifestó él cuando levanté una pequeña bata con capucha y orejas de conejo.

Jeremy no hacía más que mirar la puerta del cuarto, como si estuviéramos cometiendo un crimen. Le ofrecí un gorrito de bebé para que lo acariciara, pero dio un paso atrás.

—¿Es una de tus tareas enseñarme esta ropa?

Negué con la cabeza y me restregué en la mejilla un suéter de casimir.

—Igual deberíamos volver a la fiesta.

Jeremy salió al pasillo y esperó a que guardara de nuevo la ropa de Landyn.

Abajo, estuvo hablando con Pat, Marnie y sus amigos de los suburbios. Mis extremidades siguieron sueltas cuando lo llevé de vuelta a casa después de las once.

Detecté ciertas señales de alarma siempre que la conversación se desviaba del doctor Rosen. No eran graves, pero sí preocupantes.

—Soy un poco solitario —dijo cuando quise saber si salía con sus compañeros de terapia fuera de la consulta. Me pregunté si eso acabaría volviéndose en mi contra algún día. Cuando pensaba en la clase de hombre con el que quería salir, el atributo *solitario* no estaba en la lista.

También mencionó que su coche no funcionaba y que no podía pagar la pieza de refacción que necesitaba. Los problemas económicos me provocaron un ligero ardor, y es que Carlos me había contado que Jeremy había cortado con su novia porque le había pedido prestado dinero. Agarré con fuerza el volante e intenté mantener la calma. ¿Desgastaría eso mi inminente seguridad financiera? ¿Era anticapitalista? ¿Seguía perdido tanto profesional como económicamente con treinta y seis años ya cumplidos? Si ese era el caso, ¿cuánto me importaba eso a mí?

Un poco, pero es que estaba lindísimo con esos lentes.

—Creo que no sé nada de tu trabajo —comenté, esperando que una descripción calmara la tensión que se me estaba acumulando en el cuello.

—Trabajo en la recepción de una empresa de mantenimiento y limpieza. Una pequeña ubicada al oeste de la ciudad.

La tensión no aumentó. Creía que era el responsable del departamento de informática de una gran empresa del centro. Moví las manos sobre el volante.

Así que éramos diferentes. Y un montón. Muchas parejas lo eran y se llevaban de maravilla: Arnold Schwarzenegger y Maria Shriver, James Carville y Mary Matalin, Homero y Marge. Tal vez no fuéramos a celebrar nunca nuestras bodas de plata, pero seguro podíamos tener una segunda cita.

Cuando me estacioné en su edificio al final de la noche, aparté la mano derecha del volante y dejé que cayera en mi costado.

—El lunes por la noche pasan una película polaca que la crítica califica muy alto. ¿Te gustaría ir a verla?

Asentí con la cabeza, ilusionada como un yorkshire terrier. Al salir del coche, me apretó el brazo de un modo no del todo inocente.

¡Una segunda cita! Agité el puño en el aire en señal de victoria. Al dar la vuelta con el coche para regresar a casa, tomé la curva con tanto entusiasmo que me tronó el cuello y la botella de agua salió disparada del portavasos, pero apenas lo noté. La alegría que sentía rozaba la histeria.

—Háblame de ese Jeremy —me pidió Clare a la noche siguiente mientras cenábamos.

Dejó caer la cabeza sobre la palma de la mano cuando le conté que le había enseñado la habitación de la pequeña Landyn.

—¡Tater, mujer! ¡En la primera cita no puedes llevar a un chico al cuarto de un bebé!

Pero no me daba ninguna vergüenza.

—Tranquila. También va al doctor Rosen. No tengo que esconderle nada, con él puedo ser yo.

Ella inclinó la cabeza, escéptica.

—Parece prometedor, Tater. Es tu recompensa por unirte al segundo grupo de terapia.

Aquella noche, dibujé una línea vertical en el centro de un trozo de papel. Se acabaron las locuras románticas fortuitas. Ahora iba a terapia. Empecé por la columna de pros. Era innegable que era inteligente. ¿Quién lee libros de Tucídides por placer? Estaba sobrio, así que no se orinaría encima de mí a la mitad de la noche. Tenía un gato, así que sabía cómo cuidar de otro ser vivo. Los lentes, la sonrisa, la atención que prestaba al escuchar. Lo apunté todo. Después, escribí la mayor ventaja de todas: «Va al doctor Rosen».

Salir con un hombre que iba a terapia (fuera la que fuera) era ideal. Te hacía más sensible y consciente. Te proporcionaba herramientas para manejar una relación. Salir con un hombre que iba con mi terapeuta era una forma de construir una relación a prueba de balas. Al fin y al cabo, confiaba en el doctor Rosen. La mayor parte del tiempo. Sabía cómo trabajaba. Yo era prueba de su trabajo. Jeremy y yo tendríamos miles de cosas en común. Nunca nos quedaríamos sin temas de conversación. Ventaja extra: la terapia de pareja sería gratuita, porque iríamos al mismo terapeuta a horas distintas y con otra gente.

En nuestra segunda cita, estuvimos sentados en las voluminosas butacas del concurrido Music Box Theatre leyendo los subtítulos de una película polaca sobre dos personas tristes paseando por el parque de una gran ciudad. Jeremy me dio un codazo cuando crucé las piernas.

—¡Sacrilegio! —susurró, y los dos nos reímos. Colocó la mano sobre la mía y la dejó ahí hasta que terminó la película. Su calidez y su peso eran como un placer sólido.

Durante el paseo de camino a su departamento, nos acurrucamos juntos mientras el viento azotaba todo lo que nos rodeaba. Nos contamos nuestras tareas más complicadas. Yo saqué a relucir lo de calientahuevos, una historia que nunca habría imaginado que contaría en una segunda cita. Él me confesó que todavía no había realizado su tarea más difícil. Cuando le pregunté cuál era, apartó la mirada.

Unos pasos después, dijo:

—Rosen dice que debería pedirle a mi exnovia que me perdone el préstamo que me hizo.

Hizo una mueca y bajó la mirada.

En su sala tenía un sofá marrón y una mesita de café que hacía juego. Había colocado la mesa de trabajo y la computadora junto a la ventana de la cocina, y el baño, aunque no olía precisamente a cloro y tenía algún que otro cabello suelto, me pareció bastante limpio. Me impresionó el hervidor de agua plateado y la gran variedad de tés.

Un gato atigrado regordete a rayas blancas y naranja ronroneó a mis pies.

—Él es Don Ricachón.

—¿Se llama así?

Asintió y sonrió.

—Viendo tus libros, no me sorprende.

Maquiavelo, Sartre, Platón, Sócrates, Heidegger, Kant. Lo más ligero que tenía era san Agustín.

Me quité los zapatos y le dije que odiaba mi nuevo grupo de terapia.

—¿Por qué? —preguntó, y se sentó a mi lado en el sofá. Su rodilla tocó la mía.

—Es muy duro e intenso. Todas gritan y comen, y luego lloran y se abrazan. Y a Marnie no le hace mucha gracia que esté allí...

—¿Por qué crees que Rosen te ha metido en él?

—Pues...

—¿Qué?

—Piensa que me ayudará a abrirme en una relación.

Levanté la taza de té para ocultar la vergüenza que me dio decir eso.

Él me tomó la mano.

—Yo también odiaba mi segundo grupo. Cada segundo que pasaba en él.

—Y ¿por qué seguiste acudiendo?

—Quería saber qué significaban esos sentimientos, de dónde procedían. —Se encogió de hombros—. Y ahora, aquí estoy.

El corazón me dio un vuelco, a punto de salirse del pecho.

Se inclinó hacia mí.

—¿Puedo besarte? —preguntó.

Sentí un fervor en el pecho, la inédita sensación de seguridad convirtiéndose en deseo. Asentí, y nuestros labios se encontraron. Noté el sabor de la manzanilla y, cuando me colocó la mano en el cuello, me incliné sobre él y tomé la oportunidad que ofrecía. Hacía casi dos años que no saboreaba de verdad los labios de un hombre (con Andrew estaba demasiado ocupada disociando para sentir nada y en el estacionamiento con Xavier lo único que saboreé fueron mis ansias). Ahora, con Jeremy presionando sus labios y lengua contra los míos, y con su barba cosquilleándome el labio superior, sentí cómo la libido centelleaba varias veces hasta prenderse por completo. La presión que noté entre las piernas era una mezcla de placer y dolor, deseo y pesar, satisfacción y anhelo. Estaba volviendo a la vida.

Eso era lo que llevaba tanto tiempo esperando.

18

—Nada de secretos —me aconsejó el doctor Rosen cuando compartí en la sesión la gran noticia de que había tenido dos citas con Jeremy—. Deberían compartir con sus grupos cualquier cosa que suceda entre ustedes, ya sea de índole emocional, romántica o sexual.

—Y financiera también —añadió Carlos, que conocía muy bien los problemas del pasado de Jeremy.

Hice un cálculo rápido: entre mis dos grupos y los dos de Jeremy, un total de veinte personas iban a enterarse de si compartíamos la cuenta, nos intercambiábamos las llaves de casa o si teníamos sexo cuando yo tenía la regla. Me eché hacia atrás y alcé las manos.

—A ver, un momento. ¿No es posible que, si le contamos a todo el mundo con detalle todo lo que nos pasa cada semana, la relación acabe perdiendo esa chispa mágica?

—Yo les sugiero que no guarden ningún secreto —repitió el doctor Rosen.

—Pues vaya sugerencia de mierda.

—Claro, porque hacer las cosas a tu manera te ha funcionado muy bien hasta ahora, ¿no?

En la tercera cita, Jeremy y yo cuidamos de Landyn, la hija de Marnie, durante unas horas para que Pat y ella pudieran irse a cenar para celebrar su aniversario. Mientras la niña dormía en mis brazos, Jeremy se puso a mirar en los clósets, observar los platos de Clare y, luego, se quedó de pie en el balcón admirando las vistas.

Después de que Marnie y Pat recogieran a Landyn, le sugerí a Jeremy que nos reuniéramos con Clare y Steven en un bar de Belmont para disfrutar de un poco de música en vivo. Cuando aceptó, me quedé fascinada. ¿De verdad podía ser todo tan fácil? ¿Lo único que debía hacer era preguntar?

—¿Gustas elegir algo de ropa para que puedas quedarte a dormir en mi casa? —me preguntó.

No podía ocultar la emoción que sentía. Me fui a la habitación y, en un dos por tres, metí un bote de solución para pupilentes y un suéter limpio dentro de una bolsa.

El bar no era exactamente un lugar que Jeremy hubiera frecuentado; era un antro lleno de chicos universitarios que no paraban de derramar bebidas de vasos de plástico. Después del primer set, Jeremy me susurró que estaba listo para irse. Me vibró todo el cuerpo. Me salté varios semáforos en rojo y unas cuantas señales de *stop*. Me moría de ganas de pegar mi cuerpo contra el suyo.

Me senté en su cama a oscuras mientras él le daba de comer a Don Ricachón y, cuando se sentó a mi lado, me incliné hacia él. Presionó sus labios contra los míos.

—¿Esto te parece bien? —me susurró.

Asentí y lo jalé. Pegué mi cuerpo al suyo, y él me agarró con fuerza mientras me besaba, cada vez con más intensidad y profundidad.

Me apartó con suavidad y se recostó boca arriba.

—Aún no estoy listo para coger.

Era una confesión simple, aunque jamás había oído a

nadie pronunciar esas palabras, ni siquiera a mí. ¿Sería otro consejo del doctor Rosen?

—No pasa nada.

Y así era. Yo solo quería tener la oportunidad de acercarme a alguien. No teníamos por qué tener sexo, no esa noche.

En cuanto dijo que no íbamos a hacerlo, me sentí más relajada allí con él, en la cama, en ese momento. Esa noche solo nos daríamos besos. Se giró hacia mí y apretó su cuerpo contra el mío, pecho con pecho, panza con panza y muslo con muslo.

—Podríamos dormir sin más —sugirió.

—Claro.

Nos acomodamos el uno contra el otro, respirando hondo.

—¿Siempre duermes con tanta ropa? —me susurró en el cuello.

Aún llevaba puestos los jeans y la blusa. Lo único que me había quitado era un suéter fino.

—Sí.

En realidad, siempre dormía con brasier. Lo llevaba haciendo desde tercero de secundaria, cuando pasé de estar plana a usar una copa D. Me gustaba dormir con los pechos sujetos, recogidos bajo el encaje y con la varilla del brasier fijándolos. Con mis exnovios, siempre me había quitado el brasier durante el sexo, pero cuando llegaba el momento de dormir, me lo volvía a poner. Nunca había estado con nadie que se hubiera fijado en eso ni que me hubiera preguntado al respecto.

A la mañana siguiente, los rayos de luz se colaron por el borde de las cortinas opacas de Jeremy, y Don Ricachón se sentó en el borde de la cama, observándome.

Entré en la sala sin hacer ruido y vi a Jeremy sentado en la pequeña mesa de la cocina, a oscuras, escribiendo en su computadora.

—Hola.

Avancé para ocupar el pequeño espacio entre el refrigerador y las estanterías de metal que usaba como despensa. Crucé los brazos y me abracé.

Un silencio incómodo se extendió entre nosotros. Me aclaré la garganta.

—¿Qué vas a hacer hoy?

¿Iríamos a almorzar y luego a dar un paseo por ahí sumidos en la intimidad diáfana de la noche anterior? ¿Volveríamos a la cama?

—Tengo cosas que hacer. Y esta noche tengo una reunión de AA. ¿Y tú?

—Tengo una lectura para la clase de Derecho Informático. Y a lo mejor voy con Clare a una sesión de cine temprana.

Hice una pausa. ¿Debía invitarlo? Él seguía mirando la pantalla de la computadora, donde una cuadrícula llena de símbolos de gato, de porcentaje y puntos se iluminaban sobre un fondo negro.

—¿Qué es eso?

—Es un videojuego en ASCII que se llama *NetHack*. —Se sonrojó y se miró los pies—. Es una pequeña obsesión que tengo.

¿Un videojuego? ¿Obsesión?

—No voy a juzgarte.

Le sonreí, pero un escalofrío de advertencia me recorrió todo el cuerpo. ¿Cómo podía un hombre hecho y derecho pasarse el día encerrado en una habitación oscura jugando a un videojuego? Aquella imagen claustrofóbica me apretó la garganta.

—Eso dices ahora. Pero puedo pasarme el día entero jugando a esto...

Sus ojos verdes no lo decían con ligereza, sino cargados de algo oscuro que yo conocía muy bien. Vergüenza.

—Si eso te hace feliz, ¿qué puede tener de malo? —Me salió una voz estridente, llena de falsa alegría. Su rostro se relajó, pero entonces me di cuenta de que necesitaba salir de allí y me abracé con más fuerza—. Bueno, creo que me tengo que ir ya.

Cuando llegué a casa y me estacioné, marqué el número de Rory.

—Hay algo en él que no me convence —le expliqué.

—Querida, el pobre chico acaba de salir de una relación. Cuéntaselo todo al grupo, anda.

El martes por la mañana, Patrice, Rory, Marty, Ed y el doctor Rosen ovacionaron a Jeremy por ser capaz de explicitar sus límites sexuales. Cuando estuve con él, el hecho de que admitiera que no estaba listo para el sexo me había hecho sentir cómoda, pero aquellos vítores infantilizaban la situación. Parecía que ellos eran los adultos que podían coger a lo bestia y que nosotros éramos solo unos niños que no podían hacer más que besarse y manosearnos. Odiaba aquel regocijo y a mí por contárselo todo a los grupos.

En la sesión de la tarde no hubo tantos ánimos. Marnie pensaba que esa reticencia sexual indicaba que no estaba preparado para tener una relación.

—No me gusta ni un poco —sentenció, negando con la cabeza.

Nan y Emily se preguntaron por qué no me había ofrecido desayunar. Mary, por qué no tenía una despensa en condiciones. Yo me encogí de hombros y me tragué cada nudo que me provocaba aquella vergüenza en la garganta.

—Doctor Rosen, a la gente del grupo matutino le encanta este chico, pero a las chicas de la sesión de la tarde no les da buena espina. ¿Quién tiene razón?

Las duras críticas del grupo de la tarde me habían asustado.

—Los dos grupos reflejan el conflicto interno que tienes. La división está en ti; no sabes si el ritmo lento de Jeremy es una suerte o si vas a quedarte insatisfecha con esta relación. Si es un adicto a los videojuegos o un introvertido al que le gusta la informática.

—Y ¿cómo descubro la verdad?

—Sigue viniendo.

—¿Adónde?

—A los grupos.

Fui obediente y seguí informando a ambos grupos sobre la situación en cada sesión. Los diez miembros del grupo que conocía sabían que yo pagaba la mayoría de las veces que comíamos juntos con el dinero que había ahorrado durante el verano. Que solíamos vernos en su casa. Se enteraron de que la primera vez que me tocó el pecho me estremecí bajo una oleada de placer que casi me provocó náuseas, como un pastel demasiado rico o una puesta de sol demasiado sobrecogedora.

—¿Esto te parece bien?

Jeremy siempre me preguntaba lo mismo cada vez que me tocaba el cuerpo de una forma nueva, como al darme un beso en la panza o acariciarme la parte superior del muslo. Al grupo de la mañana le encantaba que estuviera tan comprometido con el consentimiento, pero al de la tarde le resultaba soso.

Casualmente, la lentitud de aquellos avances sexuales era obra del doctor Rosen. Una noche, mientras nos enredábamos en su cama, Jeremy admitió que el doctor Rosen le había advertido que no debía ir con prisas.

—Me dijo que me lo tomara con calma o que acabaría odiándote como a mi ex.

Al parecer, la relación con ella no había fracasado solo

por los conflictos financieros sin resolver, sino también porque el progreso sexual de la relación había superado la disposición emocional.

Me enrollé en una manta. Me sentía expuesta, porque era yo quien deseaba más contacto físico. Me sentía rechazada y quería esconderme de él, del doctor Rosen y de las veintitantas personas que sabían que quería acostarme con Jeremy.

Según una encuesta de la radio, la mayoría de las parejas llega a la última base en la tercera cita. Cuando me quejé en la sesión matutina de que estaba muy lejos del promedio nacional, el doctor Rosen insistió en que «no estábamos preparados». Sentí que había un conflicto de intereses, porque, en realidad, Jeremy era el único que no lo estaba. El doctor Rosen no reconoció su error.

—¿Qué prisa tienes? —inquirió.

—Todas las relaciones que he tenido han fracasado y llevo toda la vida reprimiéndome en cuanto al sexo.

—En ese caso, ¿qué más te da esperar un poco?

Discutir con el doctor Rosen no servía para nada. Debía mejorar de estrategia si quería que nos aconsejara tener relaciones. Unos minutos más tarde, me incliné hacia el doctor Rosen y dije con mi voz más racional:

—¿Podemos hablar de Jeremy? Usa los videojuegos como escudo. Deberías pensar en recomendarle que pase más tiempo con su novia emocional y sexualmente disponible.

—Ejem. Ejem. Ejem. —El doctor Rosen se aclaró la garganta con teatralidad. La traducción era: «Déjate de estupideces». Lo ignoré.

—Exhibe los signos típicos de evasión. Le da miedo la intimidad...

Más tosidos. Después, me preguntó:

—¿Y qué hay de ti, *mamaleh*?

—¿Yo? Estoy completamente disponible.

Estiré los brazos todo lo que pude. No tenía nada que ocultar. Todos se rieron.

—¿De qué se ríen tanto?

—¿Lo preguntas en serio? —cuestionó el doctor Rosen.

Asentí.

—¿Cuántos brasieres llevas?

—Atrapada —masculló Carlos por lo bajo.

Confundida, me miré el hombro, donde pude apreciar las tres tiras cruzadas de brasier que llevaba bajo la blusa sin mangas. Había salido a correr antes de ir a la sesión y mi pecho era de copa DD. Un brasier deportivo no podía mantener a las chicas controladas, así que me ponía dos, incluso tres de vez en cuando.

—¿Odias tus pechos? —me preguntó el doctor Rosen.

Pues claro que los odiaba. Eran bolsas de grasa que me colgaban de la clavícula. Para mí eran de mal gusto, no un elemento sexual, y había algo que me asustaba de ellos: lo importantes que eran para otras personas (los hombres) y lo poco manejables que resultaban. Durante toda mi vida, había deseado estar plana. Plana como un burro de planchar. Plana como una bailarina, una modelo o una niña pequeña.

—No me encantan.

—Intentas empequeñecerlos...

—Salí a hacer deporte, no a ganar un concurso de conejitas Playboy.

—¿Crees que el odio hacia tus pechos podría interferir en tu relación sexual?

La respuesta correcta era que sí, pero no era capaz de pronunciarla. Nunca había hablado de cómo me sentía respecto a mis tetas con nadie. Me quedé allí sentada, tratando de no llorar. Nunca me había sentido triste por odiar mis pechos.

—¿Qué opina Jeremy de ellos?

—Seguro que le parece raro que duerma con brasier.

Las cejas del doctor Rosen se fusionaron con su cuero cabelludo. Todos emitieron un grito ahogado como si yo hubiera confesado que me dedicaba a matar bebés gorila. El Coronel parecía más animado que la vez que Carlos mencionó el porno lésbico.

—¿No sientes curiosidad por saber por qué duermes con brasier? —me preguntó el doctor Rosen.

Una bocanada de ira me llenó la boca.

—¡Sé lo que intentas hacer! Se supone que ahora debo acordarme de algo que me dijo mi padre, mi tío o el pervertido del profesor de educación física. Pero no tengo ninguna experiencia así. Las cosas que me han pasado son comunes y corrientes...

—A mí lo de Hawái no me pareció común y corriente... —acotó Rory.

—¡Esto es de locos! Que David se ahogara no tiene nada que ver con que yo use tantos brasieres.

—Pero ¿no quieres saber por qué lo haces? —repitió el doctor Rosen sin perder un ápice de calma.

—No hay ninguna historia detrás de eso. Yo era una chica joven que quería estar delgada porque a todo el mundo le gustan las chicas delgadas. Porque me gustaba el ballet, una forma de arte basada en la anorexia, y los pechos no te hacen delgada. Están llenos de grasa. Por su culpa me cuesta encontrar blusas en J. Crew y Anthropologie. Me hacen sentir gorda. —Me ajusté la blusa para ocultar las tiras de los brasieres—. Bienvenido al concepto del cuerpo femenino en Estados Unidos, amigo.

—¿Quieres ayuda? —El doctor Rosen se mostraba tan impávido como un ave rapaz.

¿Por qué no había decidido acudir a *una* terapeuta? Me costaba creer que él pudiera desentrañar algo en la relación entre mis pechos y yo. De acuerdo, él había ido a terapia para tratar un trastorno alimenticio, pero nunca había ido de compras con su abuela en Waxahachie, Texas, y había escuchado a la vendedora decir que sus pechos lo hacían parecer más «rellenito» de lo que estaba. Nunca había tenido una profesora de ballet que le aconsejara hacer la dieta del huevo (tres huevos para desayunar, comer, cenar y nada más) cuando le crecieron las tetas. Nunca había pasado por Hooters, en el centro de Houston, y había tenido que soportar que los tipos borrachos que había allí se pusieran a babear mirándole el escote. Aunque hubiera sacado las mejores notas de Harvard en todas las asignaturas y tuviera el mayor nivel de erudición sobre la dinámica de grupo, era imposible que un hombre pudiera entender lo que se siente al ser mujer. Pero asentí (sí, quería ayuda), porque obtener ayuda poco apropiada de un terapeuta era mejor que nada.

—Hazte un tatuaje de henna en la panza que diga «Odio mis pechos».

—¿Odio? Pensaba que el objetivo era el amor y la aceptación.

El doctor Rosen negó con la cabeza.

—Primero debes aceptar el odio. Deja de tratar de superarlo. —Señaló mi hombro y los brasieres—. Y llévate a Jeremy contigo.

19

Jeremy y yo paramos el coche frente a un almacén industrial medio ruinoso en la esquina de Racine con Grand. Pulsé el timbre en el que decía GRAN ERNIE. Se anunciaba en el *Chicago Reader* como mago, paseador de perros y tatuador de henna. Nos abrió la puerta desde arriba y subimos por las escaleras hasta el segundo piso, donde un hombre con el cabello negro recogido en una cola larguísima y vestido con pantalones negros anchos y ceñidos a los tobillos nos recibió en la entrada de su departamento. Lo mismo podía tener treinta años que cincuenta, era imposible de determinar. Su cálida sonrisa me tranquilizó, y el departamento de estilo industrial con techos de cuatro metros y medio de alto me hizo sentir como una miniatura en una casa de muñecas. Habían pintado las paredes de ladrillo blanco. Nos dijo que nos sentáramos en el salón mientras preparaba la henna. Yo me senté en el sofá y Jeremy se agachó junto a la chimenea, donde había unos cien dispensadores Pez perfectamente ordenados, como versiones coloridas y caricaturescas de las cruces blancas de un cementerio militar.

Había llamado al Gran Ernie justo después de la sesión con el segundo grupo de terapia la mañana en que cometí el error de llevar varios brasieres puestos. Les había contado a las chicas sin ocultar nada las tareas que me había puesto Rosen. Todas asintieron cuando describí el odio que había sentido toda mi vida por mis pechos y compartieron sus propias historias. Un hombre le había tocado el pecho a Nan hacía poco mientras compraba un lápiz labial en Marshall Field's. El padre de Zenia se había pasado la vida entera haciendo comentarios sobre los pechos de su hija. A Mary le avergonzaba que los suyos fueran tan pequeños. Emily describió una pelea que tuvo con su marido después de que él le agarrara uno en broma mientras veían *The Daily Show*. Fue entonces cuando me tapé la boca con ambas manos y me solté a llorar.

Tenía dieciséis años. Era la fiesta de graduación. Me puse un vestido negro palabra de honor de Laura Ashley de la talla cuarenta con escote de corazón y varias gardenias rosa gigantes en la parte frontal. Estuve yendo al salón de bronceado cada dos días durante cuatro semanas, por eso tenía la piel de un tono marrón anaranjado muy poco natural y me producía un picor que rozaba el dolor por haber pasado demasiado tiempo en aquella cabina con forma de ataúd. Mi pareja, Matt, y yo apenas nos conocíamos; fuimos juntos porque el resto del mundo ya tenía pareja. Aún faltaban unos años para que saliera del armario. Después de intercambiar ramilletes para mi muñeca y su ojal y de cenar, varios de nosotros nos reunimos en un parque para tomar con cervezas y bebidas a base de vino sacadas de las cavas de nuestros padres. Las dulces burbujas del vino de moras colmaron mi estómago y me marearon. El suelo que pisaba parecía gratamente inestable, era como caminar sobre una cama de agua. Recordaba estar de pie junto al Jeep Cherokee negro de Jared Meechum, rodeada de diez tipos.

Todos nos reíamos. Unas nubes escurridizas pasaban y ocultaban la luna cada pocos minutos.

Jared se me acercó con osadía en la mirada. Yo tenía las manos a ambos lados del cuerpo, sujetando con una de ellas una botella vacía de Bartles & Jaymes y, con la otra, agarrándome el vestido para no perder el equilibrio. Sus labios olían a cerveza, y en el inferior pude ver un grumo de salsa. Me estaba riendo cuando me metió dos dedos en el escote, entre los pechos. Acabé de reírme como si no hubiera pasado nada porque tampoco tenía muy claro que hubiera pasado algo.

¿Qué había sido eso? Se apartó enseguida, así que lo más fácil fue culpar a la bebida que me atiborraba el estómago y a mi mente confundida. Llevaba los pechos tan aplastados dentro de aquel vestido que la sensación quedó amortiguada y el recuerdo se disolvió con gran facilidad.

Levanté el fondo de la botella que sujetaba y lamí la última gota que quedaba en el borde.

Spencer fue el siguiente. Lo hizo a toda prisa y sin mirarme a la cara. Tuvo la decencia de ruborizarse, pero la vergüenza no evitó que les susurrara a P. J. y a Tad, que parecían cernirse sobre mí como gigantes mientras deslizaban otros dos dedos entre mis pechos. Miré las copas de los árboles, que se agitaban suavemente en la brisa, aunque la noche estuviera en calma y cargada de la humedad propia de finales de primavera. Apreté con más fuerza todavía el vestido y la botella. No tenía nada más a lo que agarrarme.

Las nubes siguieron pasando frente a la luna.

¿Dónde estaban las otras chicas? ¿Dónde estaba mi pareja? ¿Por qué seguía riéndome y actuando como si estuviera pasándola mejor que nunca con aquellos chicos católicos que conocía de toda la vida? Siempre había deseado que alguno de ellos me pidiera salir, que me invitara a bailar, que me llamara por teléfono, que me besara, que me deseara. Todos ellos estaban saliendo con mis amigas. Aquella era la primera vez en la vida que alguno de ellos me tocaba.

Jared apareció por segunda vez, pero en esta ocasión me metió la mano entera. Solo entonces me aparté. Solo entonces sentí el peso de la vergüenza golpeándome a través del vestido, las risas y el mareo. Solo entonces llegué a entender que se estaban riendo de mí.

Y yo seguí riendo.

Riendo, riendo, riendo. El sonido de las carcajadas lo cubrió todo, hasta el cielo texano, con aquellas falsas notas que disimulaban mi terror.

Las presentes escucharon en silencio cómo pronunciaba los nombres de aquellos chicos católicos altos y describía la sensación de tener sus manos sudorosas por debajo del vestido.

El pincel húmedo y suave del Gran Ernie sobre mi ombligo al aire me hacía cosquillas, pero no me reí. Me quedé mirando el techo mientras le apretaba la mano a Jeremy. Una sensación expectante me hormigueó en la garganta. No supe distinguir si era un llanto o un grito, pero no iba a dejar que se me escapara delante de los dispensadores del oso Yogui y los Picapiedra. Mantuve los ojos fijos en el techo y no desvié la mirada en ningún momento.

De nuevo en casa de Jeremy, me metí en el baño y examiné el tatuaje. Se había formado una costra sobre la capa superior y la quité. Varios trazos curvilíneos con florituras de un color naranja oscuro se enroscaban sobre el ombligo y adornaban la frase «Odio mis pechos». Sinceramente, me pareció cursi a morir. Aun así, pasé la mano por él cuando llamé a Rory para informarle sobre lo que había comido y a Marty para que me diera la afirmación diaria.

Me quité el brasier antes de ponerme la suave camiseta negra de Jeremy con las palabras Ars Technica estampadas en el pecho. Me encontró en la cama, hecha una bolita bajo las sábanas, y me preguntó si podía meterse.

Me puse a un lado para hacerle sitio y estiré el cuerpo. Él se quitó los jeans de un jalón y se metió en la cama con el bóxer y la camiseta. Rodé para acercarme a su cuerpo con los brazos todavía pegados al mío formando una equis protectora. Respiré hondo. Volví a respirar. Relajé los brazos y dejé que descansaran a un lado. Las lágrimas brotaron de aquella zona sensible del pecho en la que todo aquel odio había estado viviendo durante tanto tiempo.

—¿Qué ocurre? —preguntó.

—Pasé mucho miedo.

Me acarició la parte posterior de la cabeza con la palma de la mano.

—Yo también.

—No sé qué estoy haciendo.

—Yo tampoco.

Jeremy se me acercó más todavía.

Seguí llorando, imaginando que el tinte de la panza se me filtraba por la piel y se unía al flujo sanguíneo.

20

Jeremy me estaba esperando en el vestíbulo de la biblioteca de la Facultad de Derecho, con la cabeza enterrada en un libro de Nietzsche destrozado. Le tomé la mano.

—Acerquémonos a la avenida Michigan.

Había estado soñando despierta con caminar tomada de su mano por la Milla Magnífica, la zona de la avenida Michigan famosa por la gran cantidad de tiendas y restaurantes que albergaba. En esa época del año, todos los faroles estaban decorados con luces de Navidad y había voluntarios del Ejército de Salvación vestidos de Papá Noel tocando campanas delante de Neiman Marcus.

Fantaseaba con una buena cena y, luego, una sesión de sexo en mi casa. Me había pasado todo el sábado encerrada en la biblioteca estudiando Derecho Procesal Penal. Estábamos a principios de diciembre. Era época de exámenes finales. Tenía el puesto de trabajo en Skadden asegurado y todo el mundo decía que daba lo mismo las calificaciones que sacara en tercero, pero yo quería seguir siendo la mejor de la clase. Me dolía la espalda de pasarme tantas horas inclinada sobre el libro de texto perfeccionando mi dominio sobre las leyes relativas al arresto y la detención. De repente decidí que ya era hora de perfeccionar mi dominio sobre mi relación. Estaba harta de que el doctor Rosen controlara mi vida amorosa. Mi relación necesitaba una líder, y yo estaba lista para serlo. Los besos y los arrumacos me gustaban, pero estaba sedienta de más. Más que un tulipán en mitad del desierto.

El viento proveniente del lago me azotó el pecho. Me arrebujé en el abrigo y me acerqué a Jeremy. La calle estaba llena de turistas con enormes bolsas festivas de la tienda Disney y Ralph Lauren. Alguien le dio a Jeremy en el muslo con una bolsa extragrande de Crate & Barrel. Aulló y aceleró el paso. Yo también aceleré para mantenerle el ritmo.

—¿Adónde vamos?

—Odio las aglomeraciones.

Giró por una calle secundaria y nos alejamos de la avenida Michigan.

Me tragué la decepción que sentía en dos veces. Mi fantasía no incluía calles laterales; se suponía que debíamos pasear por la avenida Michigan, bajo las decoraciones festivas, entre la multitud, donde la vida palpitaba con energía y alegría.

Media manzana más adelante entró en un California Pizza Kitchen. Seguí tragando. Mi fantasía no incluía ni por asomo una pizzería de franquicia llena de adolescentes de los suburbios.

—¿Quieres que compartamos una pizza y una ensalada? —pregunté.

—No, voy a pedirme un *calzone* de salchicha. Tengo tanta hambre que me lo comeré entera.

Asentí con efusividad. Pedí una pizza pequeña de verduras y una ensalada con aliño italiano de guarnición.

Se había pasado todo el día jugando a videojuegos. Intenté deshacerme de la bola de desprecio que me producía pensar que mi novio, un hombre adulto a punto de cumplir los cuarenta, se hubiera pasado el día tratando de conseguir el amuleto de Yendor. Yo había corrido seis kilómetros y medio, había ido a una reunión de doce pasos y me había pasado cuatro horas estudiando para un examen de Derecho Procesal Penal.

La conversación se estancó. Cuando la camarera nos trajo la comida, quise pedirle socorro.

Por telepatía, le informé que me estaba asfixiando en el espacio muerto que se interponía entre mi novio, que aún no estaba preparado para el sexo tras dos meses de relación, y yo.

Jeremy pinchó el *calzone*, que expulsó una nube de vapor. Yo arrastré una rodaja de tomate por el plato desde el punto de las doce hasta el de las seis y media, y me puse a pensar en qué podía decirle para que quisiera acostarse conmigo.

—¿Quieres probar la ensalada?

Cuando llegamos a mi casa, Clare y Steven salían hacia Lincoln Park para asistir a un concierto de música en vivo.

—Vengan con nosotros —nos animó Clare mientras se echaba el abrigo a los hombros.

Antes de que pudiera preguntarle adónde iban, Jeremy dijo:

—Yo me voy a la cama.

Se despidió de Clare y Steven y se fue directo a mi cuarto.

—Ve por él, Tater —me susurró Clare al tiempo que movía las cejas de forma sugerente.

Cuando apagué las luces de la sala y entré en la habitación, Jeremy ya estaba roncando como un oso. Me senté en la cama con brusquedad esperando que se despertara. Me tumbé sobre la almohada y me quedé observando una sombra en la pared. Me pregunté qué me diferenciaba tanto de Clare, cuyo novio no podía quitarle las manos de encima ni dejar de hablarle en toda la noche. ¿Sería por todos los años de bulimia? ¿Estaba apartando a Jeremy de mí de manera inconsciente? Sabía que había creado un gran vínculo con el doctor Rosen y mis compañeros de grupo. ¿Por qué no podía hacer lo mismo con un hombre? El doctor Rosen insistía en que me daba miedo tener una vida sexual, pero no era cierto. Quería tener una con Jeremy en ese momento.

El cuarto para las nueve brillaba en el reloj. Esta cita había durado cinco minutos menos que la abominable cita con Sam. La decepción y la ira (hacia Jeremy, el doctor Rosen, los grupos, aquella estúpida noche y hacia mí) me invadieron y provocaron que retorciera los dedos. Suspiré en alto. Jeremy ni se enteró, así que me levanté de la cama. En la alacena bajo el fregadero de la cocina encontré la caja de platos y vasos de cristal incompletos que me había traído de mi antiguo apartamento. Clare y yo guardábamos un martillo de Ace Hardware en el cajón de las herramientas, con la idea de usarlo en varios proyectos de remodelación de la casa que nunca terminamos llevando a cabo. Tomé la caja y el martillo y empujé la puerta del balcón con el codo para abrirla.

Con la respiración agitada, alcé el martillo. ¡Crash! Miles de trozos de cristal salieron volando por todo el balcón. El cemento me rascó las rodillas desnudas. ¡Crash! ¡Crash! ¡Crash! Me ardían las mejillas del esfuerzo y el frío.

Rory y Carlos emitieron un grito ahogado.

—¿Te protegiste la cara? —me preguntó Patrice.

Había sentido la necesidad de romper cosas. Mi cuerpo no había sido capaz de resistirse al impulso de machacarlo todo con el martillo. La rabia me corroía. Lo único que sabía era que, si no destruía esos platos y vasos, acabaría dándome un martillazo en la cabeza.

—¿Esperabas que se despertara? —inquirió Patrice.

—Supongo. Pero la necesidad de romper cosas era algo puramente físico, como estornudar o...

—Vomitar —puntualizó el doctor Rosen.

—¡Sí! Era como si tuviera algo en el interior que fuera... ¿Qué palabra era la que me faltaba?

—¿Tóxico?

—¡Exacto! Algo que mi cuerpo debía expulsar.

—Vomitar es el mecanismo que usa el cuerpo humano para evitar que mueras por una intoxicación alimentaria —explicó el doctor Rosen—. Esta ira es antigua. Es la ira que solías vomitar, pero sigue ahí dentro. Al evitar las relaciones íntimas, has logrado evitar estos sentimientos.

—Pero me enojé contigo. ¿Recuerdas cuando nos llevaste a todos a tu despacho para escuchar el mensaje que te dejé en la contestadora?

—Ya. No obstante, nosotros no tenemos una relación sexual.

—Eso es cierto.

Comprendía la diferencia. Yo le ofrecía mi cuerpo a Jeremy y deseaba que él hiciera lo mismo. Pero no funcionaba.

—Y ¿qué hago ahora?

Habría aceptado que me dijera que debía dejar a Jeremy. Pero el doctor Rosen me sugirió que siguiera expresando mi ira y que invitara a Jeremy a unirse a mí. Como si Jeremy fuera a ceder ante mi martillo y yo.

—La cuestión es si estás dispuesta a preguntarlo.

¿Qué iba a conseguir con eso? Me desplomé. Parecía que el doctor Rosen era completamente incapaz de ver los obstáculos.

—¿De verdad crees que debo seguir con esta relación?

—Está mejorando.

—Pero es del todo disfuncional.

—No del todo.

—¿Oíste lo que acabo de contar? Me puse a destrozar artículos de vajilla rebajados de precio en el balcón de mi departamento, que está en un vigésimo octavo piso, a la mitad de la noche.

—Dijiste que fue a las nueve.

El Coronel esbozó una mueca de superioridad ante todo el círculo.

La baba salió volando en todas direcciones cuando lo mandé a la mierda. Aporreé los brazos de la silla.

—¡Ayúdame!

—Apoyo tu ira por completo —respondió el doctor Rosen de una forma tan suave como el gis.

—Pero necesito algo más. Dame algo más.

—Cómprate unas gafas protectoras.

Tres horas más tarde, irrumpí en la sesión del grupo de la tarde y mandé al doctor Rosen a la mierda. El grupo me escuchó con atención mientras yo relataba lo de la vajilla, lo del doctor Rosen y las gafas de seguridad. Marnie le lanzó una mirada asesina al doctor Rosen y lo acusó de no estar ayudándome. Emily sugirió que Jeremy y yo «nos tomáramos un tiempo».

—Necesito que me des algo más, doctor Rosen.

Volví a aporrear los brazos de la misma silla que había maltratado por la mañana.

El doctor Rosen no dijo nada. Su mirada repasó la sala como de costumbre mientras consentía que yo le gritara.

Me deslicé hasta el suelo. Grité sobre la alfombra. Emití una serie de disparates cargados de ira una y otra vez. Vomité sobre el suelo unos sonidos guturales de esfuerzo que hicieron eco en los pies de las demás mujeres. Cuanto más gritaba y más puñetazos le daba a la alfombra, más me sumía en un agujero negro de desesperación. El sudor me caía a chorros por el cuello y el cabello se me pegaba a la frente.

Cuando estaba en tercero o cuarto de primaria, mis padres planearon unas vacaciones familiares en Isla del Padre. Mi padre condujo hacia la costa sur la camioneta de color gris azulado, que iba llena hasta los topes de flotadores, crema de protección solar y toallas de playa. A mitad de aquel viaje de ocho horas de duración, el parte meteorológico nos informó de una noticia pesimista: un huracán había cambiado de rumbo y se acercaba hacia la punta curva de Texas, a unos pocos kilómetros de nuestro destino. Mis padres decidieron que no debíamos ir. Era demasiado peligroso. Así que idearon otro plan: nos alojaríamos en un Holiday Inn de Houston y nos veríamos con la mejor amiga de mi madre de la preparatoria. Quizá incluso iríamos a visitar la NASA. A la mañana siguiente, en la piscina del hotel, mi hermano y mi hermana se divertían chapoteando y jugando mientras yo me quedaba de cara larga en la parte menos profunda. Vamos, Christie. Métete en la piscina. Come unos cacahuates. Ve a explorar la máquina de hielo que hay al final del pasillo. No quería hacer nada de eso. O, mejor dicho, no podía. Me había imaginado cómo iba a ser el foso que iba a excavar alrededor de mi castillo de arena, y aquella estúpida piscina de hotel en medio de aquella ciudad húmeda y llena de bloques de hormigón no cuadraba en la escena que había imaginado. No sé qué habilidad poseían mis hermanos que les permitía ser capaces de adaptarse a cualquier cosa y divertirse a pesar del cambio de planes, pero sin duda yo no poseía esa capacidad. Lo único que era capaz de hacer era hervir de rabia en silencio y tragarme aquel huracán de ira y decepción. Mi familia no sabía cómo tratar conmigo, así que al final optaron por dejarme en paz. En aquel momento, nadie tenía una herramienta que ofrecerme. Tampoco la tuvieron más tarde, cuando no me ofrecían solos de ballet, cuando mis novios rompían conmigo o cuando no entré en la carrera que quería. Llevaba toda la vida tragándome aquella ira y vomitándola. Y ahora estaba saliendo a borbotones y a muchos decibeles.

Allí, en aquella sala en el centro de Chicago y con el dorso de las manos enrojecido y abrasado por el roce de la alfombra, me quedé sentada en el suelo intentando recuperar el aliento. Todos se quedaron mirándome con los ojos llenos de compasión. Excepto el doctor Rosen. Él seguía con la misma expresión intensa pero inmutable. Casi parecía que le aburriera tener una paciente tan melodramática que se hundía cada vez más.

—¡Tú! ¡Tú! ¡Tú!

Me agarré mechones de cabello con ambas manos y los jalé tan fuerte como pude. El dolor me atravesó el cuero cabelludo, pero jalé de nuevo. Y otra vez más.

Alguien dijo algo que no logré oír. Me incorporé agarrándome todavía el cabello, como si fuera a pedir un rescate por él.

—Mi pobre niña —susurró Nan, y se le quebró la voz—. Mi pobre, pobre niña.

Sus palabras, parecidas a un arrullo, me relajaron el cuerpo. Se acercó a mí para poder darme palmaditas en la espalda. Me solté el cabello y volví a sentarme en mi sitio. Notaba los latidos del corazón en las manos y en el cuero cabelludo. Tenía las palmas llenas de cabellos arrancados. Ni siquiera era capaz de mirar al doctor Rosen. Las mujeres me miraban con cariño y amor, pero aquello me dolía como si lo hicieran con pena.

Tenía un novio, diez compañeros de grupo y llevaba casi dos años de terapia con el doctor Rosen. No obstante, me sentía más estancada que nunca.

21

Tras la noche de los platos rotos, el doctor Rosen me enseñó cómo pedirle a Jeremy lo que quería. Él, fingiendo ser yo, decía: «Jeremy, amor mío, quiero que hoy me saques a cenar por ahí» o «Quiero que nos quitemos la ropa y nos abracemos en la cama». Cuando lo hacía, el doctor Rosen permanecía erguido en la silla con una gran sonrisa. Hacía que pareciera muy fácil eso de pedir lo que quería.

Cuando llegó el momento de hacerlo en la vida real, balbuceé como una podadora anticuada.

—Quiero... Crees que podríamos... Estarías dispuesto a, quizá..., no sé..., ¿salir del departamento conmigo alguna vez?

Jeremy sonrió con dulzura.

—¿Adónde quieres ir?

—¿Al local de *sushi* que hay al final de la calle?

Dudó un momento y respondió:

—Está bien.

Un martes por la mañana me recetaron lo siguiente: invitar a Jeremy a casa con el único objetivo de besarlo durante cinco minutos seguidos. No estaba muy segura de que Jeremy estuviera dispuesto a hacer tal esfuerzo por un beso de cinco minutos, pero el propósito era que yo estuviera dispuesta a preguntárselo.

Entre risitas, lo guie hasta el dormitorio, donde permanecimos sobre el trozo de alfombra que cubría el suelo entre el clóset y la cama. En el salón, al otro lado del pasillo, la tele emitía *La rueda de la fortuna* a todo volumen mientras Steven y Clare preparaban la cena. El cielo nocturno era un manto oscuro que cubría la ventana. Jeremy jugueteó con el reloj de pulsera. Se acercó a mí con el dedo sobre el botón del temporizador.

—¿Preparada?

Respiré profundamente y, al exhalar, me estremecí un poco al mismo tiempo que soltaba un gritito. Una parte de mí quería salirse del papel, tachar aquel ejercicio de estúpido y ponerme a discutir. Me recompuse, cerré los ojos con fuerza y accedí a la parte que estaba dispuesta a dar ese beso.

—Preparada.

Ping.

Deslizó un brazo alrededor de mi cintura, otro por detrás de mi cabeza y me besó con suavidad. Yo no dejaba de darle vueltas al tema. Estaba preocupada por el temporizador, por si debía meter algo de lengua, por si estaba sacándole el máximo partido a aquellas tareas. Entonces me centré en los labios. Me acerqué un poco más a Jeremy. Las puntas de mis dedos de los pies tocaron sus zapatos y presioné el cuerpo contra el suyo, poniéndolo a prueba. ¿Podría soportar mi peso? Olía a sudor, café y caramelos de menta. Lo acerqué más a mí durante los últimos segundos, sabiendo que el tiempo se estaba acabando.

Ping.

—Estuvo bien —comentó mientras toqueteaba el botón del reloj.

Se echó la mochila a la espalda, preparándose para irse. Me sentía tranquila y estable, casi como un bebé en brazos bien arropado. Cuando Jeremy me abrazó para despedirse, tardó un poco más en separarse. Su cuerpo contra el mío era sólido, como si pudiera mantenerme en esa posición durante largo rato. Me quedé en la puerta hasta que llegó el elevador con su habitual pitido y miré cómo desaparecía tras las puertas plateadas. El beso me había llenado. Quería que eso fuera suficiente.

Me quedé con Jeremy. Me quedé con el doctor Rosen. Me quedé con los dos grupos. Me quedé porque creía que la angustia que me provocaba quedarme era necesaria para rayar mi corazón. Pensaba que largarme (querer irme y largarme de verdad) era la prueba de que no estaba hecha para una intimidad verdadera. Tenía que demostrarme que podía soportar cualquier clase de dolor que surgiera en mis relaciones. Podía soportar el calor sin soltarlo. Podía conectar.

La mañana de Navidad dejé a Jeremy durmiendo y quedé con mi amiga Jill para tomar un café. Mientras los villancicos sonaban a todo volumen en un Starbucks hasta el tope, Jill me contó entre lágrimas cómo era estar soltera y no tener ningún plan más que visitar a su padre maltratador, y yo, sin cortarme un cabello, le hablé sobre mi relación carente de sexo. Cuando volví al departamento de Jeremy me llamó para que volviera a la cama.

—Quítate los jeans —dijo.

¡Feliz Navidad! Me gustaba que tuviera iniciativa.

Había un condón en la almohada junto a él, y mi cuerpo sediento se abalanzó sobre él. Una franqueza estimulante se apoderó de mí. Empujó una vez, y un orgasmo me invadió por completo en un solo instante.

De pronto me puse a llorar.

—¿Qué pasa? —quiso saber él.

Bajo toda la frustración y el odio había un océano de dolor y tristeza. Oleadas de soledad, justo como había predicho el doctor Rosen hacía tanto tiempo.

—¿Por qué es tan difícil? —repetí una y otra vez.

¿Por qué, por qué, por qué? ¿Tan difícil era quererme y

querer mi cuerpo? ¿Por qué no podíamos tener esa intimidad física todo el tiempo? Todas esas semanas que había estado persiguiendo el amor y la atención de Jeremy habían reforzado el miedo que sentía porque la forma en la que amaba o cómo quería ser amada no fuera la correcta. El abandono que había experimentado confirmó mi deficiente capacidad para el apego. Había elegido un novio que repartía pedazos de amor y atención insostenibles. Y lo había escogido porque era todo lo que era capaz de tolerar, aunque quisiera mucho más. Era como una anoréxica que seguía comiendo tortitas de arroz y apio, aunque soñara con un solomillo y una papa asada con mantequilla.

Cuando 2003 llegó a su fin, empecé el último semestre de Derecho. Jeremy todavía necesitaba mucho más tiempo a solas que yo. De vez en cuando se encerraba sin explicación aparente y su pasión por los videojuegos ASCII me hacía poner los ojos en blanco. Sin embargo, en lugar de romper vajilla del hogar, le enviaba mensajes a Rory, Marty y Carlos. «Me siento sola. Está jugando videojuegos.» Y entre esos períodos de desconexión en los que corría las cortinas entre nosotros, íbamos avanzando poco a poco, tal y como el doctor Rosen había prometido que ocurriría.

Pero el conflicto de intereses del doctor Rosen no era cualquier cosa. ¿Estaba trabajando por mi bienestar o por el de Jeremy?

Un jueves por la noche, Jeremy volvió de la reunión del grupo masculino y me preguntó si le pagaría una suscripción al *Financial Times* y unos tenis para correr. Por la forma en la que me lo preguntó (y porque acababa de salir de la reunión), supe enseguida que eran tareas del doctor Rosen.

—¿Por qué has decidido convertirme en la que lo mantiene? —le grité al doctor Rosen en la siguiente sesión de grupo—. Deberías estar ayudándome a mí, no utilizarme para financiar sus aficiones.

—Te estoy ayudando.

—Ni un carajo.

—¿Qué dos cosas no soportas de Jeremy?

Yo había mencionado que parecía estar atascado profesionalmente. Era miembro de Mensa y leía libros de filósofos griegos con nombres que apenas podía pronunciar, y aun así su trabajo no tenía ningún futuro ni el sueldo cubría sus gastos. Odiaba a su jefe y sentía que estaba desperdiciando su potencial. Una vez habló de inscribirse a Derecho. También le había expresado mi preocupación por su estilo de vida sedentario, pues tenía miedo de que tuviera un impacto negativo en nuestra emergente vida sexual.

—Si lee el *Financial Times*, tal vez le ayude a centrarse en su ambición. Y si se compra unos tenis, estaría mucho más activo. Podrían salir a correr juntos y, luego, mantener relaciones.

El doctor Rosen, el gran titiritero, movió las cuerdas. Había conseguido que Jeremy preguntara, y lograría que yo pagara. Sabía que tenía dinero porque la semana anterior había llevado a la reunión el cheque de siete mil dólares que me había enviado Skadden como anticipo. El doctor Rosen sugirió que lo pasara entre mis compañeros y, cuando llegó a sus manos, lo levantó por encima de la cabeza y dijo: «*Baruch atah Adonai* no sé qué y no sé cuántos más».

La ira que me había postrado de rodillas ante el grupo antes de Navidad volvió a surgir (ira por que el doctor Rosen no pudiera ayudarme de verdad y se conformaba con usarme para ayudar a Jeremy), pero me mantuve sentada en la silla, fruncí los labios y dejé que me devorara por dentro. No tenía palabras, solo la sensación de ira caldeándome el cuerpo.

El fin de semana siguiente, Jeremy empezó a recibir una copia diaria de aquellas páginas rosadas que conformaban el *Financial Times*, y fuimos a comprarle un par de New

Balance negros de estilo retro. Cuando le pregunté si quería salir a correr conmigo, me dijo: «No, ve tú».

Después de ir tras mi dinero, la cosa empeoró. El doctor Rosen apuntó a mi vagina.

Una noche, a finales de invierno, Jeremy dejó su videojuego y declaró que marzo sería el mes de «chupársela a Christie».

—¿A qué viene eso? —pregunté

—Lo acabo de decidir.

Llevábamos meses saliendo, y en ese tiempo hubo poca acción oral por ambas partes. Ahora esperaba con ganas los regalos que marzo me iba a dar. Pero el último martes de febrero, Jeremy volvió a casa de la reunión de grupo con algo que anunciar.

—El doctor Rosen cree que es mala idea.

Solté el libro de Derecho que sostenía.

—¿Disculpa?

—Piensa que intento arruinar la relación.

Así que ahora mi terapeuta, el que me había prometido que tendría relaciones sanas, incluyendo las de índole sexual, estaba trabajando activamente en contra de mi placer. Me disculpé y me llevé el celular al cuarto de baño. Marqué el número del doctor Rosen, pero me salió su contestadora. Colgué. Nada de contestadoras. Le iba a entregar el peso de mi ira en persona.

—Percibo tu enojo —respondió el doctor Rosen con calma y confianza cuando me enfrenté a él en el grupo de la mañana.

Estampé los puños en los brazos de la silla, lo llamé misógino y obseso del control.

—Percibo cómo experimentas que yo ejerza el control.

—¡Le dijiste a mi novio que no me chupe la vulva! ¿Qué te pasa, carajo? —Él sonrió como pensando: «Qué bien, está enojada»—. ¡Deja de mover los hilos!

Él levantó las manos y negó con la cabeza.

—Aquí no hay hilos. Yo no controlo la lengua de nadie.

—No, les haces sugerencias a la gente que te paga para que les digas qué hacer.

—¿Qué quieres?

—Quiero que te vayas a la mierda. —El enojo se me quedó atascado entre la garganta y el pecho.

Estancada otra vez. En mi silla, en mi cuerpo, en la relación con mi novio y mi terapeuta.

El doctor Rosen juntó las manos e indicó que había llegado el final de la sesión. Me levanté como todos los demás, pero no recité la oración de la Serenidad, y cuando todos empezaron a abrazarse por parejas, hice turnos para abrazar a Patrice, Rory, Marty, Carlos y el Coronel, pero le di la espalda al doctor Rosen. No iba a fingir que todo iba bien solo porque hubieran terminado los noventa minutos de sesión. Era evidente que su lealtad estaba con Jeremy, y utilizó toda su sabiduría de Harvard para tratar sus bloqueos sexuales. El doctor Rosen no valoraba mis intereses y mi placer sexual.

En el grupo de la tarde, me negué a mirar al doctor Rosen, pero les expliqué a todas las presentes cómo estaba interfiriendo en mi relación al aconsejarle a Jeremy que no me diera placer. Marnie entrecerró los ojos y le gritó al doctor Rosen que dejara de utilizarme para ayudar a Jeremy. Luego, se volvió hacia mí y me armó bronca por estar dispuesta a pasar hambre en mi relación.

—El doctor Rosen no es el único que tiene la culpa aquí —soltó, señalándome con el dedo—. Tú tampoco estás haciendo nada para cambiarlo.

No me molestó que me gritara; podía oír en sus palabras que me quería y que deseaba más para mí. Y yo también.

22

Los siete mil dólares que me había adelantado Skadden me volvieron atrevida. Todos mis compañeros de la Facultad de Derecho planeaban hacer viajes con sus parejas después del examen de ingreso a la abogacía. Yo soñaba con hacer un viaje al extranjero con mi novio. Nos imaginaba en Italia, tomados de la mano sobre puentes medievales y dándonos de comer el uno al otro trozos de pizza margarita, rodeados de ríos lánguidos y catedrales gigantescas. Nos veía riéndonos, tocándonos, explorando y amándonos. El hombre que me daba la mano en mis fantasías se parecía muy poco a Jeremy. No obstante, aquel viaje se me metió entre ceja y ceja y no me dejé desanimar. Me había esforzado mucho en la facultad para conseguir un puesto de trabajo en Skadden, por el que me habían dado un adelanto de siete mil dólares, y también me había esforzado mucho yendo a terapia para poder tener una relación. ¿Tan difícil sería?

Las negociaciones fueron duras desde el principio. Cuando sugería la Toscana o Cinque Terre, Jeremy se encogía de hombros y suspiraba hondo.

—Podríamos ir a Grecia. Es la cuna de la filosofía.

Otra vez se encogió de hombros.

—¿No podemos hablarlo?

—Vas a decidir tú porque tú lo pagas.

—De acuerdo, pues elige tú.

Alcé los brazos. En realidad, me daba igual dónde ir mientras fuéramos juntos.

Tras una pausa larga, articuló:

—Italia me parece bien.

Tanto los dos grupos como el doctor Rosen me advirtieron que me centrara en mí y que planeara el viaje que yo quería hacer.

—O te acompaña o no —sentenció el doctor Rosen.

Muy tranquilizador, sí. Aparté el pavor que se formaba en mi interior. Pasé por encima de la resistencia que oponía Jeremy porque irme de viaje sola a Italia no era la historia que quería vivir. Viajar por mi cuenta no era algo que me gustara.

La temperatura en Florencia superaba los treinta y dos grados, y la BBC Radio informó que se habían producido varias muertes por los golpes de calor. Jeremy y yo desayunamos huevos revueltos, fresas y pan tostado con mermelada casera de naranja en la soleada terraza del segundo piso del hotel Silla. Tuvimos que mover los asientos para guarecernos bajo la sombra de una higuera. Podría haberme pasado el día entero allí sentada, observando el río Arno y escuchando el arrullo de las palomas, pero nos había anotado a un recorrido en bicicleta que empezaba a las diez. El día anterior había ido en autobús a Siena. Sola. Jeremy no había querido enfrentarse al calor.

—¿Te anotas al recorrido en bici? —le pregunté con mi voz animada de vacaciones; la voz de mi corazón aferrándose a la esperanza.

—Ve tú. Yo tengo que estudiar.

Sacó un libro de preparación para el examen de ingreso a la Facultad de Derecho y su bolígrafo negro especial. Había decidido entrar a Derecho, lo cual era una mejora muy positiva dado lo mucho que odiaba su trabajo. Sin embargo, el campo florentino no podía perturbar el horario de estudio tan blindado que seguía, a pesar de que faltaran meses para la prueba.

—¿Prefieres que hagamos otra cosa? Puedo cancelar el recorrido...

—No, vete. Tengo que hacer un examen de prueba.

Antes de irnos de viaje, el doctor Rosen me había animado a aceptar la introversión de Jeremy. Debía dejar de tratar de cambiarlo. Entendía que la aceptación era importante, pero cuando Jeremy dijo que iba a plantada por segundo día consecutivo, me entraron ganas de tirar la mesa de un golpe y lanzar el maldito libro de preparación al suelo de adoquines. ¿Cuánto podía tolerar mi deseo para que los desprecios de Jeremy dejaran de doler? ¿Cómo podía obligarme a querer menos de este hombre que decía que me quería, pero que tenía muy pocas ganas de pasar tiempo conmigo?

Con un gesto rápido, tomó el bolígrafo y se puso a escribir la respuesta a una de las preguntas.

Le di un beso en la cabeza y me fui a hacer el recorrido con un enojo descomunal. ¿Quién paga para que su novio la acompañe de viaje a Italia y luego la ignore? Oí que mi corazón latía a un ritmo que me sonaba familiar: sola, sola, sola.

Una inmigrante desgarbada llamada Sherry con la postura propia de una profesora de yoga me mostró mi bicicleta.

—¿Dónde está tu pareja?

—Pues está...

Mentí igual que esas mujeres que tienen maridos alcohólicos y son incapaces de levantarse de la cama.

—Está enfermo. —Le eché la culpa al calor y al *jet lag*.

Las otras doce personas del grupo llegaron en pares. Parejas de luna de miel, padres con sus hijas, universitarios que compartían habitación y una pareja que celebraba su trigésimo aniversario. La primera parada fue una vieja granja de piedra, donde el dueño, quemado por el sol, nos recibió con un aperitivo matutino. Me senté en un antiguo banco de piedra a comerme el queso salado y el cremoso huevo de codorniz, rodeada de extraños que se tomaban fotos entre ellos.

—¿Te saco una foto? —me preguntó un padre de San Diego.

Me limpié el sudor de la frente y traté de posar con naturalidad junto a una higuera, aunque no supiera muy bien qué hacer con las manos. ¿Debía juntarlas por delante? ¿Colocármelas en las caderas? ¿O quizá apoyarme en la pared?

El padre le susurró a la hija:

—Es muy valiente por atreverse a viajar sola por un país extranjero.

Créame, amigo, soy muchas cosas, pero, en mi caso, el adjetivo *valiente* queda sepultado bajo *desesperada*, *idiota*, *sola*, *deprimida*, *triste*, *perdida*, *humillada* y *hambrienta*.

Cuando los demás ciclistas se dirigieron a Florencia al final del recorrido, yo me separé del grupo y me puse a pedalear tan rápido que los cuádriceps me ardían. Tras devolver la bicicleta, me interné por los estrechos callejones de la ciudad para volver al hotel, pero me paré en seco a medio camino. ¿Por qué tanta prisa? Estaba claro que Jeremy no me extrañaba. ¿Acaso iba a alegrarse de verme? Me desvié del camino al hotel y me dirigí a la zona turística cerca del Ponte Vecchio, donde había cinturones de cuero colgados en puestos como si fueran trozos de carne. En una calle adyacente, encontré una cabina. Metí varias monedas hasta que pude contactar con Chicago.

Tras tres pitidos, me saltó la contestadora del doctor Rosen. Al oír el pitido, me desahogué.

—Acabo de hacer un recorrido en bicicleta sola. Ayer fui a Siena sola. Creía que me habías dicho que podías arreglarlo, que podías arreglarme.

Sollocé en aquella mugrienta cabina telefónica hasta que me cortó una voz computarizada.

Después de todas las sesiones de terapia a las que había asistido. De todas las tareas que había hecho por voluntad propia. De haber empezado a sentir mis sentimientos. Después de todo eso, seguía terriblemente sola. Se suponía que la soledad iba a disminuir. Creía que, si mi progreso en la terapia estuviera plasmado en un gráfico, la línea solo iría hacia arriba. Pero allí, sentada sola en Florencia, sentí la misma desesperación que había experimentado en Chicago antes de empezar la terapia de grupo. Si no había conseguido cambiar todavía, ¿cuándo lo haría? Quizá no pudiera cambiar nunca. Adoraba a mis compañeros de grupo (incluso al doctor Rosen), pero ellos no podían acompañarme a Italia. El doctor Rosen tenía razón: había probado las mieles de ir a terapia de grupo semana tras semana, había bebido del sentimiento de compañerismo y de tener a gente a mi alrededor, y ahora la soledad se había tornado más oscura y arrolladora que nunca.

Cuando volví a la habitación, Jeremy dormía en la cama con la guía de estudio sobre la panza. Abrió los ojos y me sonrió. Me tumbé a su lado; nuestros cuerpos apenas se rozaban. En silencio, observamos cómo la luz iba disipándose a medida que el sol se escondía detrás del Duomo.

Aquella noche, después de cenar, apagó la luz y se tumbó boca arriba. ¿Íbamos a coger? Respiré hondo y le ordené a mi cuerpo que no lo deseara. Plegué el deseo hasta convertirlo en una grulla de origami minúscula y lo guardé.

—Voy a masturbarme antes de dormir. Si quieres, tú también puedes hacerlo.

Jeremy se quitó los bóxer. Con cada sacudida, me daba golpecitos en el antebrazo con el codo.

—¿Quieres que te lo haga yo? —le susurré con una pizca de deseo que se había liberado de los pliegues.

—No, lo hago yo.

Coloqué la mano sobre su hombro, agradecida de que no me pidiera que la apartara.

Después del viaje a Italia, empecé a trabajar como si no hubiera un mañana, lo normal cuando es tu primer año en un bufete de abogados de renombre. Nunca salía de la oficina antes de las siete. De repente tenía una secretaria, una cuenta de gastos y un despacho con una ventana con vistas al río Chicago. Trasnoché por primera vez durante la sexta semana. Mi tarea principal era revisar los documentos financieros de una marca de bebidas que había tomado desde que era una niña. Skadden también me envió a la oficina del cliente para entrevistarme con los peces gordos que habían diseñado las estrategias de venta y poder así defenderlos ante la Comisión de Bolsa y Valores. Tras un largo día de reuniones consecutivas con el equipo (todos hombres, menos yo) y una extensa cena, llegué a la habitación del hotel, me desplomé en la cama y llamé a Jeremy, que estaba en casa jugando a *NetHack*.

—Lo estás haciendo de maravilla. Estoy muy orgulloso de ti —me felicitó.

Mientras yo estaba fuera aprendiendo a ser una abogada de Skadden, Jeremy cayó en una depresión. Aumentó de peso, dejó de afeitarse, faltaba a las reuniones de AA y se pasaba la mayor parte del tiempo que no estaba trabajando sentado delante de la computadora y jugando a aquel dichoso juego. Don Ricachón vomitó una bola de pelo que se quedó pudriéndose en medio de la sala durante una semana. La tina de baño se llenó de pelos y excremento. Cuando me quedaba a dormir en su casa, intentaba aguantarme orinar tanto como podía. Una vez conseguí aguantarme casi dieciocho horas. Y siempre teníamos que estar en su casa. Al final comprendí que no era capaz de invertir energía en venir hasta la mía.

En mis ratos libres, trataba de sacarlo de aquel estado haciéndole las compras y sugiriéndole que fuera a una reunión o que llamara a su padrino. Cuando iba a terapia de grupo, le suplicaba al doctor Rosen que lo ayudara.

—¿Es que no ves que está deprimido?

Pero el doctor Rosen siempre respondía lo mismo.

—¿Cómo te sientes tú?

La opinión de ambos grupos era unánime.

—Céntrate en tu carrera.

—Concéntrate en tu nueva vida en Skadden. Quizá tus gustos cambien —aventuró el doctor Rosen. Me pareció un comentario fuera de lugar. ¿Cómo que mis gustos?

Yo deseaba actuar. Mi novio no se iba a marchitar o, Dios no lo quisiera, recaer en el alcohol, no mientras yo estuviera con él. Así que le compré un nuevo edredón (uno con un estampado de cuadros escoceses masculino), usé un bote de cloro para limpiarle el baño y saqué pegotes de sabe Dios qué del fregadero. Rasqué vómito de gato de la alfombra. Le llené el refrigerador con fruta fresca y comida llena de proteínas, y la despensa con cereales bajos en azúcar.

En aquel frenesí, hice oídos sordos a la única necesidad que me había expresado: que lo dejara solo. Hoy en día, siento compasión por él y por la enfermedad que le robó la alegría y la energía. También por ser la exnovia que pensaba que podría curar su malestar con ropa de cama nueva y piña fresca. En aquel momento, lo único que supe hacer fue intentar arreglar a Jeremy convirtiéndolo en el hombre que yo quería que fuera.

Una noche de aquel período oscuro, bajo la rigidez del nuevo edredón de cuadros escoceses de Jeremy, traté de hacerle sexo oral. Llevaba seis meses trabajando como abogada. Había pasado de llevar el nivel de vida de una estudiante de Derecho al propio de una abogada de un buen bufete. De vez en cuando me concedía el capricho de comprar en Whole Foods. Me compré una falda de J. Crew que no estaba de oferta. Mi cuenta de ahorro había aumentado a veinte de los grandes. Durante el día, me ponía derecha y actuaba como la mujer digna de las gruesas tarjetas de presentación blancas que Skadden imprimía con mi nombre.

De noche, me desplomaba y sufría.

Lo de la mamada fue idea mía. Un intento para tratar de acortar la distancia que me separaba de Jeremy. Mientras mecía la cabeza de arriba abajo entre los muslos sudorosos de Jeremy, solo podía pensar en una cosa: «No quiero tener que hacer esto». Me violé al forzarme a hacerle una mamada, y lo violé al fingir deseo y usar el sexo oral como moneda de cambio para que me prestara atención y tratar de frenar su depresión clínica. Jeremy llevaba días sin bañarse; su cuerpo desprendía el olor agrio propio del abandono y de todos los residuos acumulados durante tanto tiempo. Yo respiraba por la boca y trataba de ignorar el hedor corporal y mi asco, que iba *in crescendo*.

A la mañana del martes siguiente, no mencioné lo de la mamada porque me avergonzaba. Sentía que debía proteger el cuerpo sucio de Jeremy, aunque el doctor Rosen me hubiera aconsejado que lo hablara todo con el grupo. También me daba vergüenza haber forzado una mamada que no disfruté. Mi relación era una farsa y había seguido actuando de forma deshonesta, contra mis intereses y mi placer. Por la tarde, todo lo que no había contado sobre mi relación era como una espada pendiente de un hilo sobre mi cabeza. Durante un momento de calma en la conversación, decidí hablar.

—No quiero volver a chupar un pene sucio.

Todos se giraron a mirarme.

—¿Qué dijiste? —preguntó Marnie.

Nan abrió mucho los ojos mientras yo describía la mamada.

—No, por Dios —susurró.

Cuando al fin me atreví a mirar al doctor Rosen, vi compasión en su mirada.

—No volverás a hacerlo.

Se me inundaron los ojos de lágrimas. Repitió la frase más despacio. «No volverás a chupar un pene sucio». Después añadió: «nunca más». Asentí.

—Se acabó —sentencié. Erguí la espalda a la luz de la verdad de aquellas palabras.

El doctor Rosen extendió los brazos ante él, con las palmas boca arriba. Después, las giró muy despacio.

—Así es como uno se desprende de las cosas.

No entendí muy bien lo que hacía. Parecía Tai chi. Mis compañeras de grupo le agregaron palabras al gesto.

—No vuelvas a llamarlo.

—Deja de arrastrarte a ese agujero de mierda después del trabajo.

—Deja de pagárselo todo.

Si hubiera parado (de perseguir, planear, andar como una gallina sin cabeza, confabular, engatusar, limpiar, comprar, desear y chupar), todo habría terminado. Jeremy no iba a venir a mi casa por voluntad propia. No iba a reservar mesa en un restaurante para cenar ni comprar entradas para ir a ver a Wilco en el Riviera. Si me desprendía de todo aquello, no quedaría nada. Estaría sola de verdad, pero volvería a ser libre.

—Así que, si me desprendo... —empecé a decir mientras me aferraba al antebrazo peludo del doctor Rosen con ambas manos. Me acerqué a él hasta que nuestras caras estaban a menos de treinta centímetros de distancia. Quería que él acabara la frase. Dijera lo que dijera, iba a obligarlo a cumplirlo.

—Descubrirás lo que se siente al tener una relación de verdad.

23

—¿Puedes permitirte tener un orgasmo con él?

El doctor Rosen y el resto de los miembros del grupo de la mañana estaban esperando a que respondiera. Llevaba tres meses sin salir con Jeremy y dos semanas coqueteando con un becario de Skadden cuyo objetivo era conseguir un contrato de trabajo de tiempo completo.

—¿No existen leyes que lo prohíben? —pregunté—. Se supone que no debo acostarme con los becarios.

—La abogada eres tú —dijo Nan.

—Yo no acoso sexualmente.

—Por lo visto, sí.

Me topé con el Becario en la cena que había organizado el bufete en Japonais. Sobre un flujo constante de atún crudo y *unagi*, dejé que me piropeara los ojos e insinuara que su destreza sexual me volvería loca. Era un niño: presumido, ágil y descarado (en lo que al sexo se refiere), con jeans de diseñador y tenis hípster de Adidas. Tenía seis años menos que yo, pero parecía que tuviera más. Había crecido conduciendo el Lexus deportivo de su padre y yendo a una academia para preparar el examen de ingreso a la universidad. Nunca había trabajado de tiempo completo. Cuando se ofreció a acompañarme a casa desde el restaurante, acepté pensando que alguien tan enjuto como él nunca sería capaz de atravesar el muro invisible que mantenía a los hombres sexualmente activos lejos de mí. Pero franqueó ese muro y, cuando en un sutil instante presionó sus labios contra los míos bajo un farol roto de la calle Clark, abrí la boca y lo acepté. Un ardor me inflamó la entrepierna mientras sus labios se movían con suavidad sobre los míos, y al momento se vaporizó todo anhelo por aquello que no fuera su boca contra la mía.

Al día siguiente averiguó mi correo electrónico personal. «Vaya beso el de ayer», me escribió. No le dije que me había pasado la noche en vela pensando en ello. No le conté que todas mis extremidades rebosaban energía (pese a que habían transcurrido quince horas). No reconocí que me había saltado el desayuno y que no había almorzado hasta las tres porque me estuve recreando con el recuerdo de aquel beso. Lo que le dije fue: «Los he tenido mejores». Una mentira deliciosa que lo empujó a prometerme que no iba a tener nada mejor con nadie más. «Demuéstramelo», le exigí.

Las leyes sobre el acoso sexual no le importaron al doctor Rosen.

—Y bien, ¿te permitirás tener un orgasmo con él?

Sí, quería acostarme con el Becario desesperadamente y dejar que cumpliera con sus promesas. Quería que me lamiera la miel hasta que el sol volviera a salir sobre Chicago. Pero también quería una relación de verdad, de esas en las que los domingos se va a comprar al mercado. Y este muchachón no parecía que fuera de los que aprecian a una mujer en pants y la cara llena de crema antiacné después de una jornada laboral de dieciséis horas. En su tercer correo, me confesó que era «bi-curioso» y hacía poco había estado aspirando cocaína en Miami.

—Nada en él indica que sea un «compañero de vida adecuado para una mujer en rehabilitación».

—Puedes tirártelo y averiguarlo —sugirió el doctor Rosen.

Total, ya no estamos en la escuela católica.

Nuestra primera cita fue un lunes por la noche, pocos días después de que aceptara la oferta de trabajo de Skadden, por lo que ya no infringía las leyes contra el acoso. Tuvo clases todo el día, así que se acercó al despacho con su resplandeciente Lexus negro en cuanto salió del seminario de Derecho Constitucional. Me abrió la puerta como si fuera un lacayo. El coche estaba impecable: la tapicería negra reluciente, los posavasos limpios y un sistema de sonido que iluminaba el tablero.

—Normalmente llevo a las chicas al Jane's de Bucktown y, luego, a un bar de barrio, pero a ti te voy a dar un trato de lujo.

Me sonrió con picardía. Ya había dedicado más tiempo a aquella cita que cualquier hombre con el que había decidido compartir mi tiempo.

Condujo hasta un bistró de la calle Grand. Lo había tachado de donjuán pedante, y sin duda lo era, pero, bajo todo aquel alardeo incesante, mostró una profunda fascinación por la ética legal y las libertades civiles. Cuando me contó cómo sostuvo en brazos a su sobrina recién nacida por primera vez, el rostro se le suavizó, lleno de auténtica ternura. Perdió puntos por haber votado por George Bush, pero ganó unos pocos al mencionar a su terapeuta.

—No será el doctor Jonathan Rosen, ¿verdad?

Negó con la cabeza. Menos mal.

En cuanto nos terminamos la sopa de calabaza, me sentí preparada para ir por todo, como con Luther Vandross. Me acarició la pantorrilla con el pie, y sentí de nuevo aquel calor en la entrepierna. Mientras desmenuzaba la corvina con la punta del tenedor, solo pensaba en una cosa: «Esta noche me mojo».

A la hora de pagar la cuenta, sacó la cartera y deslizó una American Express negra en el bolsillo de la carterita de cuero. Garabateó una cifra para la propina, firmó con una floritura ilegible y se levantó.

—Salgamos de aquí.

Me ofreció la mano y se la tomé. Su sonrisa sugerente me decía que no tenía intención alguna de pasarse la noche jugando videojuegos.

De camino a su departamento me estuvo preguntando sobre Texas, como si se tratara de una zona exótica del espacio exterior.

—Es un lugar plano, caluroso y conservador.

—¿Hay judíos?

—Unos pocos. Mi profe de ballet era judía francesa. ¿Por?

—Porque los judíos siempre estamos pensando cuántos hay de los nuestros.

Era la primera vez que el Becario mencionaba su religión. Ya me imaginaba la sonrisa autocomplaciente de cierta persona cuando se diera cuenta de que me había ordenado que tuviera un orgasmo con un hombre judío. «*Mamaleh*, estoy orgulloso de ti».

En cuanto las puertas del elevador del edificio se cerraron tras nosotros, el Becario metió los dedos en una de las hebillas de mi pantalón y me acercó a él de un tirón. Emanaba un olor a ropa limpia y especiado, como a canela. Me besó como si se muriera por mí, y yo igualé aquella intensidad cuando le devolví el beso. Gemí de placer cuando me envolvió los pechos con las manos, por encima del único brasier que llevaba.

Me sentí muy libre, como si pudiera sentir las partículas de aire bailando entre nosotros, celebrando mi liberación. Deslicé la mano por debajo de su camisa, y él se me acercó aún más. Era mágico: un hombre acercándose a mí, un hombre permaneciendo despierto por mí, un hombre sediento de mí.

—¿Te gusta? —susurró. Cada vez que me tocaba, otra capa se derretía.

Me mordió el labio con gesto juguetón y olvidé a las monjas que decían que los besos con lengua eran pecado porque emulaban el acto sexual. Me tocó la zona lumbar y la presión de mi madre diciendo que reservara el sexo para el matrimonio abandonó mi cuerpo. Me sostuvo la cara mientras me besaba y se llevó por delante la mancha de mi relación con Jeremy (las bolas de pelo del fregadero, aquella horrible mamada y la erosión constante de mi carne contra el muro tras el que se aislaba).

Cuando las puertas se abrieron con un tintineo, intenté apartarme, pero él me sujetó con fuerza.

—Vente, se cierra la puerta —dije.

Él me metió la lengua en la oreja y susurró:

—La que se va a venir eres tú.

Corrimos por el pasillo. Él iba por delante, con una mano atrás buscando la mía. ¿Quién era este chico que buscaba el placer y me llevaba con él?

Aún no habíamos llegado a la puerta del departamento y ya me había desabrochado el brasier. Nunca me habían besado tan intensamente. Habían despertado de repente partes de mí que nunca se habían estimulado en presencia de otra persona. Esto, esto, esto. El cuerpo entero bramaba de placer. «Más, más, más.»

Me llevó al dormitorio, pequeño y pulcro. La luz estaba apagada, pero pude discernir un sencillo edredón gris sobre la cama y algunos libros de Derecho sobre el estante que había junto a un pequeño reloj con números rojos resplandecientes. Abrí los brazos de par en par y caí de panza sobre la cama, limpia y mullida.

No había nada entre nosotros; ni videojuegos, ni enfermedades mentales, ni terapeutas. Tomó un condón y se quitó los pantalones. Apoyó la frente contra la mía y me hundí en aquellos ojos abiertos y serenos. Pegué mi cuerpo al suyo y me estremecí, dejándome llevar por lo que había ido a buscar.

Cuando abrí los ojos, su sonrisa de satisfacción transmitía un solo mensaje: «Te dije que era bueno». Oleadas de placer ascendieron desde la entrepierna y me atravesaron el cuerpo entero. Entonces, rompí en llanto.

—No sé por qué lloro, si no estoy triste.

Intenté meter aquellos sollozos de nuevo en mi corazón traicionero. El Becario besó las lágrimas a medida que estas se deslizaban por las mejillas. Me preguntó qué pasaba.

—Es que eres tan...

Levantó las cejas y se me acercó aún más. Me besó el cuello, persiguiendo las lágrimas que se me escapaban.

—¿Qué?

—Limpio. —Las lágrimas se me siguieron derramando por las mejillas, que me ardían—. Carajo... —susurré, y me tapé la cara con ambas manos.

—La verdad es que me prende un poco. —Me levantó la barbilla y me besó en los labios—. ¿Qué dirá tu terapeuta de esto?

—Lo hicimos y luego me puse a llorar.

Las mujeres del grupo de la tarde estaban completamente absortas. No fui a la reunión de la mañana porque me quedé dormida por primera vez en todo el tiempo que había estado yendo a terapia. Por fin. Había tardado tres años en estar demasiado ocupada teniendo sexo para ir a una reunión en grupo.

Nan no se lo podía creer.

—¿Qué te hizo ese blanquito?

El doctor Rosen sacudió la cabeza con las manos apoyadas en las sienes.

—Dejaste que te dé placer y luego le has mostrado todo lo que sentiste al respecto. ¿Entiendes lo íntimo que fue? —Me miró fijamente, asombrado por completo.

—Quiero repetir.

—¿Cuándo han vuelto a quedar?

—La semana que viene. —Rosen levantó los pulgares—. Por cierto, es judío.

Tal y como imaginé, lanzó un gritito ahogado y se llevó las manos al corazón.

—Sabía que lo harías.

—¿Por qué crees que reaccioné así?

—Para insistir en que todo esto se trata de ti. Como el sueño con Luther.

Empezó a mover la cabeza como un poseso y volvió a levantar los pulgares, como si hubiera acertado la respuesta.

—Eres insufrible —le soltó Marnie al doctor Rosen agitando la mano con gesto displicente.

El doctor Rosen no dejó de mirarme en ningún momento.

—¿Lo entiendes?

Lo único que entendía era que mi terapeuta tenía una flor freudiana metida en el culo. Comprendió de inmediato la ignorancia que desprendía la mirada inexpresiva que lancé.

—Si conectas conmigo aquí, en terapia —explicó mientras señalaba aquellos zapatos cafés ridículos—, serás capaz de conectar con otros hombres ahí fuera. —Señaló la ventana—. Puedes aprovechar el vínculo sano que, supuestamente, mantenemos tú y yo de base para tus relaciones amorosas.

—¿Está funcionando? —Me llevé las manos al pecho.

—¿Nadan los peces en el mar?

Una vez a la semana, el Becario me recogía con su reluciente coche negro y me llevaba a toda velocidad a un bistró de moda donde las indirectas e insinuaciones volaban de un extremo a otro como una canasta de pan. Era un coqueteo superagresivo: él alardeaba de las formas con las que podía satisfacerme y yo le daba a entender que estaba más necesitada de lo que imaginaba.

—Llevo mucho tiempo en ayunas —comentaba yo.

—Nada que no pueda manejar —insistía él.

Luego, en su departamento, se encorvaba sobre el equipo estéreo para escoger la música ambiental perfecta. Solía decantarse por Al Green y el *hip hop*. Verlo esforzarse tanto por crear ambiente me prendía al cien.

La tercera noche que estuvimos juntos me llevó al dormitorio con un brillo travieso en la mirada.

—Tengo una sorpresa para ti. Espera aquí —dijo mientras salía de la habitación.

Cuando regresó, me dio algo azul y blanco doblado como si fuera una bandera.

—Pero ¿qué...? —Me reí mientras estiraba la pesada tela y levantaba una camiseta de futbol americano gigantesca con el número dieciocho.

—Es la camiseta de Peyton Manning. Quiero que te la pongas.

—Que sea de Texas no significa que el fútbol americano me haga sexy.

—Sería súper sexy dormir a tu lado si la llevas puesta.

Mi cuerpo entero se rindió ante la fuerza de aquella libertad suya tan natural. Quería meterme en esa camiseta, en ese cuerpo, en ese mundo, donde el deseo se extendía a sus anchas sin disimulo y practicar sexo siempre estaba sobre la mesa.

Los dos grupos de terapia adoraban al Becario. Ambos presagiaban con unanimidad que se estaba enamorando de mí. Ambos aseguraban que se me había curado la herida emocional o el defecto de carácter que me había atado durante tanto tiempo a Jeremy. El doctor Rosen me dedicaba una amplia sonrisa siempre, una sesión tras otra, y alababa que compartiera con todo lujo de detalles nuestros encuentros íntimos, mi alegría y mi entrega al placer.

Pasaba las jornadas de trabajo en una nube. El brillo que me otorgaba el sexo fogoso y aquella floreciente relación real atenuaban las humillaciones diarias que sufría por ser una asociada novata en el bufete. Un martes, me mordí el labio cuando uno de los socios me pidió a mí, la única mujer presente, que tomara notas durante una reunión de equipo como si fuera una secretaria, pero lo dejé pasar cuando vi un correo electrónico del Becario en el BlackBerry.

Dos horas después, le di al doctor Rosen una copia en papel de aquel correo.

—Léelo —ordené—. Empieza por el segundo párrafo.

—«Es imprescindible que me case con una mujer judía.»

El doctor Rosen levantó la mirada.

—¿Por qué saca el tema del matrimonio? ¿Cuántas veces cogieron? ¿Seis? —comentó Nan.

—Cinco.

—Está asustado —intervino Marnie. Emily y Regina estaban de acuerdo.

—Los blancos son muy raros —dijo Nan entre risas para sí. Sus pendientes de aro dorados captaron los rayos de sol.

Me invadió el pánico, haciendo que fuera incapaz de quedarme sentada y escuchar lo que decían las demás. ¿Cómo podían estar todas tan tranquilas? El Becario iba a recoger todo aquel placer y libertad que me había concedido y se lo iba a llevar lejos con aquel elegante coche suyo.

—Eso no lo sabes —contestó el doctor Rosen.

—Me he cogido a un montón de judíos con los que podría haber salido. Muchas gracias, doctor Rosen.

—Te ha hecho muchísimo bien, y no sabes con certeza lo que va a pasar.

Lo que sí sabía era que, la próxima vez que entrara en aquella habitación de dieciséis metros cuadrados, me desplomaría embargada por la angustia y el dolor, y vaciaría un paquete de pañuelos tras otro con la cara cubierta de lágrimas.

Cuando el Becario vino a buscarme al despacho por última vez pocos días después, me dedicó una sonrisa falsa y no dejó entrever su descaro habitual. Me abrazó como si estuviera abrazando a su tía abuela. La pasión y la perspectiva del sexo ya no inflamaban el ambiente entre nosotros.

Fuimos a Sai Café, en Lincoln Park, donde pedimos rollos de *sashimi* por separado. Evité los camarones para demostrarle lo buena judía que podía llegar a ser. Llamé a Rory desde el baño, donde un chorrito de agua atravesaba un jardín de piedras en miniatura.

—Siento que se aproxima una despedida definitiva.

Tenía el estómago al borde de un acantilado a punto de tirarse en caída libre. Rory me dijo que respirara y estuviera abierta a todas las posibilidades.

—A lo mejor te pide que te conviertas —sugirió.

—Esto no va a funcionar —declaró él cuando paró frente a mi edificio al final de la noche.

Le pregunté por qué no podíamos seguir saliendo. Él negó con la cabeza e insistió en que no quería darme falsas esperanzas. Le dije que podía considerar convertirme al judaísmo.

—Eres católica.

—Llevo años sin ir a misa, y sería una judía maravillosa. Odio el jamón. Llevaría a mis hijos a la sinagoga. Tocaría el *shofar*.

Levantó las comisuras de los labios, pero no fue una sonrisa de verdad, solo una mueca de lástima.

—Lo digo en serio. Y no me refiero a hacer un cursito rápido por internet. Iré a la sinagoga Anshe Emet, o a la KAM Isaiah. Me sumergiré en una *mikvé*, celebraré un «bar-mitzvá»...

—*Bat-mitzvá*.

—Solo comeré *kosher*, prepararé *jalá*, me circuncidaré...

—Lo siento.

Cerré la boca y miré fijamente al frente, al sitio exacto donde me besó por primera vez, donde mi apetito se secó, donde empezó eso a lo que había llamado «amorío» y más tarde acabaría degradando a la categoría de «aventura».

—¿No podrías al menos subir por última vez esta noche?

—No nos convirtamos en una parodia de lo que fuimos.

A la mañana siguiente, desde mi despacho, le supliqué al doctor Rosen que me llamara. No podía esperar a la siguiente sesión. Lo necesitaba de inmediato. Cuando me llamó, lloré sin consuelo por el teléfono, pidiéndole que me explicara por qué. ¿Por qué el Becario no quería estar conmigo? ¿Por qué estaba al teléfono con él llorando otra vez? ¿Por qué me criaron como católica? ¿Por qué mis padres me pusieron el nombre de Jesucristo? Me enrollé el cable del teléfono alrededor del dedo índice y esperé atentamente la esperanza en las respuestas del doctor Rosen, pero nada de lo que dijo me tranquilizó. Me preguntó si mi vida estaba mejor de lo que estaba antes de empezar el tratamiento. Sí, mi vida era mejor que antes: me sentía cerca de él y de los miembros del grupo, Clare sabía que iba a terapia de grupo, estaba aprendiendo a ser yo delante de los demás. Pero una relación con un hombre seguía pareciendo imposible.

—Necesito más ayuda. Algo más. Tiene que haber algo más. A lo mejor ya llegué todo lo lejos que podía llegar contigo, doctor Rosen.

No sabía lo que le estaba pidiendo. No pensaba con claridad, solo parloteaba sin cesar intentando alejar la tristeza. Tenía el dedo completamente blanco bajo el cable de teléfono negro.

—Tengo una cosa en mente, pero ya lo hablaremos mañana, en las reuniones de grupo.

Tomé aire con cierta dificultad.

—¿Qué cosa?

Sentí el corazón más liviano ante la idea de tomar un atajo para ahuyentar ese dolor.

—Podemos hablarlo mañana.

¿Qué estaba maquinando? ¿Sesiones individuales? ¿Match.com para anoréxicas sexuales?

—Dame una pista.

—Hasta mañana.

24

Me materialicé en la sala de espera diez minutos antes de la sesión. Tenía el rostro tenso y sucio de llorar. Me dejé caer en una silla frente a la estantería de aglomerado y cerré los ojos. Los abrí cuando alguien entró en la sala. Esperaba ver a Carlos o a Patrice, pero se trataba de un hombre alto vestido con un traje gris y con un maletín de cuero café en la mano. Estaba claro que era abogado o contador. Tendría unos diez años más que yo.

Me había olvidado de que el doctor Rosen nos había dicho que pronto íbamos a recibir a un nuevo miembro en el grupo.

—Soy Reed —dijo al tiempo que me ofrecía la mano como si estuviéramos en un coctel.

No me levanté, pero le estreché la mano. Al hacerlo, noté una chispa en el ambiente entre nosotros. Tenía el cabello canoso corto por los lados y más largo en la parte superior, y llevaba los zapatos tan lustrosos que mi cara triste e hinchada se reflejaba en ellos. También atisbé la pulsera de oro que llevaba en la muñeca izquierda y el hoyuelo que se le marcaba en el cachete izquierdo cuando sonreía. Unos segundos más tarde, el doctor Rosen abrió la puerta y ambos entramos en la sala de terapia. Carlos y Patrice llegaron antes de que nos sentáramos.

—¿Qué es eso?

Reed señaló el trapo de felpa morado que tenía sobre el regazo. Lo había arrastrado conmigo a todas partes desde que el Becario me había cortado.

—Es mi trapo de la tristeza. Me acaban de dejar.

Tomé un hilito con el dedo índice y el pulgar y jalé de él. Luego jalé otro y, más tarde, de otro más. Al poco rato, varios hilos morados yacían cruzados sobre mi regazo. Unos cuantos cayeron al suelo. Mientras jalaba más, unos lagrimones ardientes se deslizaron mejillas abajo. Tener las manos ocupadas me relajaba, y jalar los hilos de aquel trapo me ayudaba a repartir la ira que sentía en microdosis. Patrice me pasó la caja de pañuelos que había en el suelo. Yo la aparté.

—No quiero pañuelos.

Patrice ignoró mi arrebato, me acarició el brazo y me recordó que el Becario tenía poco de futuro esposo.

Carlos comenzó a interrogar a Reed y le sonsacó la información relevante: era un banquero especialista en inversiones, estaba casado, tenía dos hijas gemelas, llevaba un par de años sobrio y como colofón:

—Sé sincero, ¿por qué estás aquí? —le preguntó Carlos.

Reed se sonrojó. Luego miró al doctor Rosen, que asintió para darle fuerzas, como diciéndole: «Cuéntale».

—Vamos, escúpelo —insistió Carlos.

Cuando Reed agachó la cabeza, Carlos me miró y gesticuló «Está buenísimo» con la boca. Asentí y tiré de otro hilo morado.

—Tengo problemas con mi matrimonio.

Vaya, problemas íntimos.

—Cuéntanos.

Carlos alzó las cejas.

—Ay, Dios... —suspiró Patrice. Se veía venir la historia: una de esas sobre infidelidad, con una mujer que lleva mucho tiempo sufriendo y una amante que le hacía sentirse vivo. El doctor Rosen esbozó la sonrisa más grande que pudo.

—Hace un par de semanas estuve en una fiesta que había organizado uno de nuestros inversores. Había una mujer que... —Reed miró a su alrededor con inseguridad. ¿Éramos gente de fiar?—. Ella y yo volvimos a su despacho, y ella me hizo una...

—No digas, ¡te la chupó! —Carlos dio una palmada.

Patrice le preguntó si se lo había contado a su mujer. No lo había hecho; quería salvar su matrimonio. Patrice y Rory felicitaron a Reed por haber reunido la valentía necesaria para contárnoslo.

Yo extendí el trapo sobre mi regazo. Con tanto jalón, le había hecho un hoyo de unos diez centímetros en el centro. Pasé la mano por la tela deshilada. ¿Qué sensación me produciría acariciarle la solapa a Reed? ¿Y la pierna? Era el rato más largo que había pasado sin pensar en el Becario en toda la semana. Noté que algo parecido a la esperanza se internaba en los escombros de mi corazón. Deseé que las sesiones de grupo duraran más de noventa minutos.

Antes de que se acabara la sesión, recogí los hilos morados y lancé una pregunta abrasadora.

—¿Creen que volveré a tener sexo alguna vez?

La boca de Reed se curvó en una media sonrisa.

—Si quieres tenerlo, sí —respondió el doctor Rosen.

—Sí, quiero. Y pronto.

Extrañaba tanto al Becario y al placer que me había ofrecido que me dolía todo el cuerpo.

—¿Admites sugerencias?

—Haré cualquier cosa.

El nuevo, sexy e infiel miembro del grupo me había hecho olvidar que el doctor Rosen me había dicho que tenía una propuesta que hacerme.

—¿Qué has pensado?

Dejé caer el trapo sobre el regazo y abrí las palmas de las manos.

—Te sugiero que te unas al grupo de los lunes y los jueves.

Tomé una gran bocanada de aire y me aferré al trapo con las dos manos.

—No puedes decirlo en serio. ¿Otro grupo? ¿Dos veces por semana?

¿Es que no recordaba que tenía un trabajo de tiempo completo? ¿No sabía que los abogados deben trabajar cuarenta horas por semana? Negué con la cabeza y fruncí los labios. Tomé el trapo y jalé fuerte otro hilo en el borde del hoyo.

—Este grupo es distinto. Los mismos miembros vienen dos veces por semana, lo que crea una intensidad adicional. Todos son pacientes desde hace años...

—¿En serio tengo que venir a terapia cuatro veces por semana para conseguir una relación de verdad? ¿Tan jodida estoy?

—Estás muy jodida —me respondió el doctor Rosen con una sonrisa.

—Qué convincente.

El doctor Rosen me sugirió que me quedara en el grupo de los martes por la mañana y dejara el de las tardes para poder asistir al de los lunes y los jueves. ¿Por qué no me había hecho la misma oferta un año antes, cuando habría preferido raparme la cabeza antes que volver al grupo en el que Nan y Marnie casi llegaban a los golpes? Ahora sentía una punzada de tristeza. Esas mujeres me habían apoyado en mi relación con Jeremy y durante el lío con el Becario. Nan me abrazó el día que traté de arrancarme el cabello. Zenia me había enseñado mucho sobre la fanficción y el sexo lésbico a distancia. ¿De verdad estaba preparada para abandonarlas?

—Lo pensaré.

Cuando nos levantamos para cerrar la sesión, dejé que el trapo y los hilos arrancados cayeran al suelo.

Volvía a debatirme entre unirme a otro grupo del doctor Rosen o no. Había aceptado esa propuesta dos veces y ahora mi vida estaba llena de gente que me conocía muy bien. A un nivel muy íntimo. Rory sabía todo lo que comía. Marty me daba una afirmación cada noche. Mis grupos sabían que había chupado un pene sucio, lo de las lombrices y mis berrinches. ¿No era eso lo que siempre había querido? Quería que hubiera gente que me conociera de verdad, que escuchara mis historias y que me contara las suyas. Esa era una de las grandes ventajas, y ahora quería más. Quería tener una familia propia, como la de Marnie, Patrice, Rory o Nan. Agradecía lo que tenía, pero un nuevo deseo había aflorado: el de tener una pareja con la que formar una familia. Ser madre. Tener una pareja romántica estable. Encontrar mi poder en Skadden. Creía que el doctor Rosen podía ayudarme a conseguir todo aquello, aunque me fastidiara tener que acudir a tres sesiones (doscientos setenta minutos) de terapia cada semana para lograrlo.

Había oído hablar del grupo de los lunes y jueves. Era el único que se reunía más de una vez por semana. Lo llamaban el grupo «avanzado». Recibir una invitación para unirse a él era motivo de cierto orgullo. No obstante, también sospechaba que el doctor Rosen quería sacarme más dinero (estaba en un punto de especial vulnerabilidad y mis nóminas eran de seis cifras). Podía estar ofreciéndome una forma de lograr mi objetivo o usándome para conseguir dinero y comprarse un velero. ¿Cómo iba a saber cuál era la respuesta correcta?

A pesar de todo eso, acepté. Creí que, si iba a tres sesiones de terapia de grupo por semana, alcanzaría mis objetivos en menos de un año.

Parte 3

25

La temperatura estaba muy por debajo de los cero grados el tercer lunes de enero, pero estaba demasiado nerviosa para sentir el viento lacerante en la cara. Resbalé y caí sobre la capa de hielo que cubría la acera a dos manzanas de la consulta del doctor Rosen. ¿Era una idea horrible unirme a ese grupo nuevo? Mi culo sobre el cemento y mi cadera dolorida sugerían que sí.

—¿Qué te han contado de nosotros? —preguntó Max.

Tenía el cabello rubio alborotado, una postura perfecta y vestía un saco azul con botones de oro. Cuarenta y tantos. Muy estilo campestre. Me habían hablado de él. Decían las malas lenguas que había acudido al doctor Rosen hacía años, cuando estaba enganchado a las drogas y viviendo en su coche. También se comentaba que tenía cargos por delitos graves. Pero ya estaba limpio y había ascendido en el escalafón de una empresa farmacéutica. Ahora era un ejecutivo de primera, formaba parte de la junta del colegio privado de lujo al que iba su hija y veraneaba en Snowmass, Aspen. Algo en aquellas cejas levantadas y su sonrisita me decía que sabía que me habían contado todo aquello.

—Poco. —Tenía la piel áspera.

—Mientes.

Max me miró fijamente, y yo aparté la mirada. Vislumbré al doctor Rosen, que no ofreció más que su habitual sonrisa burlona.

—Bueno. —Respiré hondo—. Sé que eres un drogadicto en rehabilitación.

—¿Y?

La piel áspera se me puso roja.

—Que te dabas unas fiestas salvajes.

Max no me quitó los ojos de encima. Sabía perfectamente lo que estaba evitando decir. Me estaba poniendo a prueba, e iba a fallar.

Aquí no estaba Zenia con su cabello color ciruela describiendo sus prácticas sexuales con fanficciones. Nadie estaba comiendo, gritando o berreando. Todos tenían un maletín o una cartera de cuero de aspecto digno bajo la silla.

—Somos el grupo avanzado. —Estaba claro que Max era el portavoz de aquel círculo de personas civilizadas y circunspectas.

Patrice, la de los martes por la mañana, también estaba allí. Había ascendido a aquel grupo «avanzado» hacía un año, pero apenas había hablado de ello. Solo que Max podía ser intenso. Esa mañana, me sonrió con dulzura, pero no me ofreció ningún consejo para sobrevivir los siguientes ochenta y cinco minutos. El golpe que me había dado en la cadera palpitaba al ritmo de mi corazón, pero si hacía alguna mueca de dolor o pasaba la mano por encima, podría atraer la atención hacia mi persona. No, gracias.

Lorne era otra cara familiar. Estaba en la cuarentena y su aspecto era un tanto desaliñado (llevaba unos pantalones caqui arrugados y un suéter granate raído), pero lucía una amplia sonrisa que parecía darme la bienvenida. Había conocido a Lorne en su boda, a la que asistí como pareja de Jeremy. Él y Lorne estaban en el mismo grupo de terapia masculino. Empecé a balancear el pie izquierdo al considerar lo que eso significaba.

—A nosotros nos han hablado de ti —comentó Brad, como si me hubiera leído la mente.

Brad era un poco mayor que Lorne, alto y delgado como un hueso, y tenía el cabello algo canoso. Lo único que había oído de él era que estaba obsesionado con el dinero.

—¿Qué les han contado?

Él y Max intercambiaron miradas y sonrieron.

—Que practicaste sexo anal con Blake —contestó Brad sin apenas mostrar vergüenza. No me esperaba el recuerdo de una relación anterior a la terapia de grupo. Torcí la boca con gesto socarrón. Lo que tú digas, Brad. Yo soy la dueña de mi historial sexual.

—Y con Jeremy, de hecho —comenté.

—Eso teníamos entendido también —replicó Brad.

El estómago se me revolvió de la ansiedad. ¿Iba a vomitar? ¿Qué estaba haciendo, permitiendo que unos hombres que no conocía me interrogaran sobre mi vida sexual? Fue la primera vez en tres años y medio con el doctor Rosen que ansié cierta confidencialidad. En todo ese tiempo, admiré al doctor Rosen por insistir en que los secretos eran tóxicos. Ahora comprendía el lado turbio de aquello: acababa de unirme a un grupo lleno de gente que sabía todo lo que había que saber sobre mis antecedentes con el sexo anal.

El grupo me dejó reposando en aquel malestar y siguió hablando sobre la exmujer desquiciada de Lorne y la futura entrevista de trabajo de Brad para un puesto que incrementaría su base salarial un veinte por ciento. Aprovechando una pausa en la conversación, capté la atención del doctor Rosen.

—¿Qué hace que este grupo sea el avanzado? —pregunté.

Antes de que pudiera responder, intervino una mujer de cabellos plateados en una media melena que vestía un traje de saco y pantalón azul marino de poliéster.

—Max y yo somos los miembros fundadores de este grupo. Empezamos a finales de los ochenta. Por cierto, me llamo Maggie. —Estaba sentada justo al lado del doctor Rosen—. Conocemos al doctor Rosen desde...

Se detuvo.

—¿Desde cuándo? —insistí.

Maggie puso los ojos en blanco.

—Digamos que los límites del doctor Rosen eran muy diferentes entonces.

—¿Qué significa eso? —quise saber.

—Max comió una vez en su casa...

—Me ofreció un sándwich de jamón —explicó Max. ¿Jamón? ¿El doctor *Baruch Attah Adonai* le sirvió comida prohibida a un paciente?—. Antes no era tan judío. Todo ese tema del judaísmo estricto empezó cuando se casó con su segunda mujer.

Maggie se me acercó y me comentó que una vez había sido «muy amiga» de la exmujer del doctor Rosen, una anoréxica que lo engañaba con un hombre al que conoció en el club de *blues* Checkerboard Lounge.

—Creo que era negro.

—Eso explica tu reacción a mi sueño con Luther Vandross —le dije al doctor Rosen, que se agarró la panza y se rio.

Max comentó que el doctor Rosen se había tomado una licencia prolongada a principios de los noventa por razones que desconocían. Brad y Lorne discutieron si fue para someterse a un tratamiento para la adicción al sexo o para la codependencia.

El estómago se me fue cerrando cada vez más con cada nueva información que salía a la luz. El inmaculado doctor Rosen que vivía en mi imaginación, a quien le había dado poder sobre mis deseos más profundos, se iba manchando de barro con cada revelación. Fruncí los labios sobre los dientes y presioné con fuerza.

Max se volvió hacia el doctor Rosen y le dio un manotazo en el antebrazo.

—¿Te acuerdas de cuando estuviste varios meses con diarrea? ¿Cuándo fue eso? ¿En el ochenta y nueve? ¿O en el noventa y uno?

Los otros miembros del grupo dijeron años distintos. ¿Por qué conocían el tránsito intestinal del doctor Rosen?

Quería vaporizarme y salir flotando de aquella habitación y de aquel tratamiento. Max y Maggie eran como bocas de incendio arrojando sin cesar historias sobre el doctor Rosen anteriores a la primera administración de Reagan, cuando yo aún iba a secundaria. La vez que su perro se escapó. El verano que usó ropa rayada. La vez que tuvo que aplacar físicamente a Maggie para que no atacara a Max y le rompió una costilla. En quince minutos aprendí más de mi terapeuta que en los últimos tres años. La hoja en blanco estaba cubierta de manchones.

El doctor Rosen sonrió sin reservas, como era habitual en él. Aquellas revelaciones no lo avergonzaban. Eché un vistazo a la habitación y nadie más parecía sobresaltado. Estaban relajados en las sillas. Aquellas eran como historias familiares que se comparten todos los años durante la comida de Acción de Gracias. Si Max se paraba en medio de una, Maggie o Brad la seguían. Había muchísimas. Qué historial más largo. Capas y capas de mierda que salpicaban a mi doctor Rosen.

Hasta aquel momento, había admirado lo iconoclasta que era, aunque los amigos que acudían a otros terapeutas arquearan las cejas con gesto incrédulo cuando les hablaba del pequeño Jeremiah, de cuando tuve que decir la palabra *calientahuevos* o de las llamadas nocturnas a Rory y Marty. Creía que el doctor Rosen era valiente, listo, y que tenía talento para tratar con adictos como yo. Pero ahora me preocupaba que fuera otra cosa: sumamente imperfecto y, quizá, negligente. O incluso peligroso.

Cuanto más tiempo pasaba allí sentada escuchando a los miembros del nuevo grupo riéndose del pasado, más náuseas sentía. Todos estaban casados, tenían hijos y una profesión. Maggie era abuela. Ninguno de ellos estaba tan desesperado como yo, aunque Brad estaba obsesionado con aumentar su patrimonio neto. Ninguno de ellos necesitaba tanto como yo que el doctor Rosen fuera el poderoso mago de Oz en lugar de un estafador común y corriente.

El doctor Rosen inclinó la cabeza en mi dirección y sonrió con picardía.

—¿Qué?

—No tengo nada que añadir en este viaje al pasado.

—¿Querías compartir algo? Estabas murmurando en voz baja —señaló Maggie con una sonrisa inocente, propia de las abuelas.

Todos me miraron. Me temblaban las manos, como si me hubiera subido a un podio para dirigirme a cientos de personas en lugar de estar rodeada por seis.

—Miren, estoy aquí para mantener relaciones sanas y crear una familia propia. No quiero saber el historial fecal del doctor Rosen. —Me giré hacia él y le hice mi pregunta favorita—. ¿Cómo va a ayudarme esto?

Antes de que pudiera contestar, Max me dio la respuesta.

—¿Cómo sabes que no te está ayudando ya?

—¿Crees que escuchar historias sobre su vida de psiquiatra con límites poco demarcados me está ayudando?

—¿Por qué no?

Max no sabía nada de mí. Volví a mirar el reloj. ¿Por qué no podía ordenarles a mis pies que se movieran hacia la puerta? ¿Por qué me obligaba a aguantar todo aquello? Lo más probable es que ese grupo (y toda esa terapia) no me condujeran nunca a las cosas que yo quería. Cabía la posibilidad de que siguiera acudiendo allí religiosamente dos veces por semana, pagando los setenta dólares por sesión y acabar muriendo sola de todos modos.

Maggie levantó la mano izquierda y señaló su anillo de bodas.

—Al doctor Rosen se le da superbien conseguir que las mujeres como tú acaben casándose. Ya lo verás. Yo me casé hace dos años.

Maggie debía de tener sesenta y pico años y llevaba con el doctor Rosen desde que George H. W. Bush fue vicepresidente. No era para nada reconfortante pensar que todavía me faltaban varias décadas para asentarme y formar una familia.

—Seis meses —dije—. Si mi vida no mejora para julio, me voy.

Al diablo el plazo de cinco años que había iniciado con aquella primera cita con el doctor Rosen. Llevaba tres años y medio en tratamiento con él, y acababa de aceptar acudir a tres sesiones semanales y gastarme ochocientos dólares al mes en terapia. Ahora había mucho más en juego. Quería resultados.

—Amenazarlo con irte es una forma interesante de generar confianza e intimidad —comentó Max con una sonrisita.

—Vengo tres veces por semana...

—Yo también —intervino Lorne.

—Y yo —reconoció Patrice.

—Esto en realidad es una secta. —Todos se rieron—. Seis meses.

—¿También dejarías el grupo del martes por la mañana? —preguntó el doctor Rosen.

—Sí. Todo o nada. Seis meses.

Aquella tarde, me senté en el despacho mientras el sol se ocultaba tras el horizonte y tecleé en Google: «terapeutas en Chicago». Apareció una larga lista de enlaces. Una psicóloga llamada Linda, un analista de nombre Francis, que estaba en el mismo edificio que el doctor Rosen. Me imaginé llamando a Linda o a Francis, pero parecía imposible. Requería demasiada energía poner al corriente de todo a una persona nueva. Las manzanas. Las lombrices. Jeremy. El Becario. El doctor Rosen y los primeros dos grupos me habían enseñado a comer, dormir y coger. Extrañaría al doctor Rosen y su risa boba. Extrañaría a la gente de los martes por la mañana. La primera sesión en el grupo avanzado no me había cambiado la vida precisamente, pero, por mí, debía darle algo de tiempo. Por si acaso, guardé en marcadores la página de Linda y Francis con su información de contacto.

Mi nueva vida con tres sesiones de terapia de grupo por semana era esta: iba a una reunión antes de trabajar los lunes y los martes, y los jueves iba a mediodía. Lo llamaba «almuerzo largo». Trabajaba de nueve y media de la mañana a siete de la tarde, a no ser que hubiera un proyecto que me exigiera quedarme más tiempo. Por la noche, checaba para salir y volvía caminando a mi nuevo departamento, justo enfrente del de Clare, que se había comprometido hacía poco con Steven. En lugar de atrincherarme y convertirme en mal tercio, le renté un departamento de una habitación en un rascacielos ubicado en Clark and Maple a Kathryn, una paciente de Rosen del grupo de los viernes. Aunque extrañaba la compañía de Clare, era genial desparramarme por todos los rincones de mi nuevo espacio y ver el atardecer por las ventanas que daban al oeste. El doctor Rosen pensaba que aquel traslado a un departamento propio era la prueba de que estaba haciendo espacio para una relación romántica. Entrecerré los ojos cuando lo dijo, temerosa de abandonar mi escepticismo, sólido como una roca, y sustituirlo por una esperanza endeble y transparente. Los fines de semana acudía a las reuniones de doce pasos y pasaba por lo menos la mitad del día en el despacho, revisando documentos y demostrándome que merecía estar en Skadden. Tras el murmullo normal de mi vida, esperaba que ocurriera algo grande. Confiaba en que el grupo avanzado, que imaginaba como un lanzallamas apuntándome directamente al corazón, obrara su magia en algún momento. Pero no había magia, ni chispas, ni llamas, y mi habilidad para conectar con otras personas tampoco mejoró de un día para otro. Solo me sentaba en el grupo y hablaba, escuchaba, sentía... Lo mismo que había estado haciendo desde que empecé con Rosen.

Los seis meses de margen comenzaron a pasar.

Hubo algunos cambios. En primer lugar, estuve un tiempo con estreñimiento grave. Los intestinos solo evacuaban cada ocho días, así que me pasaba siete paseando por ahí con un dolor sordo en el bajo vientre. Me dolía inclinarme. Me dolía correr. Me dolía estornudar. Me notaba más hinchada de lo que solía estar los días con síndrome premenstrual. El sistema digestivo se me apagó en cuanto comencé a asistir al grupo nuevo. Nada se movía dentro de mí. Si eso era lo único que me iba a dar el grupo nuevo, no lo quería. Para tratar de consolarme, levantaba las hojas del calendario hasta julio, como una niña pequeña contando los días que faltan para Navidad, pero en lugar de esperar a un hombre alegre vestido de rojo y cargado de juguetes, me imaginaba cómo terminaría la relación con el duende que tenía como terapeuta y que me había prometido no morir sola. Cuando me quejé del estreñimiento en el grupo de los lunes, a Max se le ocurrió recordarle al doctor Rosen su diarrea legendaria de finales de los ochenta. Cuando le pregunté qué hacer con aquel problema, Max me soltó:

—Si no te hubieras puesto ese límite de seis meses, a lo mejor no estarías de mierda hasta las orejas.

Los martes por la mañana le contaba a mi grupo original que no sabía qué hacer en el nuevo. Intentaba describirles lo que sentía al no tener ni idea de qué hacer con las manos o la voz durante noventa minutos seguidos. Patrice sacudió la cabeza.

—Le va muy bien.

—No parece terapia de grupo. Excepto Lorne, nadie comenta sus problemas. Solo hablan como si fueran amigos de toda la vida. Nadie sabe lo de las lombrices intestinales, lo del trastorno alimenticio ni cómo me rebajé con Jeremy. No parece que les importe nada más que lo que tienen enfrente.

—Y el problema es... —preguntó el doctor Rosen.

El problema era que dedicaba doscientos setenta minutos a la semana a terapia y no me sentía mejor.

Durante las sesiones de los lunes y los jueves me sentía como una desconocida metiendo las narices en la reunión familiar de otra persona. Cada conversación poseía una cantidad de historia, recuerdos, chismes y relaciones a los que yo no tenía acceso. Cuando Max o Lorne me preguntaban cómo me iba, expresaba el deseo más inmediato de mi corazón.

—En serio, ¿cómo puedo deshacerme del maldito estreñimiento?

—Toma mucha agua —dijo el doctor Rosen—. Y también podrías probar la cáscara de *psyllium*. Es el principio activo del Metamucil.

Por lo visto, ahora pagaba ochocientos cuarenta dólares al mes para aprender el ingrediente activo de un laxante.

En el grupo de los lunes y los jueves, el doctor Rosen no daba tareas. Nadie llamaba a nadie para poder dormir o hablar sobre los atracones de fruta que se daba después de cenar. Dos veces a la semana, durante noventa minutos, nos sentábamos en círculo y nos criticábamos entre nosotros. Brad comentaba que lo había estafado una comisión en el trabajo, y Max le armaba una bronca por estar patológicamente obsesionado con el dinero. Patrice se quejaba de los compañeros de la consulta, y el doctor Rosen le echaba en cara que no usara su autoridad como miembro más antiguo. Si yo permanecía callada demasiado tiempo, Max me miraba y me preguntaba cuántos meses faltaban para que me fuera. Yo lo ignoraba y le cuestionaba al doctor Rosen la eficacia de aquellas sesiones.

—Claro que te están ayudando. —Max suspiró, hastiado.

—Nada ha cambiado excepto mi tránsito intestinal.

—Eso son tonterías. Y ¿sabes una cosa? —prorrumpió Max, levantando la voz—. Deja de intentar convencernos de que eres patética. En serio, para. Es irritante.

Nadie humillaba como Max. Me mortificaba cuando negaba con la cabeza y suspiraba asqueado. Y cuando miraba al doctor Rosen en busca de consejo o consuelo, solo veía su sonrisa impenetrable, así que desviaba la mirada hacia una mancha en la alfombra con la forma de Australia.

Unos minutos después, el doctor Rosen me dirigió la palabra.

—¿Por qué no le pides a Max que te diga todas las razones por las que no eres patética?

Sentí una opresión en el pecho. Una fracción de segundo antes de aceptar la sugerencia del doctor Rosen, me imaginé a Max repitiéndome los mismos mensajes que ya resonaban dentro de mi cabeza: «Si estás sola es por tu culpa. No tienes remedio. ¡Eres patética!». Presionando el suelo con los pies, miré directamente a Max.

—¿Qué es eso de que no soy patética?

Max miró al doctor Rosen y dijo:

—Siempre tengo que hacerlo yo todo.

Entonces volvió a suspirar y se dirigió a mí.

—Eres una abogada brillante que trabaja en uno de los bufetes más importantes de la ciudad. Has ascendido en terapia y formas parte del grupo avanzado. Estás dejando todo para averiguar cuál es tu dichoso problema y cómo lidiar con él. No eres patética, solo te encabrona no tener todas esas cosas por las que tanto estás luchando, que es mucho mejor que dar lástima. —Hizo una breve pausa durante la cual contuve la respiración, pensando que había reservado un chascarrillo para el cierre—. Deja de hacerlo.

Sabía que debía seguir respirando sin apartar la mirada, pero no podía. ¿Quién sería si me veía con los ojos de Max?

Una tarde de marzo estaba en el despacho comiendo pasas (luchando todavía con el estreñimiento) cuando recibí un mensaje al correo del trabajo. «¿Te gustaría ir a tomar algo?» Era de Alex, que vivía en el mismo edificio que yo, solo que cuatro pisos más arriba. Habíamos coincidido en el elevador una mañana, no hacía mucho, de camino al gimnasio, y me comentó que era asociado júnior en un bufete de abogados de renombre, igual que yo. Eligió una caminadora cerca de la mía y estuve observando cómo se movían sus piernas delgadas reflejadas en el espejo. Nada de grasa corporal, complexión perfecta, respiración fluida a pesar de ir a dieciséis kilómetros por hora. Su belleza física me distraía tanto que tuve que irme a las bicicletas.

Me tapé la boca con ambas manos para ocultar la alegría que me había dado esa invitación. Aquello podía ser ese algo grande que estaba esperando.

26

Quedamos de vernos el lunes siguiente al salir del trabajo en un pub irlandés cercano. Y lo que es mejor: se me pasó el estreñimiento. Poco menos de una hora después de recibir el mensaje de Alex mi intestino volvió a la vida.

Alex y yo comparamos evaluaciones sobre nuestras carreras incipientes como abogados («Es un fastidio tener que revisar tantos documentos») y compartimos un pastel de carne para cenar. Cuando llegó el plato cubierto con una gruesa capa de puré de papa con unos misteriosos bultos cafés flotando debajo, dudé por un microsegundo. Pero podía conseguirlo: podía comerme un plato de otro país con aquel hombre guapísimo.

Fui al baño y llamé a Rory para contarle que estaba en una cita con un vecino que se parecía a Brad Pitt, aunque más alto y aseado.

—¿Es gay? —me preguntó.

—Es posible.

Se había criado con su madre y tenía dos hermanas, así que tenía sentido que no rebosara masculinidad. ¿Qué secreto ocultaría el corazón de este hombre tan bello que pudiera hacerme daño más tarde?

Alex y yo estuvimos enviándonos correos electrónicos durante toda la semana, y yo le mostré la mejor versión de mí. Le mandaba respuestas ingeniosas. Bromas sobre cultura pop y la vida en un gran bufete de abogados. Esperaba siempre un par de horas antes de contestar a los correos, aunque tenía las respuestas preparadas en segundos. Traté de crear una Christie que le atrajera. Esto es lo que yo creía que podía gustarle a un hombre tan atractivo y centrado como Alex: chistes ligeros, inteligencia, ambición, independencia. Y según su índice de masa corporal, un compromiso con el ejercicio físico. Yo poseía todas esas cualidades, las sacaba a relucir delante de Alex y se las servía en dosis equilibradas en cada misiva. Los altibajos emocionales los dejé aislados en la terapia de grupo.

Dos días después de la primera cita me pidió que volviéramos a salir: cena en un restaurante italiano y luego un concierto de música *jazz* en vivo.

La sala oscura estaba llena de parejas que parecían como mínimo una década mayores que nosotros. Alex y yo nos sentamos en una mesa apartada, bajo una fotografía de Billie Holiday de joven. Solo la mesa redonda en la que apenas cabían las dos bebidas nos separaba del pasillo, por donde corrían los meseros agobiados, llevando cocteles a las mesas que había a nuestro alrededor. Mientras un trío tocaba, Alex me tomó la mano y se puso a mover el pulgar al ritmo de la música contra mi palma.

Cuando el grupo se tomó un descanso entre actuaciones me hizo preguntas de seguimiento sobre las que me había hecho para conocernos en la primera cita.

—¿Te gustaría volver a vivir en Texas en el futuro?

—Ni loca.

Cuando me preguntó por qué, hice una pausa. Había varias respuestas. Podía decirle que no me gustaba el calor ni la política conservadora de la zona. O que sentía que debía sacarme de apuros yo sola en la ciudad a la que me había trasladado, y que volver a casa sería como admitir la más grande de las derrotas. O que no tenía ningún tipo de relación con los amigos que seguían viviendo en Texas, así que no tenía muchas ganas de volver. Todas aquellas respuestas eran ciertas, pero ver la curva de su sonrisa y aquella mandíbula perfecta que tenía me dio las fuerzas necesarias para contarle el verdadero motivo.

—Estoy demasiado unida a mi terapeuta. —Y ya que había sacado el tema del doctor Rosen, decidí seguir hasta el final—. Voy a terapia de grupo, así que estoy muy unida a todos mis compañeros de terapia.

No había necesidad de contarle que estaba yendo a dos grupos de terapia y a tres sesiones por semana. Me quedé observando la imagen de Billie Holiday cantando con un micrófono plateado de los antiguos. Dios mío, ¿qué había hecho? ¿Estaba dándole pistas de que estaba loca y tratando de asustarlo de forma inconsciente?

—Eso es genial —respondió Alex. Sonrió de una forma curiosa, como si le sorprendiera que le hubiera revelado algo tan vulnerable de mí. Se acercó un poco más—. ¿Quieres que te cuente algo mío muy personal?

Sonreí.

—Claro.

—Te dije que mis padres se divorciaron, ¿verdad?

Asentí.

—Pues lo que no te dije es que, después de divorciarse, se volvieron a casar. Entre ellos. Y luego se volvieron a divorciar. —Se quedó mirando el escenario vacío por un momento, y luego volvió a mirarme—. Fue una situación complicada.

—Te creo.

Lo que en realidad quería decirle era «Gracias». Quería agradecerle que entendiera la vulnerabilidad. Que me hubiera contado algo tan privado suyo. Que me hubiera demostrado que no pasaba nada por decir que iba a terapia en la segunda cita.

Mientras el grupo volvía a subir al escenario, Alex acercó su silla a la mía. Nos quedamos sentados en aquella sala oscura dándonos la mano, rozándonos con las rodillas y sumergiéndonos en la música. Noté una sensación cálida de seguridad que se instaló en mí tras la adrenalina de haberme arriesgado en el campo emocional. Así solía sentirme en la terapia de grupo tras compartir algo difícil y luego oír a mis compañeros decir que a ellos les pasaba lo mismo o que lo comprendían. Como aquella vez que le conté al grupo de mujeres que odiaba mis tetas y cada una me relató una historia distinta sobre su tortuosa relación con sus pechos.

Mi turno, tu turno. Primero uno y luego el otro.

Así era como se hacía. Así se construía una relación. Palabra por palabra. Historia por historia. Revelación por revelación.

Como en la terapia de grupo.

Después del concierto de *jazz*, me invitó a subir a su departamento.

—Quiero que veas las vistas desde el balcón que da al sur.

Me envolvió con un brazo mientras señalaba la Osa Mayor. Con el cielo estrellado como testigo, nos dimos el primer beso. Cuando presionó sus labios perfectos contra los míos, bebí de aquella luz estelar y se me iluminó el corazón. Después, me acompañó a mi departamento.

—Habrá más —afirmó y me besó de nuevo.

Si asistiendo a las sesiones del grupo avanzado iba a conseguir eso, no pensaba dejarlo nunca.

Alex era maravilloso. Nuestras citas eran todo lo que yo siempre había querido. Apenas podía creerme lo mucho que me gustaba pasar tiempo con él. Lo único malo era la pequeña ansiedad que me provocaba pensar en cómo hacer que durara. Agonizaba sobre cómo y cuándo se agriaría o implosionaría la relación.

Así que le hablé a los grupos de esa ansiedad.

—No va a durar —insistí—. Díganme qué puedo hacer para evitarlo.

—¿Puedes dejar de intentar controlarlo todo? —preguntó el doctor Rosen.

—No.

El doctor Rosen no lo entendía. Alex tenía un cuerpo perfecto, olía a desodorante deportivo fresco y yo podía anticipar que el sexo con él iba a ser el mejor del mundo. Si me dejaba llevar por esta relación y empezaba a creer que era real, ¿qué iba a pasar conmigo cuando saliera mal? ¿Y si eso me destruía?

—¿Puedes procurar no tener expectativas de fracaso?

—Lo intentaré.

Alex, que se había anotado a dos triatlones para ese verano y una maratón en invierno, salía a correr o en bici todas las mañanas antes de ir a trabajar y, después del trabajo, nadaba en el gimnasio o en el lago Michigan. Al mes de estar saliendo, empezó a invitarme para que fuera con él casi todos los días. Un sábado, llamó a la puerta a las seis de la mañana. Llevaba puesta una pechera para correr enganchada a la chamarra polar y las manos metidas en unos finos guantes negros. Enganchó otra pechera a mi camiseta y me pasó una botella de agua. En la línea de salida de la carrera de dieciséis kilómetros a la que nos había anotado, me frotó los hombros cuando se dio cuenta de que estaba temblando de frío. Aún había algunos cúmulos de nieve adheridos al suelo de los lados de la pista, y solo habían aparecido unos doscientos participantes en la carrera del lago, donde el viento prometía azotarnos las caras expuestas. Nunca había corrido una maratón de dieciséis kilómetros, pero mi cuerpo exudaba un nuevo tipo de energía desde que había empezado a salir con Alex: mitad ansiedad, mitad felicidad. Una voluntad vertiginosa a hacer cualquier cosa, como helarme el culo en aquella carrera, me hacía aceptar toda propuesta que me hiciera.

Cada vez que me acompañaba a cenar después del trabajo o que corríamos por el lago, un ligero optimismo me abrazaba el corazón, invitándome a dejar de pensar en el fracaso de la relación. Quizá no todas las relaciones tuvieran que terminar conmigo llorando sobre la alfombra de la sala de terapia. Quizá no todas las relaciones tuvieran que terminar. Quizá esta fuera a durar.

Después de la carrera, tenía las piernas destrozadas y me daban punzadas en el hombro, donde se me había clavado el brasier deportivo. Pero, con Alex, el dolor se transformaba en alegría pura.

Un lunes por la mañana, el doctor Rosen sostuvo una fotografía en alto para que todo el mundo la viera. Patrice se puso los lentes para ver de cerca y Max se inclinó hacia delante.

—Esto es desbloquearse —afirmó el doctor Rosen.

Era una foto mía y de Alex. Yo llevaba puesto un vestido de fiesta rosa y Alex, un smoking. Habíamos asistido a una gala de la compañía de danza Joffrey Ballet. En el teatro ensombrecido, los bailarines hacían piruetas envueltos con tul brillante mientras Alex sostenía mi mano entre las suyas. Me acerqué a él en el sillón de terciopelo rojo hasta que nuestras rodillas se rozaron. Durante la cena en el salón gigante bañado en oro del Hilton, me acarició la espalda y jugueteó con el cierre de mi collar. En la pista de baile, me estrechó mientras el grupo cantaba versiones de Otis Redding. Después, me volvió a besar en su balcón.

—Para mí ya eres mi novia —me dijo.

Yo me apoyé en él y suspiré.

La abuela Maggie señaló la fotografía y, luego, se tocó el anillo de bodas.

—Me parece que eres la siguiente, nena.

Estar con Alex, que rebosaba seguridad, me imbuía seguridad a mí también. Él hablaba de nuestros planes para el futuro sin ninguna dificultad. Una excursión en barco por el río Chicago con su empresa en junio. Un triatlón de carreras de velocidad en julio. Un viaje a Iowa para ir a ver a su hermana en algún momento del verano. Un show de comedia, un concierto, una excursión al zoológico. Actuaba como si tuviéramos un futuro, y yo empecé a imaginar que podíamos ser una pareja durante más de un par de meses.

—Ahora en serio, ¿dónde está la trampa? —les pregunté a mis compañeros de grupo y al doctor Rosen.

—Dínoslo tú —respondió Max.

Negué con la cabeza. La situación con sus padres parecía complicada, pero no parecía estar traumatizado ni asustado de las relaciones. La rutina de ejercicio que seguía rozaba la obsesión, pero nunca lo cansaba lo suficiente como para no tener sexo o no salir conmigo. Los libros que le gustaban me parecían un poco inmaduros, pero a mucha gente le encantaba Harry Potter, así que esa no era una razón válida para descartar a alguien tan maravilloso como Alex. El problema es que yo tenía miedo.

Una mañana, Alex y yo fuimos a desayunar antes de ir al trabajo. Nos sentamos en una mesa al lado de la ventana y nos dimos pedazos de panquecito el uno al otro. Actuábamos como esas parejas a las que yo solía menospreciar cuando estaba soltera o durante la mala época con Jeremy. En un determinado momento, me levanté para ir por servilletas y Alex me llamó al celular, que estaba enterrado en mi bolso, a su lado. El mensaje de voz que oí después hizo que mi corazón, siempre alerta y ansioso, se derritiera.

—Hola, chica guapa de la cafetería. Te llama tu novio. Piensa que eres toda una preciosidad.

Lo reproduje una y otra vez mientras pensaba en lo mucho que me iba a lastimar cuando todo se fuera a la mierda.

El doctor Rosen se convirtió en un disco rayado.

—Confía, *mamaleh*. Confía.

A medida que las semanas pasaban, a pesar de la poca ansiedad que aún sentía, dejé de estar estreñida y la alegría me invadió. Ambos grupos me felicitaban cuando les contaba los avances en las sesiones cada semana.

—La estabilidad te sienta bien —comentó el doctor Rosen.

—Espero que sepas que tienes esa relación gracias a este grupo —bromeó Max—. En los otros dos te fue fatal, llegaste a chupar un pene sucio y te dejaron por no ser judía. De nada.

Lorne alzó los pulgares y Brad calculó el valor neto combinado que tendríamos Alex y yo gracias a nuestra profesión. La abuela Maggie me dio unas palmaditas en la mano y susurró:

—Lo sabía.

Yo sonreía y resplandecía. La mañana de julio que marcaba mi sexto *mesiversario* con el grupo de los lunes y jueves, anuncié que quería quedarme con ellos. Para siempre.

—Vaya, qué bien... —contestó Max fingiendo estar irritado.

—Te puedes quedar —aceptó Lorne—, pero yo no pienso ponerme un traje para tu boda. Si no puedo ir con jeans, no asistiré.

Me guiñó un ojo desde el otro lado del círculo.

Les sonreí a todos los miembros del grupo avanzado. Alex y yo teníamos una relación sexual, sólida y sana, y gran parte de ello lo había conseguido gracias a ellos.

—Mamá —dije cuando la llamé un domingo por la tarde para ver cómo estaban—, conocí a alguien. Es un tipo genial. De verdad. Este fin de semana corrimos juntos una maratón de dieciséis kilómetros.

Bailé por el departamento mientras se lo contaba todo. Había empezado una nueva vida, una donde Christie era una mujer que disfrutaba de su novio aseado, funcional y atento. Donde Christie era una mujer con la que valía la pena pasar tiempo y a quien había que prestarle atención. Por fin podía poner mi historia disfuncional en su sitio: en el pasado.

—Qué maravilla, cielo. Pareces estar muy feliz.

—Sube, estoy preparando chili con carne —me invitó Alex una noche. Había picadillo y había echado unos tomates en conserva en una pequeña olla. El aroma a comino flotaba en el ambiente. Lo rodeé con los brazos por detrás. Él siguió removiendo la mezcla.

—¿Sabes cuál es el ingrediente secreto? —me preguntó.

Yo negué con la cabeza.

—¿De verdad no lo sabes?

Agachó los hombros y en su rostro se formó una expresión confusa y casi dolida.

¿Había olvidado un chiste relacionado con el chili? ¿A Harry Potter le gustaba el chili? No quería decepcionarlo, pero lo único que se me ocurría era un chiste de mal gusto sobre pedos.

—Dime cuál es.

—El amor —afirmó—. El ingrediente secreto es el amor.

Me comí dos platos.

—Por Dios —espetó Lorne cuando presumí en el grupo sobre el amor que Alex le había puesto al chili—. Qué cursi es ese tipo.

Giré la silla hacia Lorne y di una patada al aire.

—¡No lo estropees! Fue adorable.

—Cursi.

—Lo que te pasa es que estás celoso.

—¿Del chili cursi de Alex?

—Tuviste que comprarle un anillo gigante de Cartier a Renne, y Alex solo tuvo que prepararme chili con carne.

—Pero ¿tú te oyes?

Un domingo, Alex y yo nos despertamos a las cinco de la mañana, antes de que el sol comenzara a brillar desde el otro lado del lago, para hacer un recorrido de cuarenta y ocho kilómetros por la carretera que lo bordeaba. Nos pusimos los shorts de ciclismo y tomamos un montón de Gatorade. Cuando nos bajamos de las bicicletas para tomar un desayuno tardío compuesto de huevos y panecillos, teníamos la espalda engarrotada y caminábamos con paso inestable.

—Sube —me pidió.

Nos besamos sobre su cama de latón. Nos pesaba el cuerpo por madrugar y las horas de pedaleo. Me quitó los shorts. El sol de mediodía se extendía sin ningún pudor sobre las sábanas blancas y limpias. Su piel sabía a sal, y me entraron ganas de comérmela. Me penetró. Me vine una y otra vez.

Aquel hombre dulce lloraba con *Los miserables*. Me había enseñado lo bello que era ver el amanecer sobre el lago Michigan desde una bicicleta. Llenaba la comida con amor y me la ofrecía. Era un hombre sin bordes afilados que pudieran hacerme daño. Le entregué mi cuerpo y mi corazón. En mi mente, Alex y el nuevo grupo formaban una hélice doble que se entretejía alrededor de mi corazón estriado.

—Este es el definitivo —sentenció Marnie después de cenar *sushi* con Alex y conmigo.

Clare dijo lo mismo. También Patrice y el doctor Rosen.

—Me gusta mucho —les dije a los grupos y a mis amigos.

No paraba de decirlo y de sonreír tanto como podía cada vez que lo hacía. Dormía como un león.

A mediados de julio, asistimos a la boda de mi amiga Kathryn, la paciente del doctor Rosen que me había rentado el departamento en el edificio de Alex. Kathryn se casó con Jacob, un hombre que había conocido en uno de los grupos de Rosen. Al otro lado de la sala, en una mesa para cuatro, el doctor Rosen y su mujer se comían el solomillo que les habían servido y sonreían cuando los pacientes iban a saludarlo. Cuando se acercaron a la fuente de chocolate, le presenté a Alex al doctor Rosen. Cuando se dieron la mano, vi que la expresión del doctor Rosen se llenaba de calidez y amabilidad. Una sensación de plenitud me invadió el pecho. Nunca me había sentido tan plena. «Christie», dijeron. Percibí amor y lo reclamé como mío. Una alegría apremiante creció en mi interior como si fuera algodón de azúcar.

Esa noche, a oscuras en mi habitación, Alex me quitó el camisón de algodón blanco. Me sentí como si me cayera y me recogieran una y otra vez. Se echó hacia atrás.

—Eres preciosa —dijo—. Soy tan feliz —continuó.

—Te quiero —le respondí mientras sujetaba su bello rostro entre las manos.

Al día siguiente, en el grupo del lunes por la mañana, me senté con orgullo y dejé que el sol que entraba por la ventana que daba al oeste me bañara los brazos. Esbocé una sonrisa enorme.

—Le dije que le quiero.

—Y ¿él te contestó lo mismo? —preguntó Lorne.

—No con tantas palabras.

Brad y Max intercambiaron una mirada rápida. La abuela Maggie se miró las manos. Traté de ahogar aquella duda fugaz en lo más profundo de mi ser. Recordé la sensación que me había producido el contacto de su piel contra la mía. Pues claro que eso era amor.

A finales de julio, me fui de viaje con Patrice y su familia a San Petersburgo. Lo teníamos planeado desde antes de conocer a Alex. El departamento en Nevsky Prospekt estaba infestado de mosquitos que me dejaron unas horribles marcas rojas en las piernas y los brazos. Extrañaba a Alex por las noches, mientras observaba la luna y me rascaba las ronchas. Durante el día, entraba a algunos cibercafés para revisar el correo electrónico. Se me retorcía el estómago cada vez que no me llegaban noticias de Alex. Pasaron dos, tres y cuatro días, y nada. Para entonces, estaba tan agobiada que apenas podía comer. ¿Por qué no me escribía? ¿Acaso no estábamos unidos? ¿Aquello no era amor?

—No va a volver —le lloré a Patrice en la puerta del museo Hermitage. Ella colocó el brazo sobre mis hombros y me animó a disfrutar de las vistas: un artista callejero con una casetera portátil que lograba que un oso negro encadenado bailara *Girls Just Want to Have Fun*, de Cyndi Lauper.

—No puedo. Me duele la panza. —Me agaché para rascarme un cúmulo de picaduras que tenía en el tobillo—. Odio Rusia, sus estúpidas casas, los malditos mosquitos y los estúpidos osos bailarines.

En Rusia tenía frío, todo me daba asco y me sentía alejada de todo lo importante. Sola y olvidada. Me rasqué hasta que me sangró el tobillo. La sangre y la piel se me mezclaron bajo las uñas. Patrice me acarició la espalda en círculos y me ofreció un trozo de chocolate negro. Cerré los ojos y extrañé la terapia de grupo, donde podía llorar, enojarme y dejar salir todos los sentimientos que quisiera.

—Le he estado dando muchas vueltas mientras estabas en Rusia.

Alex y yo caminábamos por Dearborn después de una carrera de ocho kilómetros para la Legal Aid Society. Tenía el cuerpo flotando en el espacio, en algún punto entre Rusia y Chicago, destrozado por el *jet lag* que me hacía sentir como si estuviera borracha.

—La cuestión es que sé que no eres la definitiva.

Siguió caminando por Dearborn sin aminorar el paso ni mirarme.

No, no, no. Traté de respirar por la nariz para suavizar el tono.

—¿Qué quieres decir?

—Pues que lo sé. No eres la persona con la que se supone que debo estar.

El aire húmedo de agosto me sacudió los brazos. Noté el sabor del plátano que me había comido después de la carrera, cuatro manzanas atrás. Las perlas de sudor del cuello se volvieron frías como el hielo.

Cuando llegó al vestíbulo, se paró a revisar el correo mientras yo temblaba como un gato callejero junto a los elevadores. ¿De verdad tenía que ponerse a hojear la cuenta de su Visa y el folleto del supermercado en ese momento?

Cuando el elevador llegó, yo entré, pero él dio un paso atrás para esperar al siguiente.

Llevé los trozos de todos los platos que había roto esa noche al grupo de los lunes por la mañana y los dejé caer en el centro del círculo. Había fuentes de cerámica de Acción de Gracias compradas en Walgreens, vasos de Ikea, el frutero celeste que compré en un *outlet* con Carlos. Lo había metido todo en una bolsa de doble capa de Macy's que luego cargué al hombro mientras recorría a pie el kilómetro y medio que separaba mi departamento de la consulta del doctor Rosen. El borde afilado de un plato llano atravesó la bolsa y me arañó la piel de la pantorrilla mientras cruzaba la avenida Chicago. Un hilo de sangre me bajó por la pierna y se metió por dentro de mis zapatillas negras.

—Me dejó —le dije al grupo que había metido a Alex en mi vida. Necesitaba que me recogieran porque me estaba cayendo de verdad—. No soy la definitiva.

Las lágrimas corrieron mejillas abajo, con suavidad y sin descanso. Patrice se levantó de la silla, me obligó a ponerme de pie y me envolvió con los brazos.

—Lo siento mucho.

El doctor Rosen se inclinó hacia mí como si fuera a contarme un secreto.

—*Mamaleh,* seguro que solo se asustó cuando te fuiste a Rusia.

No, se había ido para siempre. La bomba que imaginé que yacía bajo aquella piel suave y aquellas hermosas costillas había explotado. Estaba destrozada.

—¿No los he decepcionado? Todos pensaban que Alex sería el definitivo para mí.

Miré a todas las personas del círculo. La mirada preocupada de Max. Las atentas de Lorne y Brad. La abuela Maggie, que siempre me señalaba su anillo de bodas y me llamaba «nena», ahora negaba con la cabeza con tristeza. Patrice, que ahora volvía a pasarse el rato de terapia consolándome. Y, por supuesto, el doctor Rosen, que aún creía en esta pequeña *mamaleh*, aunque hubiera roto todos los platos (otra vez) y se hubiera hecho una cortada en la pierna de camino a la sesión de terapia.

—No sabemos si no lo es.

¿El doctor Rosen era un optimista empedernido o un lunático delirante?

Cuando salí de la terapia tras la plegaria y los abrazos, Lorne, Brad y Max me invitaron a desayunar con ellos.

—Pero ni se te ocurra traerte la maldita bolsa de platos rotos —objetó Max, así que la dejé en la sala de terapia.

Me comí unos huevos mientras ellos tomaban café. Hablamos de estupideces sobre el vestuario del doctor Rosen y especulamos sobre su matrimonio con la elegante señora Rosen, a quien veíamos a veces en el pasillo tras las sesiones de los jueves. Cuando me quedé distraída mirando a la nada, pensando en Alex, el chili y la cama de latón, Lorne tronó los dedos ante mí.

—¡Tierra llamando a Christie! Cómete los huevos y dinos qué piensas de la mujer del doctor Rosen.

A las diez, me levanté de la mesa.

—Tengo una conferencia dentro de media hora —me excusé.

Tomé una servilleta por si me daba por llorar de camino al trabajo. Los tres se levantaron para abrazarme. Lorne me recordó que Alex era un «cursi de mierda». Max me instó a que pidiera una vajilla nueva con entrega rápida. Brad, que me había invitado a los huevos, se ofreció a acompañarme hasta la oficina. Cargó mi bolsa de trabajo a lo largo de las seis manzanas y, en cada semáforo, me aseguró que volvería a encontrar el amor. Se quedó conmigo incluso cuando me puse a llorar en la calle.

En el trabajo no había ningún miembro del grupo que pudiera distraerme o consolarme, así que lloré sin molestarme en cerrar la puerta. Raj, un compañero de trabajo, se pasó por el despacho varias veces para ver si aún seguía llorando a moco tendido. Si lo estaba haciendo, cerraba la puerta y se ponía a especular sobre la vida sexual de los socios hasta que me arrancaba una sonrisa. Tenía un pequeño reproductor de CD debajo de la mesa en el que reproduje *Riverdance* en repetición. Las horas de trabajo fueron pasando mientras escuchaba las hechizantes canciones celtas que concordaban con mi humor. Presioné la punta de latón de un abrecartas contra la yema de mi dedo índice. La piel no se abrió, pero aquella punzada de dolor me calmó. Era capaz de hacerme sangre si era necesario.

Me pasé la sesión de terapia del martes llorando. Apenas fui capaz de pronunciar una frase coherente. El jueves, me senté a la derecha del doctor Rosen con el bolso en el regazo para poder presionar la punta del abrecartas contra la yema del dedo índice. Aunque, como era de esperar, era imposible ocultar nada en aquellos dieciséis metros cuadrados. El objetivo de ir a terapia de grupo era tener testigos, dejar de ocultarse.

El doctor Rosen me extendió la mano, con la palma abierta.

—Dame el arma. —Yo negué con la cabeza—. Quiero que me la des.

Se la entregué porque no quería hacerme daño. El doctor Rosen apartó el abrecartas y me sostuvo la mano. Se lo permití porque quería que me salvara de mí, de mi atracción por los objetos afilados que me hacían sangrar, de los hombres que no me amaban, de mi enfermedad mental, fuera cual fuera. Quería que me salvara el corazón, que parecía que nunca se iba a rayar lo suficiente como para crear un vínculo duradero. Iba a morir así: pagándole a alguien para que me diera la mano mientras el último soplo de vida abandonaba mi ser. Aquello que siempre había notado que me fallaba me hizo sentir peor que nunca. No era capaz de mirar a nadie a la cara, solo a los pies. Los tenis caros de Max, los Ecco con rayas café de Lorne, las zapatillas blancas con suela gruesa de la abuela Maggie, las New Balance grises de Brad y los zapatos planos azul marino de Patrice. Era lo único que podía obligarme a mirar.

—No llores sola. Pasa todo el tiempo que puedas con tus compañeros de grupo —me aconsejó el doctor Rosen. Desplacé la mirada de un par de zapatos a otro.

—A Renee le inducen el parto este fin de semana. Ven al hospital —me invitó Lorne.

—Ven a cenar con nosotros el sábado —propuso Patrice—. Puedes quedarte a dormir si quieres.

—Tengo entradas para la ópera, y a William no se le antoja ir —sugirió la abuela Maggie.

Lloré en el supermercado. Lloré en el trabajo. En el tren. En la sesión de terapia. En casa. En el sofá de Marnie. En el sofá de Patrice. Cuando hablé por teléfono con Marnie, Marty, Patrice y Rory. Fui al hospital a conocer al bebé de Lorne y lloré cuando subí y cuando bajé del piso de Maternidad, asustando a todas las enfermeras que estaban de guardia. Acudí a una cita con la ginecóloga para una revisión y me puse a llorar cuando me preguntó si necesitaba anticonceptivos. Preocupada, la doctora Spring dejó el bolígrafo y me recomendó ir a terapia.

Todas las mañanas me despertaba con un violento calambre en el estómago. Diarrea. Una mañana fui incapaz de aguantar hasta llegar al baño y me hice encima de mi piyama de algodón favorita, en medio de la sala.

El doctor Rosen me había prometido que aquello no duraría para siempre, lo de llorar y cagar tanto. Le creí en un primer momento, pero luego ya no. La vergüenza me consumía. La vergüenza que me causaba haber perdido el control por culpa de una relación de cinco meses. La vergüenza que me provocaba perder la cabeza por un hombre atractivo con el que me había acostado veintisiete veces. La vergüenza por haber asistido a casi trescientas ochenta sesiones de terapia. Había pasado más de treinta y cuatro mil minutos con un terapeuta de primera división y mi corazón seguía defectuoso e incapaz de crear vínculos.

27

—¿Tienes el pasaporte en regla?

Jack, un compañero de mediana edad con lentes de cristal grueso y una risa simpática, metió la cabeza en mi despacho, donde garabateaba una nota sobre el caso de la empresa de bebidas que llevaba. Paré la música de *Riverdance* y me enderecé. Era agosto de 2005 y en un par de días iba a cumplir dos años trabajando con Skadden.

—Hasta 2014.

—¿Hablas alemán?

—*Nyet?*

—Eso es ruso.

—Entonces no.

—No importa. Tenemos un asunto nuevo entre manos. El Departamento de Justicia está involucrado, así que tenemos que actuar cuanto antes. ¿Puedes salir el domingo?

—¿Para Alemania? Por supuesto.

Era la mejor noticia que había recibido en mi vida. Había dejado mi profesión un poco de lado durante los meses que había estado corriendo, yendo en bicicleta y comiendo chili. Jack era una máquina de hacer dinero y su protegido estrella estaba a punto de convertirse en socio del bufete. Si lo impresionaba, tal vez pudiera pasarme lo mismo. Una llama me ardió en el pecho: me habían elegido. Daba igual que hace años llamara al doctor Rosen con el propósito expreso de construir una vida llena de relaciones sociales en lugar de un trabajo bien pagado.

—En la reunión de socios, hemos discutido qué asociados no tienen compromisos tales como parejas o hijos, y tu nombre fue el primero que surgió.

—Excelente. —La sonrisa se me congeló en la cara.

Dos días después acudí a la reunión del jueves, sonriendo por primera vez desde hacía un tiempo.

—No te reconozco sin lagrimones y objetos afilados —bromeó Max.

—El bufete me manda a Alemania. Tendré que ir allí cada dos semanas durante los próximos meses. O quizá más.

Todos asintieron, impresionados. Era evidente que me imaginaban ascendiendo por unas escaleras de piedra hacia el imponente edificio del Tribunal Supremo alemán por el día y levantando una jarra de cerveza en la Hofbräuhaus por la noche.

—Tienes la oportunidad de centrarte en tu vida profesional —comentó el doctor Rosen mientras movía la cabeza con gesto de aprobación—. Ahora puedes dejar de fingir que no tienes interés en hacerte socia del bufete y admitir que quieres alcanzar el éxito tanto en tu trabajo como en...

Me tapé los oídos.

—Odio que hagas eso.

Desde el punto de vista profesional, tenía éxito y siempre lo tendría porque sabía cómo dejarlo todo para hacer las cosas bien. Ya era la mejor de la clase antes de aterrizar en Rosenlandia. Había aprendido a lamerle el culo a los socios y sabía tratar al personal de apoyo como seres humanos que merecían respeto. Sabía cómo reírme con mis compañeros durante la hora feliz y cómo estrecharles la mano a los clientes cuando la Comisión de Bolsa y Valores amenazaba con emprender acciones legales.

Mis relaciones personales guardaban un buen puñado de fracasos.

—Céntrate en mi vida personal, amigo. No te desvíes.

Aquella noche llamé a mi madre sin ninguna razón aparente. Solíamos hablar una o dos veces al mes, normalmente los domingos cuando ella y mi padre volvían de misa. Quería contarle lo de Alemania, pero lo primero que me salió fue que estaba aterrorizada de que pudiera sufrir algún problema grave, algo que me impidiera formar una familia propia.

—Estoy muy sola —le dije a mi madre entre lágrimas por primera vez en mi vida adulta. Nunca habíamos hablado de mi aislamiento de la familia ni del miedo que tenía de terminar sola. Mi plan era que el doctor Rosen me arreglara para que pudiera presentarme ante ella como la hija que, después de todo, no estaba tan jodida. Pero al ritmo que aquello iba acabaríamos muriéndonos las dos.

—Preciosa, yo me sentía igual.

Me senté en el sofá y me limpié la nariz con la manga. Según tenía entendido, mis padres se conocieron en una fiesta de vóleibol y el resto (sus tres hijos y el rancho de ladrillos rojos que se convirtió en su hogar) era historia. Me resultaba imposible imaginarme a mi madre, con su cabello corto de finales de los sesenta y su trabajo como cajera de banco en Dallas después de la universidad, acurrucada bajo una manta y preocupada por morir sola.

—Yo era igual que tú. Todas mis amigas estaban casadas, empezaban a quedarse embarazadas, y yo creía que eso nunca me iba a pasar a mí. Seguía soltera con veintiséis años, y en 1970 a esa edad ya se te estaba pasando el tren. Tenía la sensación de que nadie me quería.

¿Era genético? Por alguna razón, me sentí entusiasmada; puede que aquello no fuera solo culpa mía. A lo mejor no era falta de imaginación, feminismo o voluntad. La creencia de que algo en mi interior no funcionaba en lo que respecta a las relaciones era algo que compartía con mi madre, como los ojos cafés y el miedo terrible a los tratamientos dentales. Tal vez pudiera parar de escapar de aquello. Tal vez no tenía que ocultarle nunca más la tristeza y la confusión que sentía. No estaba preparada para contarle que asistía a terapia la increíble cantidad de tres sesiones de grupo por semana, pero era un alivio compartir parte de mi estado emocional.

—¿Quieres que vaya a Chicago?

Su ofrecimiento me hizo llorar aún más. Necesitaba sus cuidados maternales, pero no soportaba la idea de que volara hasta Chicago. Me bastaba con que se hubiera ofrecido y ya no tuviera que esconderle mis mayores miedos.

Nunca vi la Autobahn ni un tribunal alemán. Lo que vi en Alemania día tras día fue una sala enorme sin aire acondicionado en un edificio de oficinas de cuatro pisos anodino en medio de un campo a las afueras de Augsburgo. Los lejanos mugidos de las vacas me llegaban en los momentos en los que había un silencio inesperado. El fuerte olor a estiércol también lograba colarse hasta el espacio de trabajo del segundo piso, donde los abogados y asistentes jurídicos de Alemania, Chicago y Atlanta trabajábamos codo a codo en mesas kilométricas. El bufete era tacaño con el papel higiénico, así que tenías que ir al baño antes de las tres de la tarde si querías limpiarte.

El momento álgido del día era la comida en la cafetería del personal, donde el alimento principal era la salsa de carne. Estaba prácticamente en todas partes: en los platos principales, las guarniciones, las ensaladas... Café, viscosa, grasienta e insípida.

Odiaba Alemania. Odiaba mi trabajo. Odiaba mi vida.

Daba gracias por estar ocupada, pero en los recesos

entre tarea y tarea me quedaba mirando el reloj y calculaba la hora de Chicago. Un martes por la tarde usé el teléfono del bufete para llamar al celular de Rory mientras estaba en terapia. No contestó.

Aquella noche, sola en el hotel alemán, me derrumbé sobre la cama. Creía que nos alojaríamos en un elegante hotel de cuatro estrellas, pero en lugar de eso estuvimos en la versión alemana de una cadena hotelera de segunda, aunque faltaba el personal amable y que hubiera un McDonald's al lado. En la ducha, la temperatura del agua era poco más que tibia. Extrañaba mi casa, donde por lo menos estaba hirviendo.

Lo único que pasaban en la tele eran noticias sobre los posibles desastres del huracán Katrina junto con imágenes alarmantes de aguas turbias en ascenso y gente desplazada apiñada en edificios de Nueva Orleans... y porno hardcore alemán. El servicio de habitaciones era mi última esperanza. La supuesta pizza que pedí era un montón de queso blanco a medio derretir sobre un pan pita insulso que nadaba encima de un manchón de cátsup. Me arrastré bajo las sábanas, temblando debido al agua tibia de la regadera y, por suerte, el sueño me liberó de la realidad.

El tintineo de unos vasos y una risa ahogada me despertaron poco menos de una hora más tarde. Levanté la persiana y vi que justo debajo estaba la piscina, un bar abierto y una docena de personas comiendo aperitivos y bebiendo desnudos. Mi habitación estaba justo encima del *Schwaben Quellen*, que al parecer significa «comer *schnitzels* y beber Heineken como Dios te trajo al mundo».

Llamé a la operadora internacional y le di el número del doctor Rosen. Al otro lado del Atlántico, estaría presente en la última sesión en grupo del día, así que no tardaría mucho en revisar el buzón de voz de la consulta.

Ping.

—Hay gente desnuda bebiendo alcohol fuera de mi habitación. No puedo seguir con esto. Llámame, por favor. Por favor. —Le di el número al que me podía llamar.

A las dos de la madrugada de Alemania (las siete en Chicago), acepté la cruda realidad: el doctor Rosen no iba a llamarme. Me acurruqué bajo el áspero edredón y cerré los ojos. «¿Cómo se atreve a abandonarme?» Me erguí de nuevo y le pedí a la operadora internacional que volviera a conectarme.

Ping.

—¡Enséñame el maldito artículo de la *Revista de la Asociación Médica Estadounidense* en el que ponga que los médicos no pueden ayudar a sus pacientes a través de una llamada internacional! ¿No podrías reservar cinco minutos de tu tiempo para demostrarme que sigues ahí? Te habría pagado los gastos extras, por si lo dudabas. ¡Imbécil!

Estampé el auricular al colgar. Que se vaya a la mierda. Después de todo el dinero, el tiempo y la confianza que había depositado en él por voluntad propia..., ¿no tenía nada para mí?

El viernes, en la sala de reuniones de Augsburgo, Jack realizó una votación a mano alzada: ¿quién quiere volver a casa? Aquellos que se fueran pondrían al día al equipo de Chicago y volverían a la semana siguiente. La mayoría de los asociados querían quedarse por las visitas del fin de semana a las tabernas al aire libre y la Selva Negra. Faltaban pocos días para celebrar el Oktoberfest. Yo levanté la mano enseguida, bien alta y recta. «Mándame a casa.»

Llegué al aeropuerto tres horas antes, pero me habían cancelado el trayecto Augsburgo-Frankfurt. Una mujer oficiosa del mostrador de United Airlines me ofreció un vuelo al día siguiente. Negué con la cabeza. No. Compré un billete de tren para Frankfurt y reservé un vuelo posterior para Chicago. Aunque tuviera que cruzar Alemania a rastras, iba a volver a casa.

Una hora después, le entregué al revisor del tren el billete sin ni siquiera levantar la vista. Había tomado una decisión: cuando volviera a las reuniones de grupo, dejaría al doctor Rosen. El dolor y la rabia que sentía no eran abrasadores y feroces, sino gélidos y afilados. Una decisión tomada. Un contrato firmado. Una puerta cerrada con llave. Si iba a hundirme del todo, dejaría que los pies tocaran el fondo. El doctor Rosen me había demostrado que no podía atenderme cuando más lo necesitaba, así que ya no quería estar bajo sus cuidados. Llamaría a Linda o a Francis. Me buscaría un terapeuta de verdad. Uno al que le importara algo.

Me pegué a la ventanilla, pero no me fijé en el paisaje campestre alemán que pasaba a toda velocidad. Se suponía que a estas alturas debía estar mejor. Nadie salvo yo había progresado tan poco tras tanto tiempo de tratamiento. Los otros miembros del grupo venían y mejoraban. Sus carreras se disparaban en direcciones nuevas y prometedoras. Saldaban sus deudas. Sus hijos se graduaban y se iban a la universidad a estudiar humanidades. Se iban a vivir con sus novios. Se casaban. Tenían bebés.

Y luego estaba yo. Las relaciones se me seguían escapando entre los dedos por muchos grupos a los que me uniera. Vaya idiota. A lo mejor el doctor Rosen estaba molesto conmigo porque le había arruinado el récord. Era el caballo cuarto de milla que se suponía que debía ganar, pero no podía ni dar una vuelta entera a la pista. Que alguien me diera un tiro. Había vuelto a la misma casilla en la que me hallaba antes de llamar al doctor Rosen, pero ahora estaba mucho peor porque había aprendido a sentir más las cosas. A sentir todas aquellas palabras de tres sílabas o menos: *enfado*, *dolor*, *soledad*, *vergüenza*.

Saqué el BlackBerry para avisar a alguien que llegaría a Chicago seis horas más tarde de lo planificado. Pero ¿a quién? Podía decirles a mis padres que ahora mismo iba en tren y no en avión, pero eso me hacía parecer una fracasada de treinta y tres años. ¿A quién le importaba dónde estuviera en aquel instante? A nadie. Absolutamente a nadie.

Le envié un mensaje al doctor Rosen: «Lo siento mucho. Lo intenté, de verdad. Te juro que lo intenté».

En la reunión del lunes por la mañana, no pronuncié ni una sola palabra durante los primeros setenta y cinco minutos de los noventa que duraba la sesión. Todos parecían captar que necesitaba espacio. Noté que Max y la abuela Maggie me miraban fijamente, pero no me dijeron nada. Carecía de la energía necesaria para romper con el doctor Rosen. Iba a requerir demasiadas palabras, y provocaría demasiada discusión. Por ahora, iba a flotar hasta que la cabeza volviera a aterrizar sobre mis hombros.

—No estaré aquí la semana que viene —dijo Patrice al cinco para las nueve—. Tengo un congreso en San Francisco.

El doctor Rosen sacó la agenda azul que guardaba en el bolsillo, una práctica habitual cuando alguien anunciaba que no asistiría a alguna reunión. Una vez le pregunté por qué siempre apuntaba las ausencias en aquella libretita, y me contestó que le preocupaba dónde estábamos. Recordé la época en la que me lo creí.

Me miró con el bolígrafo preparado, esperando a que anunciara cuándo volvía a Alemania para que pudiera escribir mis iniciales en las casillas del lunes, el martes y el jueves. No dije nada. La cabeza se me hundió hasta el fondo.

El doctor Rosen enganchó el bolígrafo a la agenda y se aclaró la garganta.

—Debo compartir una cosa con ustedes.

Sus labios eran una línea recta, y su mirada denotaba gravedad. Sentí cómo me miraba, pero centré los ojos en los tenis de Brad.

—Cuando recibí tu último correo, Christie, por primera vez en toda la terapia —hizo una pausa y miró a los demás—, temí por tu seguridad.

¿Había acobardado al impávido doctor Rosen? ¿El tipo que pensaba que todo era material útil e hilarante para el crecimiento emocional?

—Normalmente, estás llena de pasión y furia. —Agitó las manos de forma espasmódica y sacudió la cabeza adelante y atrás, imitándome—. Gritas, echas espuma por la boca y te indignas. Pero esta vez ha sido diferente. Me has asustado.

No debía de ser bueno asustar a tu terapeuta.

Un recuerdo me atravesó la mente: dos veranos atrás, me pasaba los siete días de la semana inclinada sobre guías de estudio para preparar el examen de abogacía, y cuando tenía tiempo libre me aferraba a la relación con Jeremy, que se consumía sin remedio.

—¿Puedo tomar uno de esos? —pregunté señalando el montón de peluches variopintos que el doctor Rosen guardaba en la habitación—. Podría dormir con uno en casa de Jeremy, cuando esté demasiado ocupado jugando a videojuegos para dormir conmigo.

El doctor Rosen abrió las palmas de las manos como diciendo «Adelante», y Carlos me jaló un osito café desgastado. Me lo coloqué bajo la barbilla y fingí dormitar.

—Perfecto.

Un domingo por la noche de aquel mismo verano, mi prima más pequeña (a la que le solía cambiar los pañales cuando era una bebé) me llamó para decirme que ella y su prometido habían firmado un contrato de compra por una casa en Houston. Cuando colgué, me consumió la vergüenza. Ni siquiera sabía que estaba comprometida. También me morí de envidia al ver cómo avanzaba en su vida, mientras que mi novio era incapaz de alejarse de la pantalla de la computadora. Ahora todo mi árbol genealógico estaba compuesto por parejas. Yo era la única que seguía colgando solitaria de una de las ramas.

Aquella noche, cuando Jeremy se durmió, me senté en la oscura sala de su departamento, decorando mentalmente la casa nueva de mi prima: una mesa de comedor rústica, una cama de estilo Imperio en el dormitorio principal... Mientras me imaginaba su vida perfecta, la luz de un farol atravesó la ventana y arrojó la claridad justa para advertir unas tijeras con mango naranja sobre el escritorio de Jeremy. Las tomé y le corté el brazo derecho al osito de peluche. El martes siguiente, tiré al suelo en medio del círculo al oso desmembrado y una bolsa hermética con el relleno del brazo.

El doctor Rosen lo miró, absorto.

—Mi prima pequeña se compró una casa. De dos pisos.

A aquellas alturas, el grupo estaba acostumbrado a mis arrebatos, pero el doctor Rosen permaneció quieto, petrificado como el cemento.

—Parece molesto —comentó Rory con voz angustiada.

—¿Por qué se le contrae la mandíbula? —intervino Carlos.

El Coronel tomó el oso manco, y algunas bolas de relleno blanco y mullido cayeron sobre el suelo.

—¿Por qué estás tan raro? —le pregunté al doctor Rosen.

Desde luego no parecía hinchado de orgullo. Lanzó un suspiro, comenzó a hablar y volvió a moverse en la silla. Me lo imaginé abriendo la boca y espetando: «En buen lío te has metido».

—Has destruido algo que me pertenece. ¿Qué significa eso para ti?

—Significa que, en comparación con mi familia, soy una fracasada que está más sola que nadie. Todos ellos están encaminados hacia una vida en pareja...

—¿Y el oso?

Busqué en mi cuerpo el sentimiento que el doctor Rosen seguía buscando. Sabía que estaba en un buen lío. La vergüenza me revolvió el estómago.

—Tomé lo primero que vi.

El doctor Rosen no parpadeó ni se ablandó.

—El oso me representa, a mí y al grupo. —Señaló al resto de los miembros—. ¿Estás dispuesta a abrir los ojos y ver lo que significa que hayas usado unas tijeras con él?

—Pero si ya rompí un montón de platos en el balcón... —Empezaron a temblarme las manos.

—Esos platos no eran míos.

¿Por qué no sonreía? ¿Por qué se me anegaban los ojos de lágrimas? Tomé el oso y lo coloqué sobre mi regazo. Recorrí con el dedo el agujero en el que antes había estado cosido el brazo, intentando sentir algo. Lo que encontré bajo la vergüenza de estar metida en líos fue un gélido bulto de miedo. Me asustaba no haber entendido mi mente inconsciente. ¿Por qué, desde que empecé la terapia de grupo, la respuesta a los celos y la decepción involucraba objetos punzantes?

—¿Cómo lo arreglo?

El doctor Rosen aflojó un poco la mandíbula.

—Pídele ayuda al grupo.

Marty me miró a los ojos.

—Ven a mi consulta esta tarde y le coseré el brazo.

Antes de decantarse por la psiquiatría, el sueño de Marty había sido ser cirujano. Parecía emocionado ante la posibilidad de desempolvar la aguja y el hilo.

A las afueras, en su pequeña consulta, metí todo el relleno de poliéster que pude dentro del oso y junté los bordes para que Marty los cosiera.

—Así —dijo él, atravesando el pelaje del oso con aquel hilo tan grueso.

Yo di las últimas puntadas y se lo di para que las inspeccionara. Con el brazo en su sitio, el relleno blanco no volvería a escaparse.

El doctor Rosen parecía molesto cuando destripé al osito de peluche. Ahora, tras aquel correo electrónico enviado desde Alemania, parecía asustado y triste. Sabía que no podía pedir una solución fácil. Eso no existía en Rosenlandia. Eran las nueve en punto. La reunión acabó. Todos nos pusimos de pie, y les ofrecí las manos abiertas a Lorne y Patrice. Solo lo hice por memoria muscular, no fue un gesto de conexión verdadero. Sus palmas, cálidas al tacto, no consiguieron derretir aquella frialdad. Cuando me abrazaron, les devolví los abrazos sin pensar demasiado. Más memoria muscular. Nada de aquello logró alcanzar el gélido núcleo de mi ser. Y no fui a desayunar con Brad, Max y Lorne. No dejé que Brad me acompañara al bufete. Rechacé su preocupado entusiasmo y me negué a ver cómo hacían turnos para mantenerme a flote con chistes y afirmaciones. Quería estar sola. Quería que dejaran que me hundiera hasta el fondo. Volví al bufete a pie, cerré la puerta, puse *Riverdance* y me pasé el día redactando memorándums hasta que el cielo se oscureció a las ocho y cuarto, momento en el que me fui a casa.

28

Tuve que dejar el caso alemán.

Volví a Augsburgo para pasar una segunda temporada allí y me descubrí espiando a los comedores de *schnitzels* desnudos. De nuevo, aunque solo por un momento, fantaseé con tragarme un bote entero de naproxeno. Cuando volví a Chicago por segunda vez, el doctor Rosen me sugirió que le dijera a Jack que no podría volver a viajar a Alemania por asuntos personales. Le envié un correo electrónico a Jack diciéndole que tenía que hablarle de un tema privado. Me respondió de inmediato con un «¡Comamos juntos!».

Jack era uno de los socios más importantes y una buena persona. Me había invitado a comer y había usado exclamaciones en el mensaje. ¿Cabía la posibilidad de que yo pudiera aguantar un par de semanas más en Alemania? Pensé en el hotel, la hora feliz sin ropa y aquellas noches de soledad. Mi cuerpo entero aulló «¡No!». Si rechazar aquel horrible caso iba a arruinar mi carrera como abogada, que así fuera.

Jack y yo caminamos hasta One North y nos sentamos en una mesa de la terraza, rodeados de gente vestida con traje de ejecutivo y comiendo menús de ejecutivo. Respiré hondo un par de veces mientras él pedía una ensalada, notando cada segundo previo a la confesión.

—Bueno, ¿qué te pasa?

Jack puso una cara tan amable que casi pierdo la cordura. Doblé los dedos bajo la mesa y me incliné hacia delante.

—No puedo volver a Alemania. Tengo un asunto personal que...

Jack alzó la mano.

—No digas más. Aquí tienes muchas cosas que hacer. Yo hablaré con los socios.

Tomó el BlackBerry y escribió un nuevo mensaje. Yo me quedé observando la calle Wacker y rezando para que no hubiera destruido mi carrera por completo.

Me encontré con Alex en dos ocasiones en el elevador, y ambas iba acompañado de una rubia vestida con ropa de la Duke University y tenis. Nos ignoramos. Las dos veces contuve la respiración y fijé la mirada al frente, pero en cuanto desaparecieron calle abajo, llamé a Rory para llorar por la nueva novia sin grasa de Alex.

—Deberías mudarte —sugirió Max.

—Con lo que ganas, podrías permitirte un departamento de tres habitaciones —observó Brad.

—Una mujer con tu estatus debería tener bienes propios —me animó la abuela Maggie.

Cuando el doctor Rosen me preguntó por qué me oponía a comprarme un departamento, le dije la verdad:

—No quiero hacerlo sola.

Comprarme un departamento sola implicaría aceptar que soy una mujer con éxito, pero que estoy soltera y sola en el mundo. Sería muy deprimente ir a visitar departamentos vacíos y soñar con el futuro con la única compañía de un agente inmobiliario. Me sentiría solísima al aventurarme en una transacción financiera tan grande yo sola.

Comprarme un departamento podría significar una victoria para el feminismo, pero me parecía el tipo de futuro que yo esperaba que el doctor Rosen me ayudara a evitar.

—Tampoco pierdes nada por echar un vistazo —insistió Max cuando salimos de la sesión.

Un jueves a finales de enero me senté en el décimo piso de una oficina del catastro a firmar unos documentos vestida con un traje de saco azul. No estaba completamente sola: el abogado que había contratado estaba sentado a mi derecha y, a mi izquierda, la mujer de Lorne, Renee. Firmé una docena de veces bajo la frase que decía «Christie O. Tate. Sin cónyuge, célibe».

—Dios mío —susurré.

—Algunos de los documentos estándar de compraventa inmobiliaria están redactados con un lenguaje muy anticuado —se rio el abogado.

—Ja, ja —espetó Renee con sarcasmo—. Quizá deberían actualizarlos.

Me acarició la espalda en círculos mientras yo firmaba todas las páginas.

Cuando llegué a la sesión de terapia unos pocos minutos tarde, pulsé el timbre de la sala con el dedo índice derecho mientras con el izquierdo hacía girar las llaves del departamento. Estaba alucinando porque ahora era la dueña, junto con el banco, de un *loft* en un quinto piso en River North. Me emborraché con el progreso que había hecho y con la alegría que me había producido lograr que bajaran el precio de la vivienda un diez por ciento. Qué suerte, qué bendición. Todo el mundo me felicitó cuando me senté, pero, a medida que la sesión avanzaba, se me fue pasando la embriaguez y solo era capaz de pensar en una cosa: Christie Tate, célibe; o sea, solterona.

Interrumpí a Max. No recuerdo qué estaba diciendo, pero mi pánico le cortó la historia.

—No estoy segura de haber acertado con lo del departamento.

Todos aquellos papeles eran la prueba oficial de que me quedaría para vestir santos para siempre, y estaban sellados con el sello oficial del catastro de Illinois. Iba a tener que llenar todas esas habitaciones vacías yo sola.

Irritado por la interrupción, Max resopló.

—Deja de agobiarte, te irá bien. Has hecho lo correcto.

Después, prosiguió con su historia. Yo guardé silencio todo lo que pude, pero la ira hacia Max y el pánico que me producía lo del departamento eran demasiado intensos, así que no pude aguantar mucho. Cerré los puños y me eché hacia adelante, a punto de gritar.

—Por Dios, ya empezamos —espetó Max. No lo estaba mirando, pero por sus palabras sabía que había puesto los ojos en blanco.

Que se vaya a la mierda. Me descalcé (llevaba puestas unas Ugg rosa para caminar por las calles nevadas) y le lancé uno de los zapatos a Max. Juro que quería darle a la pared que tenía detrás, no en la cara. No acerté, pero estuvo cerca. Al mismo tiempo que mi zapato volaba hacia él, le solté un «¡Vete a la mierda!». Me quedé mirando fijamente al engreído de Max.

—Estoy harta de que me intimides. Harta de tus suspiritos. De que me digas lo que saldrá bien y lo que no. Nunca has tenido que comprarte...

Max tomó el zapato que le había lanzado y se acercó a mí, apuntándome con él como si fuera una pistola. Se quedó parado frente a mí y yo me levanté para enfrentarme a él.

—¡Vete a la mierda tú! —me gritó en la cara.

—No, ¡vete a la mierda tú!

Estábamos tan cerca que notaba cómo los botones de latón de su chaqueta me rozaban los abdominales. Mi furia le entró por la boca y él explotó de ira. Vi destellos dorados y de puro odio en sus ojos. Odio hacia mí. Y esperaba que él viera cuánto me había molestado y cuánto lo odiaba a él y a todas las personas del círculo (y del mundo) que nunca habían tenido que comprarse un departamento a solas, ni tener citas con gente a los treinta, ni navegar entre miles de horas de terapia para, al final, encontrarse justo en la situación que habían querido evitar. Christie Tate, solterona.

—¡No tienes ni idea de quién soy, Max!

—¡Sí lo sé! ¡Claro que lo sé! ¿Por qué dices esas estupideces?

—¡No soy estúpida!

—¡Pues deja de actuar como si lo fueras!

Solo sabía que iba a seguir gritándole mientras él me gritara a mí. No iba a hundirme en la silla ni a romper el hechizo con lágrimas de pena. Iba a defenderme y gritar tanto y tan fuerte como él. Contendría el poder en mi cuerpo. No se lo iba a llevar.

Entonces, nos quedamos en silencio. Seguíamos a unos milímetros de distancia, y la furia seguía latiendo entre nosotros. Se apartó y se sentó. Solo en ese momento me senté también.

El doctor Rosen no dio un gran veredicto tras la pelea. No dijo «Esto significa que tienes ganas de tener una relación íntima». Tampoco me hizo preguntas capciosas como «¿Alguna vez te has peleado de este modo con un hombre? ¿O con otra persona? ¿Entiendes lo que significa, *mamaleh*?». Aunque, de todas formas, tampoco habría oído nada, ya que los latidos de mi iracundo corazón me habían dejado sorda. Por primera vez en todo lo que llevaba de terapia, no esperaba que el doctor Rosen me mirara y me felicitara por todos los avances que estaba haciendo. Por primera vez, no necesitaba que me diera una afirmación para demostrarme que estaba progresando y esforzándome mucho para convertirme en la persona que quería ser. Tenía las llaves de un departamento nuevo dentro del bolso. Le había lanzado un zapato a Max y me había defendido sola en una confrontación muy agresiva. Estaba claro que comprarme una casa me había cambiado la vida, pero había ido a suficientes sesiones de terapia como para saber que mis ganas de pelearme con Max podrían ser un indicio mayor de transformación que mi nueva dirección en la calle Ontario. El cuerpo me vibraba, rebosante de adrenalina que no tardaría mucho en disiparse, pero en aquellos momentos confusos tras la batalla de gritos, encontré una parte sólida y firme de mí que fui capaz de reconocer: estaba avanzando, aunque fuera a mi desastrosa y ruidosa manera.

Al final de la sesión, me levanté, sin saber muy bien si las piernas me sostendrían por lo mucho que me temblaban. No estaba avergonzada, la verdad, pero tampoco sabía qué iba a hacer con Max cuando me tocara abrazarlo o cuando fuéramos hacia el elevador. Fue él quien se acercó a mí después de abrazar al doctor Rosen. Por segunda vez en media hora, se quedó inmóvil a pocos centímetros de mí. No obstante, esta vez abrió los brazos. Yo también abrí los míos. Ninguno de los dos dijo nada, pero nos abrazamos con fuerza.

29

Colgué la gabardina roja tras la puerta del despacho, me senté en el escritorio y pulsé el botón de encendido de la computadora. Seguía iniciándose cuando sonó el teléfono. Comprobé el número de la tarjeta de presentación arrugada que aferraba con la mano húmeda. Sí, era él, tal y como había prometido.

—Christie Tate —dije para parecer profesional, calmar los nervios y fingir que era una llamada de negocios.

Reed, el nuevo miembro del grupo de los martes, llevaba dos décadas haciendo negocios (o lo que fuera que hicieran los gestores de fondos). Yo llevaba dos años trabajando de abogada. No necesitaba que lo asesorara. Cuando rio al otro lado de la línea, me imaginé sus pómulos. Los acababa de ver en la reunión de grupo, cuando nos reímos de algo que Rory había dicho sobre su padre.

—Pareces una abogada de verdad —comentó.

—Es que soy una abogada de verdad.

Me subió la temperatura, así que me abaniqué con la tarjeta que me había dado en la mano, piel con piel.

—¿Esperabas que te llamara?

¿Funcionaría decir la verdad (en un lugar indómito y sin supervisión fuera de la consulta) como funcionaba en terapia? ¿Me libraría eso del cliché en el que me estaba hundiendo cual piscina cristalina, como si viviera en un novelón nocturno de los setenta como *Dinastía* o *Dallas*? ¿Qué creía que iba a pasarme con ese hombre casado, mayor que yo, de antebrazos fibrosos, cuello delgado y con la línea del cabello como la orilla del mar? ¿Con ese hombre casado que se unió al grupo de terapia porque no podía parar de recibir mamadas de otras mujeres?

—No lo sé. —En realidad, sí, y me alegré de que lo hiciera—. ¿En qué puedo ayudarte?

—¿Conoces a alguien que haga fusiones y adquisiciones?

Ahora me tocaba reír a mí. Skadden era famoso en todo el mundo por hacer fusiones y adquisiciones. Mi despacho tenía una plantilla de treinta abogados especializados en ese campo.

—Puedo darte el nombre del jefe del departamento.

—Dame un nombre y un teléfono de contacto.

Le di el nombre y el teléfono del compañero con cabello blanco que vestía trajes de raya diplomática hechos a la medida y cerraba tratos que terminaban en las portadas del *Wall Street Journal*.

Hubo una pausa. Doblé un poco la esquina de la tarjeta de presentación de Reed y la enganché en el tablón que tenía tras el teléfono, aunque ya había memorizado el número.

Hubo otra pausa. Luego, otra.

—Bueno —dijo. Pude oír la sonrisita que se le había dibujado en los labios y me imaginé el brillo de sus ojos—. Si te tengo más rato en el teléfono, ¿crees que necesitaremos una carabina?

—¿Para qué? —Quería obligarlo a decirlo.

—Para todas las cosas que nos vamos a decir y hacer el uno al otro.

Cuando colgué, todavía sonriendo, excitada y vibrando desde los muslos hasta la coronilla, me puse de pie y retorcí las manos en un intento por romper el hechizo, el ardor, las palpitaciones, el placer de tener la atención de Reed. Reviví cada latido de nuestra conversación, emocionada por que él destruyera la ilusión de que se trataba de una charla de trabajo.

Me troné el cuello y arqueé la espalda, pero el cuerpo me suplicaba que lo liberara, así que pasé el cerrojo metálico de la puerta. Aparté la silla, me tumbé en el suelo y deslicé las manos entre las piernas. Se me tensó la mandíbula mientras me tocaba pensando en los pómulos de Reed, sus manos fuertes y aquel cuello bien almidonado. Su voz por teléfono. Las pausas deliciosas. Me vine con tanta fuerza que me di en la cabeza con el borde de la torre de la computadora. Me palpitaba todo el cuerpo, desde la punta de los dedos de las manos hasta los de los pies, pasando por los tríceps, los labios, la panza y el talón de Aquiles.

Seguía respirando con dificultad cuando me senté en la silla, me puse bien el suéter y empecé a contestar a los correos de Jack y el equipo de Alemania.

Por lo que oía en las reuniones de grupo, sabía que Reed consideraba que su matrimonio estaba estancado. Él era el marido descarriado y culpable, y la ira de Miranda ardía justo por debajo del punto de ebullición. Su comunicación se limitaba a intercambios escuetos sobre la logística de llevar a las niñas a gimnasia y a las clases particulares. Dormían dándose la espalda el uno al otro.

También sabía que era un cliché meterme de cabeza en una relación con él sin haber superado lo de Alex. Pero, a pesar de todo, me apresuré a hacerlo.

En las sesiones siguientes del jueves y el lunes, no mencioné a Reed. Justifiqué esta omisión alegando que él asistía al grupo de los martes y, por tanto, debía hablar de él entonces. El martes, puse la alarma quince minutos antes para vestirme con algo más de tiempo. El estómago me dio un brinco cuando el tren entró en la estación Washington. «Voy a poder estar con él noventa minutos.»

Reed llegó unos minutos tarde. Dejó el maletín junto a mi silla y, mientras se sentaba, se me acercó unos centímetros. ¿Notaban los demás el ardor que aumentaba entre nosotros? El corazón me latía con fuerza. Seguro que el doctor Rosen y todos los demás podían oírlo.

Durante la sesión, estuve mirando fijamente los pantalones índigo oscuro de Reed y el vello fino de sus muñecas. Cuando hablaba, observaba cómo movía los labios y, cuando agitó la mano en el aire lleno de frustración, no pude desviar la mirada. Pero tampoco pude dejar de mirar el reloj de forma obsesiva. A las nueve en punto terminaría la reunión, Reed se iría a su oficina, hacia el norte, y yo me dirigiría a la mía, hacia el oeste, donde me aguardaba una vida anodina de revisión de documentos y música de *Riverdance*. En las reuniones de grupo, a menos de treinta centímetros de él, mi vida resplandecía llena de color y promesas porque veía cómo desafiaba al Coronel, rozaba su pie contra el mío, y podía escucharlo reír.

Y otra cosa: lo que sentía por Reed era, sin duda alguna, de carácter sexual, lo que significaba que debía compartirlo con el grupo. La presión de contarlo me oprimía los labios, pero Reed se me adelantó.

—Pienso en Christie a todas horas. Cuando me acuesto en la cama con Miranda, desearía que fuera Christie. En los partidos de futbol de las niñas, desearía que Christie estuviera conmigo. Hablamos por teléfono el otro día y fue muy... —Me miró como pidiendo permiso. Asentí—. Fue muy agradable.

Todos me miraron, esperando mi parte de aquella confesión. Admití que me gustaba hablar con él. Omití haber cerrado la puerta para masturbarme en el despacho tras nuestra primera conversación. ¿Qué palabras encajaban con las emociones que experimentaba mi cuerpo? El estremecimiento constante, la sensación de mareo similar a la que provocan los caballitos o el gas de la risa. Las únicas palabras que lograba imaginar eran ridículas. No podía decirles que me estaba enamorando.

Por otro lado, no era de esas mujeres que les roban el marido a otras. Había ido a clases de Estudios sobre la Mujer. Había leído a autoras feministas. Además, sabía de sobra que Reed no dejaría su vida en aquella casa colonial de la periferia. No había asistido a cientos de sesiones de terapia para caer en el cliché de la chica solitaria que se enamora del marido que es infeliz en su matrimonio y que va al mismo grupo de terapia que ella. Ya había intentado salir con un paciente del doctor Rosen y no había funcionado. Todo me recordaba un poco a Monica Lewinsky, el escarnio público y la rescisión de su oferta de trabajo en Revlon cuando salió a la luz el escándalo sexual. Dados los límites poco rígidos de Rosenlandia, también podía terminar siendo avergonzada públicamente, por no hablar de que estaba poniendo en peligro la base central de mi terapia.

—¿Qué quieres tú? —me preguntó el doctor Rosen.

—No sé cómo responder a eso.

—¿Por qué no?

—Porque no sé qué tengo permitido tener.

Le devolví la mirada al doctor Rosen y pensé que ya sabría la respuesta: quería a Reed.

Cada mañana, el celular me vibraba sobre la mesita de noche. Era Reed de camino al trabajo, antes del amanecer. El horario de los mercados bursátiles era así. Siempre me llamaba al despacho a mediodía para saludar, y otra vez cuando cerraba el mercado. Por la noche me llamaba al salir de la oficina, de camino al tren. Podía oír sus zapatos golpeteando la acera. A veces hablábamos desde que salía de la oficina, durante todo el trayecto del tren y el tramo que recorría, hasta la puerta de su casa, cuando metía la llave en la cerradura y susurraba que tenía que colgar. Me enseñó cómo enviar mensajes a un número PIN con el BlackBerry (mensajes que sorteaban los servidores del bufete y supuestamente no dejaban rastro). Cuando la luz del BlackBerry se iluminaba de color rojo, sabía que era un mensaje PIN de Reed y el cuerpo me respondía con una sacudida.

Me dijo que podía preguntarle lo que quisiera, así que le hice preguntas sobre Miranda. Así a lo mejor se me hacía más real y me echaría para atrás. ¿A qué olía? A limpio. ¿Qué talla usaba? La treinta y seis. ¿Qué era lo que más le gustaba de ella? La devoción que sentía por sus hijas. ¿Cuándo fue la última vez que se habían acostado? No se acordaba. ¿Por qué se casó con ella? Porque era lo que se suponía que debía hacer. ¿Por qué no la había dejado? Por las niñas. Me hice una imagen mental de ella: una mujer de mi altura con un vestido ciruela, sandalias plateadas, reflejos perfectos bañados por el sol en su melena mayormente rubia y una frialdad que yo asociaba a las mujeres superdelgadas y ricas que no necesitaban trabajar. Imaginé que tendría un tono de lápiz labial habitual y que comería como un pajarito. La concebía perfecta pero impasible; serena pero necesitada; con la manicura perfecta pero frágil. Mi cuerpo tenía más carne, más calor, más vitalidad, más juventud, más energía.

Me sentía culpable. Al fin y al cabo, era una falsa feminista. Una robamaridos. Un cliché.

Aun así, nunca me había sentido tan viva.

—Tengo que ir a la reunión de AA de mediodía. Nos vemos allí —dijo Reed una mañana.

Tenía una reunión con Jack en diez minutos. Después de apoyarme para poder salir del grupo de trabajo de Alemania, era reacia a causar problemas. ¿Cuánto estaba dispuesta a arriesgar por Reed?

Le escribí un correo electrónico a Jack: «Me surgió algo. ¿Podemos reunirnos a las 13.30 h?».

La reunión de Alcohólicos Anónimos era a cuatro manzanas del bufete, así que corrí por la calle con tacones y sin abrigo, aunque estuviéramos a un grado bajo cero. No llevaba la cartera ni nada de dinero, me faltaba hasta el sentido común. Lo único que tenía conmigo era la fuerza que me daba la voz de Reed al invitarme a estar con él y mi incauto sí. Cruzando el Loop, esquivé a los peatones y me adentré en el tráfico para llegar antes junto a Reed, para huir de la vida gris y sin amor que en su presencia se tornaba colorida e intensa. Sí, fui corriendo a una reunión de AA.

Aunque técnicamente no fuera alcohólica.

Aunque tuviera que retrasar una reunión con la mayor máquina de hacer dinero de mi departamento.

Aunque Reed fuera un hombre casado con problemas de fidelidad bien documentados.

Me senté a su lado en la parte de atrás, al final de la fila. Él presionó su reluciente zapato negro con cordones contra mi tacón de cuña negro. Se me entrecortó la respiración. Me recliné sobre la silla y colé la mano en el hueco que había entre su codo y las costillas. Las palpitaciones que sentía en la punta de los dedos eran los latidos de mi corazón, pero parecían los suyos. El presidente de la reunión repartió unos folletos sobre un retiro de doce pasos y, cuando se lo pasé a Reed, dejé que mis dedos se posaran sobre su palma. Piel contra piel. Todo desapareció. La habitación blanca llena de abogados, secretarias, comerciantes y un masajista sobrios. Las fichas. Las sillas apilables. La mujer con uniforme de seguridad que comía un burrito de chipotle en una esquina. Todo desapareció y, con ello, el tren y el tráfico de la ciudad.

Solo existían las puntas de mis dedos y la palma de Reed.

Y ese estremecimiento que me recorría el cuerpo.

Me acompañó de vuelta al bufete. Ajusté mi ritmo al suyo para que nuestras manos se rozaran cada pocos pasos. Cada vez que ocurría, las apartábamos enseguida, como sorprendidos. O descubiertos. Y se nos escapaba una sonrisa tonta.

El cuento más viejo de la historia: un hombre mayor con éxito y su amante más joven. El final de esta historia sería conmigo acurrucada en algún rincón berreando, dejándole mensajes al doctor Rosen y agitando el puño por mis decisiones estúpidas. Pero aquel instante, en la calle, la mano de Reed a pocos centímetros de la mía y el cuerpo rezumando un anhelo tácito era lo único que importaba. Era suficiente.

—Quiero que lo sepas todo de mí —declaró cuando nos paramos ante la gigantesca puerta giratoria de cristal que me devolvería al bufete.

—¿Por ejemplo?

Gracias a las sesiones en grupo, ya sabía que su padre era un adicto a las pastillas con receta que lo presionó para que estudiara Administración y Dirección de Empresas cuando lo que quería era ser arquitecto. Había oído la historia de aquel entrenador de atletismo que lo emborrachó y le metió mano en una competición en otra ciudad. Estaba al tanto de las sesiones en las que describía quién era cuando se pasaba los días pegado a una botella y, como es obvio, de aquella mamada que lo trajo a terapia. Y de las otras aventuras extraconyugales que resquebrajaron su matrimonio. Sabía cosas. El conocimiento era poder con sabor a amor.

—Todo. Cómo abro una botella de agua. Cómo agarro el volante o nado en la piscina. Cosas que no puedo enseñarte en las reuniones o en la calle. —Se me acercó y me susurró al oído—: Quiero que sepas la cara que pongo cuando te digo que te quiero.

—Ayer hice algo —anuncié en el grupo matutino del lunes, donde era más fácil abrirse porque Reed no estaba.

Estuve varias semanas a punto de cruzar el límite y cometer un pecado con Reed. Consideraba inofensiva toda tentativa de transgresión porque no había pasado nada abiertamente sexual. Rozarle la mano en una reunión de AA no era tener una aventura. Ni tampoco quedar para comer juntos en un bar oscuro y recóndito bajo las vías del tren ni hablar con él a altas horas de la noche una vez que su familia se iba a dormir. Ni siquiera nos habíamos besado. Me mentía diciéndome que no tenía ninguna culpa, aunque en lo más hondo sospechaba que lo que estaba haciendo con Reed era como comerme a escondidas una docena de manzanas y declarar que había superado un trastorno alimenticio.

—¿Qué hiciste? —preguntó Lorne.

Se pasó semanas advirtiéndome de que esa «amistad» que tenía con Reed podía volverse demasiado amistosa. Años atrás, su mujer, Renee, había estado en el mismo grupo de terapia de Reed y estuvieron a punto de tener un desliz, una historia que debería haberme hecho dudar. Pero no lo hizo.

—Estábamos hablando por teléfono y la cosa se... desmadró.

—¿Qué significa eso? —Patrice frunció el ceño con la preocupación típica de una madre. La abuela Maggie chasqueó la lengua como si ya supiera lo que se avecinaba.

—Me llamó desde el supermercado. —Los fines de semana, Reed y yo improvisábamos una serie de llamadas al estilo de la guerrilla cada vez que lograba escapar de la familia. Me pasaba el día pegada al celular—. Me dijo cosas... estando en el pasillo de los congelados...

—¡Carajo, Christie, no nos importan los chícharos congelados! —soltó Lorne.

—Está bien. Tuvimos sexo telefónico.

—Mientras compraba comida para su esposa e hijas —mencionó Patrice amablemente.

—También hizo eso con Renee, ¿sabes? —señaló Lorne—. ¿Te dijo ya lo especial que eres y que te quiere?

Me dije las mismas cosas que toda mujer en mi situación se hubiera dicho: que yo era diferente. Pero un nudo trenzado en el estómago (con la mujer de Reed y las niñas en una hebra cada una) se iba tensando cada vez más. Apreté los labios y miré al doctor Rosen, que me empujó a seguir hablando, así que describí cómo me toqué en el suelo del vestidor mientras Reed me decía que lo imaginara dentro de mí. Me había dicho que me quería, que haría cualquier cosa por mí. Cuando oí a la cajera preguntarle si quería una bolsa de papel o de plástico, intenté colgar, pero quiso que siguiera en línea hasta que llegara al coche.

—¿Por qué en el vestidor? —Max y sus preguntas tan pertinentes.

Cuando la conversación con Reed subió de tono, me agarró en el vestidor buscando un suéter. Lo siguiente que recuerdo es estar en el suelo, con los dedos en la entrepierna, el teléfono pegado a la oreja y mirando el dobladillo de los pantalones y las faldas.

Habló el doctor Rosen.

—¿Qué mejor sitio para esconder la sexualidad que entre la ropa? Es evidente.

Mantuve la mirada fija en el contorno de su barbilla, incapaz de mirarlo a los ojos. Me preguntó qué sentía. Solo había una respuesta: vergüenza, vergüenza, vergüenza. Aquella excitación palpitante se convirtió en vergüenza líquida que se me desbordó por todo el cuerpo.

—Soy un cliché. Debería ser mejor que esto. Estoy retrocediendo.

Un alcohólico en rehabilitación casado y con hijas adolescentes era una coladera en aquel espacio que previamente había denominado «el fondo». No había forma alguna de que el doctor Rosen pudiera convencerme de que pasar de Alex (soltero pero no enamorado de mí) a Reed fuera ir en la buena dirección. Él insistía en que estaba avanzando.

—Quiero mi propio marido y mis propios hijos, no los de otra persona. Quiero algo más que sexo telefónico en un vestidor.

—¿Y si esto es exactamente lo que necesitas para llegar a donde quieres ir?

—No puedes decirlo en serio.

—¿Cuándo fue la última vez que dejaste que te adorara un hombre que quisiera acostarse contigo?

—Con el Becario...

El doctor Rosen negó con la cabeza.

—Deberías avisarme, levantar una bandera roja delante de mis narices.

Nunca iba a ocurrir. El doctor Rosen estaba empeñado en dejar que encontráramos nuestro camino sin juzgarnos. Si yo, una supuesta anoréxica sexual, necesitaba tener una aventura con un hombre casado para por fin tocar fondo con los hombres no disponibles, que así fuera. Para mí, Reed era un huracán de categoría seis a punto de tocar tierra, y quería que el doctor Rosen me recogiera y me llevara a un terreno más elevado. Pero eso no era lo que hacía. Él era un testigo, no la Guardia Nacional.

Patrice se plantó ante la posición no intervencionista del doctor Rosen.

—A lo mejor no deberías hablar con él fuera de las reuniones de grupo, Christie.

Asentí, sabiendo que debía seguir su consejo, pero convencida de que continuaría en mi necedad. Citando las palabras inmortales de Martín Lutero: «Sé un pecador y peca fuerte» (aunque él no se refería a que me viniera en el vestidor oyendo los susurros de un compañero de terapia casado).

—¿Cómo va a llevarme esto a donde quiero ir? —pregunté.

—Lo averiguaremos. —El doctor Rosen se encogió de hombros, un gesto poco inspirador teniendo en cuenta que me dirigía hacia la inevitable devastación.

—Max, ayuda —solté.

Desde nuestro enfrentamiento, sentía que podía confiar más en Max que en cualquier otro miembro del grupo. Cuando le gritas a alguien a la cara, descubres de qué madera está hecho. Max era una maldita secuoya con unas raíces más profundas y anchas que las del resto del grupo. Si me decía que huyera de Reed, estudiaría lo de ir atándome los cordones.

—Creo que tienes que llegar hasta el final. —Aunque la expresión seria de su cara me asustó, capté en sus palabras que bendecía aquella locura.

Pero el doctor Rosen era la autoridad, el doctor, el exalumno de Harvard. Él debía dictar sentencia u ofrecer consejo.

—¿Bendecir esta aventura no se consideraría mala praxis?

—¿Crees que relegar esa relación a la clandestinidad y hacerla más secreta todavía te ayudaría en algo? Por favor.

30

El debate sobre si Reed tenía potencial para convertirse en mi pareja terminó al mencionar el anillo de bodas de oro macizo que llevaba en el anular izquierdo. Yo no ignoraba ese detalle, ni siquiera cuando se me salía decir que sería una madrastra estupenda y que podía mudarse a mi nuevo departamento. Lo comparaba con los tipos con los que había estado antes y tenía claro que él era mucho mejor. Me decía que me quería todas las veces que hablábamos, al contrario que Alex. No le importaba la religión, no como al Becario. Contestaba todos los correos electrónicos que le enviaba a los treinta segundos y me invitaba a salir a comer casi todos los días, para nada como Jeremy. Llegué a la conclusión de que me vendría bien disfrutar del amor y la atención de Reed para practicar. En algún momento acabaría fijándome en un hombre que fuera como él, pero que no estuviera casado.

Me daba la mano en cuanto se sentaba en la sesión del martes. Yo había tomado de la mano a mucha gente en las sesiones: a Patrice, Marty, Emily, Mary, Marnie, Max, la abuela Maggie, Lorne y el doctor Rosen. A veces esas manos me habían servido de apoyo y, en otras ocasiones, yo se lo había ofrecido a otros con las mías. Pero esta vez todo era distinto. La forma en la que lo hacía Reed no tenía pinta de ser un gesto de apoyo terapéutico. Más bien parecía parte de los juegos previos.

La primera vez que nos dimos la mano en la sesión, Rory y Marty sofocaron un grito. Patrice suspiró con frustración. Carlos susurró: «Por Dios, nena». El doctor Rosen dejó claro que había visto cómo entrelazábamos los dedos y uníamos nuestros cuerpos con ese gesto, pero no dijo nada. Cuando me topé con la mirada del doctor Rosen, la semilla del miedo y de la frustración creció hasta florecer en forma de protesta.

—¿Cuál es el plan, doctor Rosen? —Alcé la mano que seguía unida a la de Reed.

—¿El plan? Yo no soy Dios.

—¿Qué hay de la mujer de Reed? ¿No te importa?

—Ella no es mi paciente. Ustedes, sí.

Me preguntó cómo me sentía. Yo siempre le respondía lo mismo: vergüenza y hambre. El doctor Rosen me preguntó qué quería.

—A Reed. Quiero a Reed. ¿Cuándo piensas empezar a ayudarme? Acudí a ti para que me ayudaras a construir relaciones...

—Te estoy ayudando.

—¿Toda la ayuda terapéutica que puedes ofrecerme se basa en venir aquí, sentir cosas y sacar los trapos sucios de mi vida delante de todo el mundo?

Mientras me enfrentaba al doctor Rosen, Reed me dibujaba círculos con el pulgar en la palma de la mano.

—Sí.

¿El doctor Rosen creía que Reed y yo debíamos estar juntos? ¿Juntos de verdad? Lo miré fijamente; aquellos ojos que no parpadeaban, el cuello estirado, los hombros ligeramente encorvados, los pies pegados al suelo. Cuando pensaba en el futuro, ¿qué se imaginaba para mí? ¿Una vida con Reed y las niñas? ¿Una vida con alguien como Reed pero que fuera solo mío?

Patrice y la abuela Maggie me suplicaron que dejara de hacer tonterías. Lorne me relató de nuevo la historia de Renee y Reed como advertencia. Max siguió diciendo que tenía que seguir adelante y que la misteriosa alquimia del grupo avanzado lograría inmunizarme contra la destrucción total. Rory, Marty, Carlos y el Coronel se quedaron mirando al doctor Rosen, que sonreía sin parar y se limitaba a abrir las manos. Un martes por la mañana, en el elevador, Rory mascullló:

—No sé qué demonios está haciendo el doctor Rosen contigo. —Apartó la mirada con miedo.

A finales de febrero, Steven hizo una fiesta para celebrar el cumpleaños de Clare e invitó a todos nuestros amigos de la Facultad de Derecho. Cuando entré en aquel restaurante oscuro vi a Clare enfundada en un top de seda y unos jeans ajustados. Me sentía como si acabara de volver de un viaje a una tierra lejana. La relación con Reed me había absorbido tanto que había olvidado que había un gran mundo fuera de la pantalla de ocho centímetros de mi BlackBerry, en la que leía y releía los mensajes de Reed mientras esperaba a que pudiera tomarse un descanso de su familia y llamarme.

Durante la cena, el BlackBerry no paró de vibrar. Cada vez que lo hacía, fingía buscar brillo de labios, chicle o un bolígrafo en el bolso para poder leer lo que Reed me escribía: «Te extraño». Dos minutos después: «¿Cuándo vas a llegar a casa?». Diez minutos después: «Tengo un rato para hablar. ¿Puedo llamarte? ¿Dónde estás?». Cinco minutos después: «No tardaremos en irnos a casa. Estaré una hora sin poder hablar».

—Tater, ¿qué demonios miras en ese dichoso BlackBerry? —Clare me arrinconó en la fila del baño.

Le dije que estaba empezando algo con alguien, y me preguntó por qué no lo había traído. Se me congeló la sonrisa cuando me di cuenta con perfecta claridad de que Clare jamás llegaría a conocer a Reed. Lo nuestro era un secreto, yo era su amante. Tener que mirar a Clare a los ojos y decirle que estaba saliendo con un hombre que en aquel momento estaba en el recital de ballet de su sobrina con la que era su esposa desde hacía diecinueve años fue un golpe de realidad arrollador. Le dije que él tenía poca disponibilidad, y lo entendió todo al instante.

—¿Están enamorados?

Le enseñé la tarjeta de San Valentín que Reed me había regalado y que guardaba en el bolso. La abrió y la leyó en voz alta. «Te quiero. Reed.»

—¿Cómo se conocieron?

Clare sabía todo lo de la terapia de grupo, pero la verdad se me atragantó. Las palabras vibraron teñidas de auténtica locura cuando le dije:

—En la terapia de grupo.

—Vaya, pues está claro que te quiere. —Agitó la tarjeta en el aire y me dio otro abrazo. Yo absorbí aquel gesto de alegría sincero por mi relación falsa.

Unas horas más tarde, cuando me metí a la cama, la lucecita LED del BlackBerry brilló en rojo al recibir un nuevo mensaje PIN. Introduje la contraseña, pero me abstuve de abrir el mensaje. La mirada de Clare cuando le dije que Reed estaba casado hacía que quisiera hacerme bolita y gritar. Reed no iba a dejar jamás a Miranda y las niñas. Además, en el caso de que al final lo hiciera, ¿de verdad íbamos a seguir atrayéndonos? ¿Cómo iba a poder confiar en él con el historial que tenía? ¿Y si lo que de verdad me atraía era lo ilícito, el secretismo y la corriente de vergüenza que animaba nuestra conexión? ¿No era eso lo que salía en la mitad de las películas del canal Lifetime?

Arrojé el BlackBerry al vestidor. El dolor de no conectar con Reed antes de dormirme se tornó físico; me dolía el estómago como si tuviera algo correteando por las tripas. Quizá Reed me quisiera, pero no estaba disponible. Yo buscaba algo real, ¿no? ¿Cómo iba a convertirme en una persona real si tenía que guardar el secreto de estar cogiéndome a un tipo casado? Me mecí adelante y atrás. Me metí la esquina de la almohada en la boca y la mordí con fuerza. La luz roja del BlackBerry siguió parpadeando, como al compás de los latidos de un corazón.

31

Un viernes por la noche, a las seis y media, me metí en un Starbucks. Los trabajadores corrían para tomar el tren que los llevara de vuelta a casa, y la oscuridad había empujado el débil sol invernal bajo el horizonte. Reed tardó diez minutos más de lo habitual en llamarme. La determinación que había adquirido la noche del cumpleaños de Clare se disolvió al día siguiente, así que seguimos con nuestras llamadas diarias. Además, una noche entre semana fuimos a un centro comercial de las afueras donde le ayudé a elegir un abrigo. Cuando el centro cerró, nos estuvimos manoseando en su minivan a la luz del Cheesecake Factory. Un romance con mucha clase.

Cuando por fin vibró el celular, me fui a un taburete con menos ruido, lejos de la máquina de cafés. La respiración de Reed le apagaba la voz. Parecía que estuviera corriendo por la calle. Me lo imaginé a toda velocidad por Madison para llegar a casa. Con su familia. «Quiero que corra por mí.» Algo frío y tajante en su voz me hizo erguirme de golpe. Siempre me juraba y perjuraba que conmigo no tenía secretos, que podía preguntarle cualquier cosa, así que reuní todo el valor que pude para hacerle aquella pregunta.

—¿Adónde vas?

—Me llevo a las chicas a comer pizza. —Sin duda alguna, la mujer iba incluida en «las chicas». El nudo que me oprimía la garganta tenía su forma, con aquel vestido ciruela y reflejos dignos de una actriz de Hollywood según me la imaginaba—. Nos acostaremos temprano. Mañana nos vamos a Iowa.

Le habían diagnosticado un cáncer de hígado terminal al padre de Miranda no hacía mucho. Estaba segura de que aquel diagnóstico iba a unir más que nunca a Reed y a su mujer, pero, hasta la fecha, él aseguraba que ella lo rechazaba más que nunca.

—¿Estás bien? —Me mecí en el taburete adelante y atrás, con una mano en el celular y la otra sobre el pecho.

—Nervioso por el viaje. —Aquella frialdad en su voz se volvió más afilada si cabía.

—Estoy aquí si me necesitas...

La máquina de cafés empezó a crujir y rechinaba, ahogando así cualquier otro sonido.

—Tengo que irme.

Por primera vez, colgó sin decirme «Te quiero». El pánico acabó apoderándose de mí y la ruidosa barra del Starbucks comenzó a dar vueltas. Ya había sentido eso antes. Reed me estaba soltando. Iba a deslizarse bajo el agua y desaparecer, igual que todos los demás, justo como esperaba que hiciera.

Recibí un mensaje PIN suyo aquella noche, pasadas las once. «Lo siento», decía.

No era mi intención interrogarlo. Era lo contrario a Miranda: nada de sospechas, nada de fisgonear, nada difícil. Le contesté: «No hace falta que te disculpes. ¡Te quiero! Hablamos mañana». Estaba claro que no iba a preguntarle por qué había tardado cuatro horas en ir a cenar pizza con «las chicas».

—Te mentí.

Eran las seis de la mañana siguiente. Llevaba despierta desde las cuatro, dando vueltas por el piso y engullendo leche descremada directamente del envase para tratar de calmar mi estómago.

—Hombre, ya sé que tienes mujer e hijas. —Solté una risa forzada. Él no dijo nada.

—Anoche, Miranda y yo salimos para celebrar nuestro... —aguanté la respiración y articulé con los labios la palabra antes de que él la pronunciara— aniversario.

Pegué la espalda a la pared del dormitorio y me dejé caer.

Aniversario. Una palabra preciosa, amarga ahora en mi boca. La verdad de su mentira se me asentó en el estómago, y el cuerpo me imploró su expulsión: vómitos, lágrimas, gritos. Sin embargo, me quedé sentada contra la pared, con el torso en perpendicular a las piernas.

No había mencionado el aniversario en el grupo. En todas las sesiones de terapia en las que nos habíamos sentado juntos (tomándonos de las manos), me dio la impresión de que Reed y Miranda carecían del recato suficiente para aguantar una comida juntos sin las niñas. Ahora no lograba dejar de imaginármelos sentados en una mesa comiendo solomillo y pastel de chocolate sin harina, a la luz de las velas, intercambiando caricias de perdón y mitigando el profundo daño que se habían hecho.

Negué con la cabeza una y otra vez.

—Te quiero. No dudes ni por un instante de que te quiero —rogó Reed—. Di algo. Por favor.

—Me aburro.

Había sido lo bastante lista como para saber que aquello no iba a durar, pero también lo bastante tonta como para esperar un final distinto.

Con el teléfono aún agarrado, me arrastré hasta el baño y metí la cabeza en el retrete, una visión reconfortante que conocí muy bien en mi época adolescente. No arrojé nada porque había sido incapaz de cenar. No como Reed, que había disfrutado de una agradable cena de aniversario con la mujer con la que llevaba casado veinte años.

—Voy a colgar.

Cerré la solapa y lo lancé contra el espejo del baño con todas mis fuerzas. Rebotó en el suelo estrepitosamente y se detuvo junto a la tina. Apagué el BlackBerry y lo metí en la cajuela del coche.

No más mensajes PIN.

No más sexo telefónico.

No más emociones secretas.

La furia que guardaba dentro (hacia mí, hacia Reed, hacia el doctor Rosen por llamar a aquello «progreso») no me dejaba ponerme de pie. También estaba molesta con Max por animarme a «llegar hasta el final». Con Rory, Patrice y la abuela Maggie por tener razón desde el principio. Me puse los tenis y corrí dieciséis kilómetros por la orilla del lago. Pasé de largo varios grupos de corredores y círculos de turistas sacando fotos del muelle de la Armada. Me coloqué bien el gorro hasta debajo de las cejas y no hice contacto visual con nadie. Puse la música a todo volumen y dejé que sofocara cualquier pensamiento de Reed y de lo estúpida que era. Cuando acabé, seguía sintiéndome acelerada y nerviosa. Podría haber corrido otros dieciséis kilómetros. Habría corrido hasta hacer trizas los músculos de las piernas, abrasar los pulmones y reducir los pies a muñones.

Pero lo que necesitaba de verdad era llorar.

Me pasé toda una reunión de doce pasos sin escuchar ni pronunciar una sola palabra. Muchas personas se me acercaron al terminar para preguntarme si estaba bien, y yo negué con la cabeza. Me incliné sobre los nudillos blanquecinos. No, no estaba bien.

Me senté en el coche después de la reunión sin saber adónde ir. Los rayos del sol lo bañaban todo y varios estudiantes risueños de la Universidad DePaul y grupitos de turistas de clase media deambulaban por la calle. El mundo fuera del coche era demasiado ruidoso y aterrador.

Llamé a Patrice.

—Apagué el BlackBerry. Se acabó.

—Me tenías muy preocupada. No deberías estar sola en estos momentos.

Fui a casa de Lorne, donde lloré sobre el montón de cojines de la cama y contuve las ganas de abrir la cajuela y tomar el BlackBerry para hablar con Reed. La mujer de Lorne, Renee, me acarició la cabeza y me habló de las noches que había pasado llorando por Reed cuando se dio cuenta de que nunca dejaría a su mujer. El hijo de Lorne y Renee, Roman, gateó por el suelo hasta alcanzar mis pies entre ruiditos de bebé adorables.

El peso de la congoja no me dejaba en paz y no conseguía dejar de pensar en la idea absurda de que estaba siendo muy injusta al abandonarlo en ese momento.

—Su suegro se está muriendo. A lo mejor debería romper con él en verano.

Lorne y Renee negaron con la cabeza.

—El doctor Rosen va a estar muy orgulloso de ti —comentó Lorne.

Se me saltaron las lágrimas. ¿Qué debió de pensar el doctor Rosen cuando me vio de la mano con Reed, describiendo nuestra estúpida escapadita al centro comercial y relatando nuestra vida sexual en el vestidor? Mantuvo el rostro impasible durante semanas, pero seguro que sacudía la cabeza con pesar cuando regresaba a la consulta, preguntándose cuándo entraría en razón esa idiota paciente suya.

—Tengo una idea. Sígueme.

Renee me llevó hasta su escritorio y me sentó delante de la computadora. Pulsó algunas teclas y en la pantalla aparecieron las caras sonrientes de una pareja joven. Al fondo, aunque se veía borroso, había gente sujetando bengalas alrededor de la pareja. Un rótulo decía lo siguiente: DESCUBRE DÓNDE EMPIEZAN LAS RELACIONES JUDÍAS. ECHA UN VISTAZO AHORA.

—¿JDate?

—Son hombres que están solteros...

—Y buscan mujeres judías. Mi nombre hace honor a Jesucristo, por si no te has dado cuenta.

—Confía en mí. Te van a adorar. Te pondremos «Bombón de Texas». Cuando te conozcan, aunque seas monja.

Dudé, pero me miró como diciendo: «¿Estás dispuesta o no?». Ella había construido una vida feliz con Lorne, un chico judío lindísimo, poco después de romper con Reed. Ahora tenía un niño precioso, montones de cojines y huevos frescos de granja en el refrigerador. Estaba convencida de que funcionaría. El día que empecé el tratamiento, el doctor Rosen indicó que me iría bien si dejaba que él y los demás miembros del grupo participaran en mis decisiones. Así que sí, eso contaba como «no hacerlo sola».

Renee me echó una mano para completar el perfil. No, no era asquenazí. No, no iba a la sinagoga todas las semanas. Insistió en que seleccionara la casilla que indicaba que comía *kosher* porque odiaba el jamón. Guardaba pocas esperanzas de que los hombres de JDate quisieran hacerlo conmigo, pero me eché unas buenas risas con Renee. Volví a casa con la *jalá* que había sobrado de la cena de *sabbat*.

—*Shalom* —exclamé mientras cerraba la puerta al salir.

La autopista del lago Michigan que baja por la parte norte hacia el centro de la ciudad en una noche clara de finales de invierno es una de las vistas más bellas que uno pueda imaginarse: el sólido hotel Drake se cierne como un castillo y el edificio Hancock roza la cúpula celestial. Aunque estaba destrozada por lo de Reed, no podía sentir nada más que pasmo y asombro al contemplar la ciudad. Era la tercera noche que pasaba como aspirante a judía en JDate y regresaba a casa de una reunión de rehabilitación. Sabía que el departamento estaría frío y vacío, pero prefería el duro golpe de la soledad a la electrizante y excitante inestabilidad que conllevaba crear una vida en torno a Reed. Hasta ese momento no había roto ningún plato ni había sujetado un abrecartas.

Marqué el número del doctor Rosen, que estaba fuera de la ciudad asistiendo a un congreso y no sabía nada de la mentira ni de la cena de aniversario.

—Dejé a Reed. No volveré a tener contacto con él fuera del grupo —le comuniqué al buzón de voz.

Respiré hondo. Tenía muchas más cosas que contarle. Estuve varias semanas preguntándome cómo podía vivir tranquilo el doctor Rosen mientras era testigo de mi aventura con Reed. Los miembros del grupo se habían enfrentado al doctor Rosen en mi nombre: «¿Por qué no haces nada? Christie va a salir lastimada. Esto no es nada ético». Él recibía cada confrontación con una expresión neutral y preguntaba qué era lo que debía hacer exactamente para detenerme.

Durante mi estancia en Rosenlandia, muchos miembros de distintos grupos habían calificado al doctor Rosen de brillante. Lo había visto hablando alemán con fluidez con el Coronel y Max, exhalar bendiciones hebreas, crear conexiones profundas entre acontecimientos aparentemente dispares en las vidas de distintos miembros. Hurones mascota y el Holocausto. Clases de guitarra y pastillas de cianuro. Lombrices intestinales y deudas de tarjetas de crédito. Era perspicaz, pero ¿era lo mismo que ser brillante? Tal vez.

Lo que más valoraba del doctor Rosen eran sus nervios de acero. Tenía la suficiente confianza en sí mismo para permitir que dos miembros del grupo tuvieran un lío literalmente delante de sus narices. Me había visto tomar una decisión cuestionable tras otra, esperando con paciencia a que recuperara el juicio que Dios me había dado. Si me hubiera matado por aquello, habría terminado ante una junta reguladora. Pero confiaba en sí mismo, y en mí también. Esperar a que recapacitara debía de ser como si te arrancaran un diente sin anestesia. Yo no sería capaz de soportar ver cómo alguien a quien aprecio toma decisiones tan dudosas.

Doy gracias por que él sí fuera capaz.

32

Estaba desnuda, temblando y con los brazos cruzados sobre el pecho en forma de V, cosa poco útil para tratar de esconderlo. Era un tanto estúpido, ya que acababa de acostarme con él. Mi ropa estaba tirada sobre el radiador, al otro lado de la habitación. La única luz que había provenía de un triángulo isósceles que brillaba dentro del clóset. Sade canturreaba con esa voz atemporal que tiene.

Me quedé allí de pie durante varios minutos observando a Brandon, que ya se había enfundado la piyama. Había doblado las sábanas a la perfección y, tras estirar la colcha bien, la dobló lo justo para que quedara en el sitio. No se dio cuenta de que yo estaba allí de pie temblando; parecía que estuviera en otro mundo, en una especie de fuga disociativa donde solo había sábanas, mantas, colchas, líneas rectas y superficies sin arrugas. Los brazos me rebotaban contra el pecho, y unos escalofríos se elevaron por mi vientre mientras trataba de recordar sin éxito los momentos antes de que Brandon se concentrara exclusivamente en las sábanas.

Dio un paso atrás con las manos en la cintura e inspeccionó la cama. Asintió y murmuró algo para sí mismo. Se acercó a su lado de la cama y retiró parte de las sábanas con cautela. Se contoneó al entrar en ella con cuidado para no estropear la perfección que tanto le había costado lograr. Con la cabeza sobre la almohada, se dirigió a mí con una gran sonrisa espontánea.

—¿Vienes a la cama?

Después de que Renee me creara un perfil en JDate, varios hombres en busca de una pareja judía me rechazaron al descubrir que Bombón de Texas era en realidad una *shiksa* con un nombre que significaba «seguidora del Salvador del Nuevo Testamento». Aaron y Oren se ofendieron un poco por que hubiera creado un perfil tan embaucador, mientras que a Daniel, Eric y Marc les divirtió mi afirmación de que seguía una dieta *kosher*. Jerry, que debía de tener unos sesenta y dos años, se ofreció a llevarme a la charcutería Manny y luego enseñarme su salchicha judía. Dejé que la suscripción a JDate caducara y me pasé a eharmony.com.

El primer correo electrónico de Brandon me cautivó al instante. Me preguntó si me gustaba cenar cereales con leche, lo cual propició un debate animado sobre los méritos de los cereales Frosties en comparación con el muesli. A través de sus correos, descubrí que tenía bastante experiencia en el ámbito de las citas porque sabía cómo ligar por mensaje. También di por hecho que tenía una buena formación académica porque sabía cuándo usar el punto y coma.

Brandon cumplía el único requisito que yo pedía para tener una cita: no era un hombre casado de mi grupo de terapia. Tenía pinta de ser un hombre estable de unos treinta años que quería tener una acompañante fija. En la primera cita, quedamos para comer en el East Bank Club, la versión chicagüense de un club de campo que presumía tener a Oprah y la familia Obama como miembros. Llevaba puesta una chamarra azul y me sonrió con ojos amables. Era un poco más alto que yo y llevaba el cabello más largo que en la foto de perfil. Tenía un aspecto juvenil y sociable, como un Beatle preparándose para el primer concierto en *The Ed Sullivan Show*. En la segunda cita, fuimos a ver una obra de teatro llamada *Love*

Song y, luego, a cenar a Boku, en Halsted. Brandon era el tipo de hombre que pedía de la carta y llevaba pantalones chinos bien planchados las noches del fin de semana. Siempre pagaba, me abría la puerta e insistía en que compartiéramos el postre. Había estudiado Medicina en una universidad que era famosa por haber formado a docenas de presidentes y jueces del Tribunal Supremo. Cuando se reía, se tapaba la boca con la mano de forma tímida. Hacía poco que había empezado a practicar escalada para obligarse a hacer algo que no supiera hacer de manera innata. Su higiene era impecable: se lavaba los dientes antes y después de acostarnos y se bañaba dos veces al día. Nunca decía palabrotas, no bebía alcohol y jamás perdía la cordura. Estaba segura al noventa por ciento de que era republicano, pero no mostraba signos de misoginia, racismo ni clasismo, así que me dejé embelesar por sus modales principescos y su apariencia amable.

Con Brandon no tenía brotes de deseo espontáneos que me obligaran a tumbarme en el suelo de mi despacho en busca de un alivio orgásmico. Cuando nos besamos por primera vez en mi sofá tras la obra de teatro, me sentí bien, aunque no exactamente cachonda. Eso me parecía bastante bien. La pérdida de apetito con el Becario y la carga ilícita de mi relación con Reed me habían pasado factura. Con Brandon me sentía como si flotara en un lago de aguas tranquilas en una silenciosa mañana de junio.

A veces, en las sesiones de terapia de grupo, incluso mascullaba que estaba casi aburrida.

—Mejor —aprobó Max—. El aburrimiento es el mayor distintivo de que la relación es sana.

—Es verdad, nena —agregó la abuela Maggie al tiempo que me dedicaba una gran sonrisa—. Es así en todos los matrimonios.

El doctor Rosen coincidió con ellos. Que estuviera aburrida significaba que estaba haciendo algo bien. Pero cuando escuchaba a otras personas hablar sobre los primeros días con sus parejas (como Clare, Marnie o Renee), siempre mencionaban que no dormían, no comían ni eran capaces de concentrarse. Ninguna de ellas describía nada parecido a un lago de aguas tranquilas. Una parte de mí necesitaba la emoción que me había embargado con mis amantes previos, aunque supiera que no me había servido para nada. Ahora, cuando me imaginaba cómo era mi corazón, veía algunos surcos que Reed le había hecho, unas grietas obra de Alex y el Becario y algunos desprendimientos por cortesía de Jeremy. Y, por supuesto, las marcas que me habían dejado el doctor Rosen y el resto de mis compañeros de terapia. Traté de visualizar cómo sería forjar una relación con Brandon. Una vez, mientras cenábamos, me quedé absorta mirando su camisa blanca almidonada y tratando de imaginarme cómo sería la superficie de su corazón. ¿Sus marcas se parecerían a las mías?

Y ahora acababa de verlo estirar las sábanas como si sufriera un trastorno obsesivo compulsivo. ¿Qué significaba todo aquel ritual para hacer la cama? Debía de haber sufrido algún tipo de trauma innombrable durante la infancia que le obligaba a tener que hacer la cama de una forma tan obsesiva; era lo único que se me ocurría. Quise preguntarle, pero el sueño ya lo había vencido. Parecía un niño en esa cama arropado hasta los hombros, me dieron hasta ganas de ofrecerle un vaso de leche y galletas.

El sexo había sido raro. Habíamos cenado en su restaurante tailandés favorito y, luego, habíamos caminado hasta su casa de la mano. Cuando llegamos, Brandon puso música de Sade. Me llevó a su habitación a oscuras, donde nos besamos sobre la cama por primera vez. Las aguas tranquilas del lago se removieron un poco cuando se quitó la camisa y me quitó la mía. Cuando por fin nos desprendimos de toda la ropa, se incorporó sobre el borde de la cama y se puso el condón. Después, se montó sobre mí, rodeando mis caderas con sus piernas. Hubo menos juegos previos de los que esperaba o los que quería, pero llevaba quince años sin tener novia, desde que había salido de la Facultad de Medicina. No lo culpé por estar un poco oxidado ni tampoco se lo recriminé.

No obstante, en vez de hacer la postura del misionero, como yo creía que sucedería, Brandon metió la mano derecha bajo mi hombro izquierdo y, con un movimiento rápido, me dio la vuelta. Perdí todo el campo de visión al estamparme de bruces con la almohada. Antes de que pudiera levantar la cabeza o decir nada, Brandon me levantó las caderas y me penetró. Empujaba rápido y de una manera clínica, aunque no me resultó desagradable. Yo seguía absorta en mis pensamientos: me sorprendía y me excitaba un poco que a alguien que parecía tan tradicional y posiblemente republicano pudiera gustarle coger por detrás.

Pero yo no quería tener la cabeza enterrada en la almohada. Quería verlo, oír la música, respirar sin dificultad. Sin embargo, las palabras necesarias para pedirle que me diera la vuelta («Espera. Para. Deja que me dé la vuelta. No es mi estilo») no me salían. Mientras yacía allí pensando en cómo le explicaría aquello a los grupos, Brandon me metió los dedos entre las piernas. Me quedé en blanco cuando noté aquel placer ardiente y rápido ascendiéndome por el cuerpo. Arqueé la espalda y luego dejé caer la cabeza sobre la almohada con un golpe sordo. Cuando me di la vuelta para mirarlo, ya estaba metiendo los brazos por la parte superior de la piyama.

Los pensamientos devoraron todas las sensaciones corporales que había sentido, como si mi cuerpo se hubiera enrollado en mi cerebro cual persiana: «¿A qué viene tanta prisa por ponerse la piyama? ¿Me ha gustado? ¿Qué pasó con Sade?».

Y también: «¿Qué le pasó a mi voz?».

Habíamos estado en silencio desde que habíamos entrado a la habitación. No hubo gemidos, ni jadeos, ni gritos, ni nada. Tampoco hubo ningún tipo de conversación: ni un «¿Qué te gusta que te hagan?», ni un «¿Te gusta así?». Fue un acto limpio y ordenado, como la pila de piyamas viejas que había en su impecable clóset. Mientras Brandon dormía, volví a imaginarme toda la escena, desde el giro argumental del sexo hasta la cama hecha a la perfección. Le diagnostiqué fobia al sexo cara a cara y un TOC con las sábanas. Todos teníamos alguna que otra manía. Al menos yo podía contarles todos mis pensamientos, inseguridades, miedos, delirios y sentimientos sobre todo lo que acababa de suceder a mis compañeros de terapia. Seguro que ellos me ayudarían a superarlo.

—Estás saliendo con el señor Giritos —bromeó Lorne—. Pero mejor eso que Reed.

Max dijo que no tenía claro si lo de las sábanas era enternecedor o una señal de que era rígido e inflexible.

—Quizá tengas que sugerirle que acuda a terapia —propuso Max.

Le dije que aún no le había hablado de la terapia, y él arqueó las cejas.

—No se lo oculto. Es que no ha salido ese tema todavía.

—¿Esperas que te pregunte si vienes a terapia tres veces por semana? —Max sonrió con suficiencia.

La regla era contarles todo al doctor Rosen y a mis grupos, no darles un discurso sobre la terapia a mis posibles futuras parejas.

—No sé si me gusta. Mi cuerpo no reacciona con él como debería.

—¿Tuviste un orgasmo? —inquirió Lorne.

—Sí.

El doctor Rosen sonrió de un modo tan radiante como la luna llena en un cielo despejado.

El día de mi trigésimo cuarto cumpleaños, Brandon estaba de pie en la cocina mientras yo preparaba la mochila para irme a pasar la noche con él. Siempre dormíamos en su departamento con vistas al muelle de la Armada porque disponía de muebles importados, un equipo de música con sonido envolvente y, cómo no, sus piyamas.

—¿Quién es? —Brandon señaló una imagen que había pegada al refrigerador. Tenía la puerta cubierta de fotografías, pecheras de carreras de dieciséis kilómetros y tickets de compra, y de todas las fotos que podía haber señalado se centró en la única de la que yo no quería hablar. ¿De verdad tenía que hablar de eso el día de mi cumpleaños?

—Es mi... —hice una pausa.

Él ladeó la cabeza como diciendo «¿Qué?» sin despegar el dedo la imagen.

—Mi mentor.

Brandon se acercó a la imagen para estudiarla.

—¿En serio?

Era un primer plano de la cara del doctor Rosen en la boda de Kathryn, justo antes de que yo le presentara a Alex.

—¿Qué tipo de mentor es?

No quería hablarle a Brandon del doctor Rosen porque no tenía ni idea de qué pensaba sobre los tratamientos de salud mental. Cuando unas semanas antes le dije que asistía a sesiones de terapia de doce pasos para ayudarme con un trastorno alimenticio, arrugó la nariz y soltó:

—No entiendo por qué necesitas a tanta gente ni por qué la gente no puede parar de comer cuando está llena.

—Pues la verdad es que... —A la mierda—. Es mi psiquiatra.

Se inclinó sobre la imagen y la observó con detenimiento.

—¿Tu psiquiatra? Y ¿cómo es que tienes una fotografía suya como esta?

—Es de una boda. Dos de sus pacientes se casaron, y yo soy muy amiga de la novia.

Vi un destello de alarma en los ojos de Brandon.

—¿Dices que dos pacientes suyos se casaron? ¿Cómo puede ser? ¿Se encontraron en la sala de espera y se enamoraron?

Le expliqué que era terapia de grupo y que el doctor Rosen no prohibía las relaciones entre los miembros fuera de la terapia. Brandon presionó los labios en una línea tensa. Se puso a caminar en círculos y me hizo una docena de preguntas sobre cómo funcionaba la terapia, de dónde provenían mis compañeros y cómo era todo en realidad. Le aseguré que eran sesiones de terapia normales, solo que más concurridas. Quiso saber si había hablado de él y, cuando asentí, se metió las manos en los bolsillos. La temperatura del ambiente descendió varios grados.

En su casa, el sexo fue más rápido y superficial de lo habitual. Me dio la vuelta y, a los veinte minutos, ya estábamos acostados y arropados. Coloqué la cabeza sobre su pecho, pero pude sentir su nerviosismo. Me incorporé.

—¿Qué te pasa? —pregunté.

Brandon no apartó la mirada de las molduras de corona.

—No me menciones más en la terapia.

—¿Qué?

¿Es que no sabía cómo funcionaba la terapia?

—No les digas cómo me llamo.

Aún no le había dicho que acudía a dos grupos distintos y que tenía tres sesiones por semana.

—Ya saben que salgo contigo.

Lo sabían todo. Un lunes después de la terapia, Max y Brad buscaron en Google a Brandon y descubrieron que su departamento valía más de un millón de dólares y que su madre solía hacer grandes donaciones a la red de organizaciones benéficas Catholic Charities.

—¿Saben cómo me llamo?

Asentí y noté que me ponía roja como un tomate. ¿Es que no podía decir cómo se llamaba?

—En serio —se giró para mirarme—, déjame al margen.

Asentí, no porque estuviera de acuerdo, sino porque entendía lo que me pedía. Interpretó aquel asentimiento silencioso como un símbolo de aceptación, se inclinó hacia mí para darme un beso en la mejilla y volvió a recostarse sobre la almohada.

33

—¿Cómo estuvo el cumpleaños? —preguntó Max.

Elogié el salmón y la *panna cotta* de trufa negra del menú.

—¿Te hizo algún regalo, como mirarte a la cara mientras cogían? —quiso saber Lorne, y le hice una seña obscena.

—¿Podemos seguir? —les pedí.

Max entrecerró los ojos.

—Normalmente eres una bocona y nos cuentas todo lo que te dice, cómo te besa, que no reconoce tener TOC...

—Cómo te da la vuelta... —añadió Lorne, y le dediqué dos obscenidades más.

—Ahora actúas como si no fuera asunto nuestro —concluyó Max.

Miré al doctor Rosen.

—¿Podrías ayudarme?

El doctor Rosen y yo habíamos hablado por teléfono la mañana después de mi cumpleaños. Me dijo que no me obligaría a hablar de Brandon en terapia, pero que me animaba encarecidamente a comunicarle al grupo lo que Brandon me había pedido. Me hizo un gesto para que hablara. Respiré hondo y les expliqué la petición de Brandon de no mencionarlo en las reuniones, a la que accedí de manera tácita.

Todos hicieron la misma pregunta: ¿por qué ponía en entredicho mi tratamiento? Fruncí los labios. Estaban siendo muy dramáticos. Brandon simplemente quería intimidad. Que yo me sintiera cómoda contándoles lo que comía y cómo cogía no significaba que él también. ¿Qué problema había con hacerlo a su manera? Si volvía a los atracones de manzanas y las ideas suicidas, siempre podía cambiar el rumbo.

El grupo siguió arrojándome preguntas. La abuela Maggie quería saber cómo iban a ayudarme así con esa relación. A Lorne le intrigaba saber si Brandon sabía que su apodo era el señor Giritos. La pregunta de Max fue la más dura de todas: ¿valía la pena el sacrificio que había accedido a hacer por esa relación?

El doctor Rosen guardó silencio mientras me interrogaban. Lo miré varias veces y, en cierto momento, vi que aprobaba la decisión que había tomado de tomar en cuenta la petición de Brandon. No obstante, cuando volví a mirarlo, vi la línea recta que dibujaban sus labios apretados y detecté una desconfianza que me heló la sangre. Quise llevarme las manos a los oídos y gritar. ¿Por qué todas mis relaciones tenían que ser un maldito teatro? ¿Cuándo se volverían más fáciles las cosas?

Al final de la sesión, llegué a un acuerdo con el grupo: no compartiría con ellos nada sobre Brandon, pero, cuando necesitara ayuda con la relación, le dejaría un mensaje al doctor Rosen para que me aconsejara al margen del grupo. Luego, se lo contaría a ellos. No el contenido de la conversación con el doctor, solo el hecho de que me diera consejo.

—Eso no va a funcionar —soltó Lorne, y le volví a dedicar un par de señas más.

Sin embargo, aunque pareciera estar tan segura de mí por el acuerdo al que había llegado, por dentro seguía muy preocupada. Llevaba cinco años aprendiendo a abrirme delante del doctor Rosen y de los grupos, aprendiendo a «dejarlos entrar». ¿Cuál sería el precio de sacarlos?

—Christie —pronunció Max con voz grave—. En serio, ¿de qué se trata todo esto? ¿Por qué no puedes hablar de él en terapia?

Supuse que habría algún secreto familiar ancestral que intentaba proteger por lealtad a su linaje. Lo que creía más probable es que se tratara de alguna historia familiar relacionada con algo de lo que se avergonzaba, como una adicción, una enfermedad mental o un embarazo fuera del matrimonio. Sabía que su padre había muerto siendo él muy joven, y noté dolor y vergüenza en aquella historia a la que Brandon solo había hecho alusión una vez. Con el tiempo, acabaría aprendiendo conmigo que los secretos son tóxicos y que abrirse a los demás era el camino hacia la libertad y la intimidad.

Aquella noche, mientras cenábamos *sushi*, le dije a Brandon que estaba dispuesta a dejarlo al margen de la terapia siempre y cuando pudiera contarle al doctor Rosen todo lo que quisiera. Me dijo que le parecía bien. Me levanté de la silla y rodeé la mesa para darle un abrazo. Se puso rojo ante aquella muestra de cariño en público. Pedimos un pay de limón para compartir. Eso había que celebrarlo.

Las reuniones de las semanas siguientes fueron algo incómodas. Antes del decreto de Brandon, siempre me encontraba en el centro neurálgico de todas las sesiones, donde hablaba de con quién me acostaba o quién me había dejado. Destrozaba trapos, me arrancaba el cabello y exigía saber cómo iban a ayudarme las sesiones de terapia de grupo. Me habían enseñado a reírme de mí y a observar las relaciones desde distintos ángulos. Ahora, cada vez que salía el tema del sexo o las relaciones, me encogía y apretaba los labios para recordarles a todos (a mí incluida) que no iba a compartir nada.

Después de cada cita con Brandon, dejaba mensajes cargados de información en el buzón de voz del doctor Rosen («cenamos con un compañero suyo de la universidad» o «¡me quedé a dormir en su casa el viernes, el sábado y el domingo!»). No estaba cometiendo el pecado capital de hacerlo sola. Seguía llamando a Rory todas las noches para contarle lo que comía.

Un jueves por la mañana, Brandon y yo estábamos sentados uno al lado del otro en su mesa de roble hecha a medida, comiendo avena triturada. Él iba con la bata que llevaba sus iniciales bordadas y yo, vestida para ir a trabajar. Llevábamos saliendo más de tres meses y manteníamos una comunicación de lo más agradable las mañanas entre semana. El *New York Times* estaba desmembrado sobre la mesa y cada uno leía una sección: los negocios para él, la primera plana para mí.

—Tengo que irme —dije mientras doblaba mi parte del periódico—. Tengo una teleconferencia con un cliente dentro de una hora.

—¿Qué hora es? —quiso saber.

—Las ocho y media.

Volvió a centrarse en el periódico.

—Mi cita no es sino hasta las diez.

Supuse que se refería a un paciente. Cuando me incliné para darle un beso de despedida, me dijo:

—Me cité con Dietrich. —Esperó un segundo y prosiguió—. Mi psiquiatra.

—¿Tu qué?

Se rio agarrándose el estómago, justo donde llevaba la bata atada a la cintura.

—Mi psiquiatra.

Siguió riéndose. De repente dejé de ver a Brandon como un excéntrico, inexperto o cerebrito, y lo consideré un mezquino y un calculador. Respiré hondo y me pasé el maletín del hombro derecho al izquierdo.

—¿Desde cuándo vas al psiquiatra? —Fingió contar con los dedos, riéndose todavía entre dientes—. Brandon. ¿Desde cuándo?

—En realidad es psicoanalista.

—¿Desde cuándo?

—No es terapia de grupo. No sé cómo puedes hacer eso de sentarte y escuchar los problemas de otra gente. —No paraba de reírse para sí mismo al tiempo que doblaba el periódico con estudiada precisión—. Eso no me serviría de nada.

Me siguió hasta la puerta.

—¿Por qué te enojas? —dijo a mis espaldas mientras me dirigía molesta hacia el elevador.

—Te estás burlando de mí.

Pulsé con furia el botón para bajar. Brandon me siguió con gesto compungido.

Sonó la campanilla del elevador.

Entré.

Mientras se cerraban las puertas, le oí decir:

—Nueve años.

Pensaba que Brandon era buena persona; extravagante y algo reprimido, pero intrínsecamente bueno. Aquella sonrisa suya, su voz suave y los modales impecables me dieron la impresión de que era un alma cándida que, al igual que yo, solo intentaba encontrar su camino. A pesar de su patrimonio y privilegios, trataba a todo el mundo con comedido respeto. Dejaba buenas propinas. Cuando le dije que me encantaba *El rey Lear*, compró entradas para ver una producción en el Goodman. Incluso cuando descubrí sus extrañas costumbres en el dormitorio, no lo consideré un sociópata encubierto. Solo era torpe a la hora de relacionarse con otros, como Justice Souter o Bill Gates. O como yo.

Pero aquello era pasarse. Me había exigido demasiado (dejar de hablar de él en terapia) sin ni siquiera contarme que él tenía terapeuta. Eso no estaba bien. Si pude sobrevivir a los otros hombres, los que hicieron que mi cuerpo recuperara la alegría de vivir, también podía sobrevivir a él. Me imaginé llamándolo más tarde para decirle: «Que te vaya bonito. Disfruta de tu ático y de tu dinero».

Pero no creía que tuviera permitido dejarlo. Esas eran las palabras que tenía metidas en la cabeza: *tener permitido*. Llevaba años quejándome de las relaciones. Había invertido miles de dólares en terapia. Me había registrado en la maldita aplicación de citas judías aun llamándome igual que Jesucristo. Había estado enredada con un hombre casado no hacía mucho. Por tanto, no «tenía permitido» huir de Brandon. Estaba soltero, era solvente y, en general, bastante amable. A medida que el taxi avanzaba y agarraba una curva de una forma capaz de provocar un traumatismo cervical justo delante del bufete, supe que no iba a romper con él. El impulso de huir se vio dominado por la necesidad de demostrar que estaba dispuesta a hacer el esfuerzo que sabía que las relaciones íntimas requerían. Había aprendido a contener la ira, a hacerle frente sin rodeos. Llevaba demasiado tiempo en terapia para cortar de buenas a primeras y salir corriendo. Pero ahora me enfrentaba a un verdadero dilema: ¿debía contarle al grupo lo que acababa de pasar?

Tenía cuatro horas y media para decidirme.

—¿Nueve años? —exclamó Max.

Técnicamente, no rompí la promesa que le había hecho a Brandon porque dije: «El hombre con el que me acosté anoche me ha dicho que lleva nueve años yendo a terapia».

—Sí, casi una década. El muy cabrón.

El doctor Rosen levantó la mano.

—¿Podríamos ir más despacio?

Lo señalé con el dedo.

—Sabe de tu existencia desde hace meses. Deberías haber visto cómo se reía de mí. Y sus secretos...

—No es un secreto. Te lo contó.

El doctor Rosen habló con voz pausada, lo cual me encabronó todavía más.

—¿No quieres algo más para mí?

El doctor Rosen arqueó las cejas.

—¿A qué te refieres con más?

—Me aisló del grupo y no me contó que tenía un terapeuta. Esta relación tampoco va a ningún sitio. Mi especialidad.

El doctor Rosen me miró con su habitual rostro pensativo. Se frotó la barbilla y comenzó a hablar en varias ocasiones. Finalmente, ofreció una de sus perlas de sabiduría.

—No lo sé.

No le pagaba ochocientos cuarenta dólares cada mes para que no lo supiera. Le pagaba para que usara aquellos títulos tan elegantes para enseñarme habilidades sociales que pudieran ayudarme a mantener relaciones sanas. Pregunté si era el momento de romper con él.

—¿Por qué quieres romper con él? —El doctor Rosen me miró como si hubiera revelado un plan para robarle a Brandon la vajilla de plata.

—Me mintió por omisión durante semanas. Voy a acabar justo donde empecé. No sé, a lo mejor hasta tiene mujer e hijos en Peoria.

—Eso es imposible —contestó el doctor Rosen.

—¿Por qué?

—Porque Peoria da asco —intervino Lorne.

El doctor Rosen se inclinó hacia mí con gesto teatral, como si fuera a contarme un secreto.

—¡Pst! Mensaje confidencial para Christie. Esta es la mejor relación que has tenido.

Quise arrancarle esa cabeza medio calva de aquel cuello flacucho que la sostenía. ¿Que esta era mi mejor relación?

—Vete a la mierda, doctor.

—Es verdad —afirmó Patrice.

La abuela Maggie asintió.

—Reed nunca me habría ocultado que iba a terapia.

—Pero te mintió en otras cosas —replicó Brad.

—De acuerdo, pero con Alex... daba paseos en bicicleta al amanecer y manteníamos relaciones todo el...

Max soltó un suspiro de exasperación.

—No te quería, ¿recuerdas? Acuérdate del abrecartas y de aquella bolsa de platos rotos.

Todos me fueron interrumpiendo para darme razones por las que Brandon era el mejor novio que había tenido hasta la fecha. El doctor Rosen dibujó una sonrisa autocomplaciente. Al final dejé de discutir. Había sacrificado la fogosidad que había sentido en el estómago con Reed y Alex para poder tener una supuesta relación real con un hombre disponible, pero ese hombre tenía algunos problemas muy arraigados que me asustaban.

—Te sientes sexualmente atraída por la perspectiva del abandono —manifestó el doctor Rosen.

Quise rebatir aquella afirmación, pero ¿cómo iba a hacerlo? En todas las relaciones anteriores, por lo menos la mitad de la atracción era el desafío inherente de superar los obstáculos que presentaba: la religión del Becario, la mujer de Reed, la ambigüedad de Alex.

—Brandon no se va a ir a ningún lado —prosiguió el doctor Rosen. En el silencio que siguió a sus palabras, juro que lo oí decir—: Ni tú tampoco.

Aquella noche, Brandon apareció en el bufete con una sonrisa que imploraba perdón.

—Me cuesta mucho relacionarme con la gente —admitió.

Toda la bravuconería que antes enarbolaba para romper con él se desvaneció en un instante y, en lugar de decirle: «Esto no funciona para mí», le pregunté: «¿Qué hacemos para cenar?». Más tarde, cuando me dio la vuelta en la cama, detecté cierta urgencia en sus empujes y supuse que había tenido miedo de perderme. Me molestaba que nunca habláramos de nuestra vida sexual, del giro, del silencio incómodo que nos envolvía cuando intimábamos. Me quedé dormida con una sola pregunta en mente: ¿de verdad podía formar una familia con ese hombre? ¿Era esto mejor que estar sola?

34

Puse a Brandon a prueba. ¿Lo habría hecho si hubiera podido hablar de él con libertad en la terapia de grupo? Puede que no. Quería saber si pensaba que podía quererme. Si se imaginaba un futuro conmigo. Si le importaba tanto como que la cama estuviera hecha a la perfección. Me pareció más fácil ponerlo a prueba que preguntarle de forma directa.

La primera prueba: cuando John, un abogado corporativo introvertido y alto del trabajo, me propuso salir a cenar, le dije que sí. De él solo sabía que le gustaba jugar al golf, que no tenía televisión y que se enrollaba como una persiana cuando te contaba una historia. Acepté salir a cenar con él porque tener una cita con otro hombre era la manera idónea de propiciar una conversación con Brandon sobre el rumbo de la relación.

Cuando le dije a Brandon que iba a salir a cenar con John, ni siquiera alzó la vista del periódico.

—Suena divertido —se limitó a expresar.

Al día siguiente, cancelé la cita con John.

Una tarde, tras la puesta de sol, Brandon y yo estábamos comiendo sándwiches de *prosciutto* y aceitunas negras sobre una cornisa con vistas a North Avenue Beach. Me rodeó con el brazo mientras observábamos cómo las aguas del lago Michigan lamían la arena en silencio. Me besó a la sombra de los árboles que rodeaban el pabellón de ajedrez y me imaginé que algo profundo se agitaba dentro de mí. No era una chispa o la llama de la lujuria. Era algo más sustancial. ¿Era eso lo que se sentía cuando dos adultos funcionales se enamoraban? Cuando se apartó, se quedó mirándome.

—Quizá no lo sepas, pero suelo pasar los inviernos en Londres —me explicó. Después, me tomó de la mano—. No obstante, este año quiero quedarme aquí. Quiero ver hacia dónde va esta relación.

Más tarde, cuando cogimos, no me dio la vuelta.

Unas semanas más tarde, un lunes por la noche, Brandon me llamó desde la banqueta frente a mi departamento. Quería saber si se me antojaba salir a dar un paseo. En la calle, él estaba escribiendo algo en el celular con una expresión consternada en el rostro. Empezó a caminar sin mediar palabra y yo lo seguí a la espera de que comenzara a hablar. Se paró de repente. Un autobús pasó a toda velocidad a nuestro lado.

—Quiero contarte una cosa, pero no se lo puedes decir a nadie. Ni siquiera al doctor Rosen. Tiene que quedar entre nosotros.

Me quedé mirando las letras rojas de un rótulo en el que decía SPORTS AUTHORITY. Ahora era él quien me ponía a prueba. ¿Por qué me pedía eso? Y lo que era peor, ¿iba a aceptar el trato?

En cinco años nunca había dejado de serle leal al doctor Rosen por ninguno de mis novios. ¿Cortar la dependencia que tenía con él me ayudaría a avanzar? Quizá era necesario dibujar un círculo alrededor de cierto asunto y no dejar que el doctor Rosen traspasara la línea. Pero ¿de verdad iba a dejar mi salud mental en manos de un tipo que miraba con más adoración a sus sábanas de mil hilos que a mí?

¿Aceptar su propuesta me rayaría el corazón? ¿O me lo rayaría más negarme?

Sí. En lo que tardó un semáforo en ponerse en verde eché por la borda mis años de terapia al aceptar el trato y guardar el mayor secreto de Brandon en lo más profundo de mi ser, aunque supiera que eso me separaría del doctor Rosen, que estaba obligado por ley a guardar cualquier secreto que yo le confesara.

Brandon lo reconoció:

—No tengo libido.

Me dio un ataque de risa. Una risa al más puro estilo Rosen, incluso me agarré el estómago y me doblé hacia delante. Primero, porque eso ya lo sabía. Y segundo, ¿qué más le daba que el doctor Rosen supiera lo de su libido? Nadie esperaba que Brandon fuera capaz de coger como Mick Jagger en 1975. Una oleada de alivio me atravesó, proporcionándome calor y haciéndome sentir poderosa. Lo superaríamos.

Negó con la cabeza.

—Quizá no cambie nunca.

—¿Qué dice Dietrich al respecto?

—Que tengo problemas de intimidad. —Ya.

—¿Eso es todo?

—Bueno, en realidad, no.

Las luces del McDonald's de dos pisos iluminaban la banqueta ante nosotros. El tráfico en la calle Clark se obstruía en el autoservicio de Portillo's. No tener libido no era un factor no negociable para la relación. Si seguíamos juntos y trabajábamos en ello (él, con Dietrich, y yo con..., bueno, sí, acababa de prometerle que lo haría sola), ¿quién sabía hasta dónde podríamos llegar? No pensaba dejarlo por esa gran revelación.

—Debería tener ganas de arrancarte la ropa, pero no las tengo.

Me acarició el brazo y me dijo que nunca se había sentido así con nadie, jamás. Pude ver en su mirada la historia de su autotortura. Yo conocía esa historia. Me había pasado la vida creyendo que había algo en mí que estaba roto. Durante años, estuve buscando soluciones para mis problemas. Había tenido que luchar contra las distintas versiones de mí que se suponía que debía ser como chica, bailarina, texana, estudiante y novia, y aquella lucha me había llevado a vomitar en un baño durante años. Al igual que yo, Brandon siempre había sacado buenas calificaciones en el ámbito académico y, luego, fue ascendiendo en el campo médico. Sin embargo, había abandonado hacía muchos años su vida personal (cómo se sentía, cómo lidiaba con la pérdida temprana de su padre y cómo interactuaba con los demás, en particular con las mujeres). ¿Cómo iba a darle la espalda cuando trataba de superar el mismo obstáculo que yo? Me había pedido estabilidad emocional, y yo lo quería lo suficiente como para tratar de hacer las cosas a su manera. Al menos durante un tiempo.

Cuando al día siguiente fui a la sesión de terapia, estaba hecha un manojo de nervios. Sentía la necesidad de cruzar las piernas cada diez minutos. Se me pasaban por la cabeza algunos fragmentos de la conversación que habíamos tenido Brandon y yo, pero no dije nada. En noventa minutos, apenas pronuncié palabra.

Dos días más tarde, sucedió lo mismo en el grupo de los jueves. Lorne me preguntó cómo me iba con el señor Giritos, y Patrice me preguntó si estaba bien. Cuando me negué a ofrecer respuestas elocuentes, todos me dejaron en paz hasta justo antes de que terminara la sesión de terapia. En aquel momento, Max me preguntó si pensaba que lo de guardar secretos funcionaba. Patrice reconoció que se hacía la misma pregunta.

El doctor Rosen empezó a hablar, pero se detuvo de repente.

—¿Qué pasa? —le pregunté.

Le había dejado un mensaje explicándole que había aceptado guardarle un secreto a Brandon, pero no le había dado más detalles.

—¿Puedo decir algo sobre el mensaje que me dejaste? —preguntó el doctor Rosen.

—Claro, adelante.

—No diré nada del secreto, pero...

—¿Qué secreto? —se extrañó Lorne.

—Christie —formuló Max, enunciando cada sílaba en voz muy baja—. ¿Qué está pasando?

El doctor Rosen afirmó que no tenía por qué contar el secreto de Brandon si no quería, pero quería estar seguro de que yo sabía cómo funcionaban los secretos.

—Cuando aceptas guardarle un secreto a alguien, también estás absorbiendo su vergüenza.

Ya sabía que esa era la filosofía del doctor Rosen. Lo que no comprendía era qué tenía de malo querer ayudar a mi novio a superar la vergüenza. ¿Acaso iba a matarme guardarle un secreto hasta que arregláramos la relación? ¿Las relaciones no significaban asumir ciertos compromisos para evitar acabar muriendo sola junto a una lata llena de cenizas de un bebé?

Las ganas del grupo de saber más aumentaron. Trataron de adivinar de qué se trataba el secreto de Brandon. ¿Había malversado fondos? ¿Estaba en bancarrota? ¿Tenía una esposa secreta? ¿Apostaba? ¿Había cometido fraude? ¿Tenía impulsos pedófilos? El mismo grupo de extraños con el que Brandon me prohibía hablar de él ahora pensaba que podría estar blanqueando dinero o abusando de niños. Miré al doctor Rosen y le supliqué que hiciera que se callaran, pero él negó con la cabeza e insistió en que me estaban ayudando a cargar con la vergüenza.

—Te están haciendo ver el precio que estás pagando.

Observé los rostros del círculo. La ligereza que había sentido momentos antes desapareció. Tenía unas ganas enormes de contarles lo que me había confiado Brandon. Si se lo contaba, Max se reiría y diría algo sobre el mito del macho sexualmente insaciable. Lorne soltaría un comentario mordaz sobre la manía de girarme en la cama. Patrice me acariciaría el brazo y me diría algo para hacerme sentir mejor, y la abuela Maggie se señalaría el anillo de bodas. Brad formularía una pregunta sobre los ingresos de Brandon. Yo amaba más al grupo que a Brandon, pero ellos no podían venir a dormir conmigo por las noches. Tampoco podía llevarlos como acompañantes a la próxima reunión de antiguos alumnos de la Facultad de Derecho. No podían darme la mano por la noche ni formar una familia conmigo. Ni siquiera podían impedir que acabara muriendo sola.

El doctor Rosen me preguntó cómo me sentía. Se me quebró la voz al pronunciar la respuesta.

—Sola.

35

El lunes anterior a Acción de Gracias me senté junto a los miembros del grupo de terapia en silencio mientras ellos discutían las complicaciones que habían surgido en sus planes para esa fecha tan señalada: Max había discutido con su mujer por no haber pedido el pan molido indicado para el relleno; las hijas de Patrice estaban en la ciudad, pero pasaban demasiado tiempo con su padre; el hijastro de la abuela Maggie que vivía en Arizona había infringido las normas de su casa al fumar hierba en el sótano. El doctor Rosen los escuchó a todos y les ofreció consejo. Me miró en múltiples ocasiones, pero mantuve el rostro impávido.

Max me dio un golpecito en el pie con sus tenis.

—Estás muy callada.

Asentí y me encogí de hombros.

—¿Y bien? ¿Qué puedes contarnos? ¿Puedes decirnos qué planes tienes para Acción de Gracias?

Me giré sobre la silla para revisar el reloj que colgaba en la pared que tenía a mis espaldas. Quedaban cinco minutos. ¿Podía ignorar la pregunta durante los próximos trescientos segundos? Lo cierto es que no tenía planes y, aunque había gente de sobra que estaría encantada de acogerme (Clare, Rory, Marnie, Patrice, Lorne y Renee), me daba vergüenza mendigar un sitio en su mesa. Le había dicho a mi familia que me iba a quedar en la ciudad con el chico con el que estaba saliendo porque supuse que Brandon y yo pasaríamos las fiestas juntos. Pero el viernes por la noche me dijo que al día siguiente se iba de viaje con su familia durante una semana. No tuve tiempo para procesar todo lo que eso me hizo sentir: la vergüenza, la soledad, el dolor y la ira. Todo eso se me amontonó bajo las costillas como si de un explosivo casero se tratara.

—¿Y Brandon? —preguntó Max.

Miré al doctor Rosen con la esperanza de que supiera que estaba a punto de estallar de la angustia que me daba pasar otras fiestas sin ningún sitio al que ir a pesar de tener novio. Era como revivir el viaje a Italia con Jeremy.

—Adelante —me animó el doctor Rosen. Lo sabía.

Sacudí la cabeza, oponiendo resistencia.

—¿Quieres guardártelo todo para ti? —quiso saber el doctor Rosen mientras miraba el reloj. Quedaban doscientos segundos.

—¡No! —grité—. ¡No, no, no, no!

—¿No a qué? —insistió el doctor Rosen, mirándome a los ojos.

No a todo: no a callarme por un chico que no quería pasar las fiestas conmigo después de salir durante meses, no a Brandon informándome de su viaje cuarenta y ocho horas antes del vuelo, no a esa soledad, no a los giros en la cama y a no tener voz en las sesiones de grupo, no a estar aislada, sola y llena de secretos. El doctor Rosen me miraba del mismo modo que lo hizo cuando regresé de Alemania. Seguía preocupado por mí, su pequeño fracaso. Debía de odiarme. Yo lo hacía.

—¿Qué quieres? —preguntó.

—¡Deja de ser tan lindo conmigo!

—No voy a dejar de quererte, y el grupo tampoco.

Cerré los ojos con fuerza. Los odiaba a todos por todo lo que tenían: suegros a los que aborrecían, esposas olvidadizas, hijastros drogadictos. Recetas para hacer relleno. Familia. Lugares a los que ir, gente con la que estar. Si abría los ojos, vería sus caras mientras admitía que no tenía adónde ir. Me desplomé sobre las piernas, me agarré el cabello a puñados y tiré con fuerza. El dolor físico intenso me alivió. Tenía las manos llenas de cabellos arrancados de la cabeza.

Quería que la terapia fuera lineal. Quería obtener mejoras cuantificables en cada año que le dedicaba. A estas alturas, tras cinco años y dos meses, debía ser inmune a la furia que me impelía a arrancarme el cabello a puñados.

Patrice posó la mano sobre mi espalda.

—Por favor, no te hagas más daño. Ven a mi casa.

—¡No quiero compasión! ¡Quiero algo mío! ¡Quiero mi propia familia! ¡Pensaba que me ayudarías, Rosen!

Aquellos gritos hicieron vibrar las ventanas. Volvía a ser la mujer sollozante con los puños llenos de cabello en terapia de grupo. ¿Llegaría a ser algún día otra cosa?

—¿Puedes quedarte con ese dolor? —preguntó el doctor Rosen.

—¡No! —Quedaban cero segundos para el final de la sesión. Tenía la cabeza a punto de estallar.

—Quédate con ese dolor.

Me levanté y tomé una maceta de cerámica del alféizar. La levanté con ambas manos por encima de la cabeza y me la estampé contra la frente, justo en el nacimiento del cabello. Un silencio candente me aturdió antes de que un dolor terrible se me propagara por la cabeza. Dejé que la maceta se me resbalara entre los dedos. La tierra, salpicada de diminutas bolas blancas, cayó sobre la alfombra junto a un pedazo de eucalipto. El doctor Rosen me agarró las muñecas y me llevó hasta la silla. Yo no opuse resistencia. Me pasé los dedos por el moretón que se me estaba formando en la frente. La habitación se quedó en silencio, salvo por mi respiración irregular.

—Dilo, doctor Rosen: «Vamos a terminar por hoy». Se acabó.

Pasaban dos minutos de las nueve. Nadie se movió. Sin levantar la mirada, dije:

—¿Qué hago? —Se lo preguntaba a todos. No íbamos a vernos en una semana. Un sollozo alojado en el pecho se abrió paso y brotó—. Creía que estaba mejorando.

—No vuelvas a hacerte daño —declaró Patrice—. Por favor.

—Christie... —Max vaciló—. Guardarte los secretos de Brandon no te está ayudando.

Asentí y abrí las manos con la esperanza de que aquel gesto me salvara de mí. Como siempre, el doctor Rosen sugirió que aquel puente festivo estuviera con otras personas siempre que pudiera. Que saliera a tomar algo. Que durmiera en el sofá de Lorne y Renee. Tenía que verme para jugar con la gente de la terapia de grupo o de rehabilitación, como una niña de preescolar.

A las nueve y cinco, el doctor Rosen tomó aire profundamente y juntó las manos. Todos nos levantamos para cerrar la sesión como era costumbre. Le extendí a Patrice la mano derecha, manchada con mi sangre. El doctor Rosen me tomó la otra. Las lágrimas se me derramaron por las mejillas y el ritmo de las pulsaciones me martilleó la cabeza. Cuando nos soltamos, todo el mundo se movía en cámara lenta. Me incliné para tomar el maletín, de espaldas al grupo. Sentía vergüenza de aquel berrinche, de la herida sangrante que tenía en la cabeza, de mi movimiento no lineal en terapia.

—¿Podrían esperar unos minutos? —pidió el doctor Rosen. Max, Brad, Patrice, Maggie y Lorne se quedaron de pie en silencio ante sus respectivas sillas—. Quiero darle a Christie algo para ese corte.

Sacó un pequeño botiquín de primeros auxilios del archivero. Se puso un poco de pomada en el dedo y me la restregó por la frente. Me dio una palmadita cariñosa en la cabeza.

—Todo saldrá bien. —Lo repitió dos veces—. Tienes suerte de tener la cabeza más dura que una piedra.

Abrí las cortinas para dejar que los deslumbrantes rayos de diciembre llenaran la habitación. El océano Pacífico se extendía hacia la costa como una lengua espumosa. La arena relucía bajo la luz de media mañana, y la rueda de la fortuna del muelle centelleaba sobre un cielo completamente despejado.

Era Navidad, y Brandon y yo estábamos en Santa Mónica.

Tras el incidente de la maceta, reuní el valor necesario para ser más directa. En cuanto regresó del viaje de Acción de Gracias, hablé con Brandon sin tapujos: quería que pasáramos juntos las próximas vacaciones. No era una prueba ni una exigencia, solo era lo que necesitaba. Él sugirió ir a Los Ángeles unos días.

—Conozco un hotel genial al lado de la playa —comentó.

No me preguntó por la herida de la frente.

El doctor Rosen se mostraba escéptico respecto a mi relación con Brandon (nunca insinuó que debiera confesar sus secretos), pero todos los compañeros del grupo eran abiertamente escépticos. Durante las sesiones, especulaban entre ellos sobre aquel secreto inconfesable, sobre si seguía girándome cuando manteníamos relaciones, sobre cuánto tiempo íbamos a durar. «Pero ¿ella disfruta siquiera de esta relación?»

Durante las vacaciones, Brandon y yo nos relajamos y nos dejamos llevar. Él bromeaba más y tarareaba mientras se afeitaba. Hicimos mucho más el amor, coreábamos las canciones de la radio y comíamos platos con aguacate fresco. Vimos *En busca de la felicidad*, la peli en la que Will Smith hace el papel de un vendedor hundido en la miseria que acaba consiguiendo unas prácticas no remuneradas en una correduría de bolsa y al final se convierte en un hombre de negocios acaudalado. Brandon estuvo todo el rato tomándome de la mano. La película demostraba que uno podía cambiar, por imposible que pareciera. Bajo el brillante cielo de California y con el océano como testigo, dejé que la felicidad entrara en mí.

—Quedé el domingo con mi madre para almorzar en el Península. —Una noche de enero, Brandon se paseaba por el salón de mi departamento mientras yo comprobaba los correos del trabajo en el BlackBerry—. ¿Quieres venir con nosotros?

Levanté la cabeza de golpe. Dejé caer el BlackBerry sobre la barra de la cocina. Almorzar. El Península. Su madre.

—Sí. Sí, quiero ir a almorzar contigo y con tu madre al Península.

Era la primera semana de enero y todo en Chicago permanecía en calma bajo el frío invernal: los árboles cubiertos de escarcha, las calles resbaladizas atestadas de nieve vieja, el riel metálico rígido que guiaba el tren. No obstante, bajo el suéter de lana, el abrigo y el gorro polar, yo canturreaba llena de vida. Nunca había conocido a una madre durante un almuerzo en un hotel de cinco estrellas. El corazón me calentaba el cuerpo entero. Durante la reunión de grupo dejé entrever que las cosas iban bien.

—Puede que el domingo vaya a tomar un elegante almuerzo con un amigo y su madre. —Sutil.

La mañana en cuestión, el chofer de la *mater familia* nos recogió con su largo Mercedes negro. El abrigo de piel que llevaba era tan grueso que resultaba complicado verle la cabeza bajo tanto pelaje de visón. Me estrechó la mano y me dedicó una ligera sonrisa. Después de pedir, hablamos de las novelas de Barbara Kingsolver y pedimos la misma entrada: *frittata* de claras de huevo con hortalizas frescas y queso de cabra. Se dejó el abrigo de visón sobre los hombros, pero ensanchó la sonrisa y se rio de mis bromas.

Más tarde, Brandon me informó que su madre había disfrutado mucho de mi «animada compañía». Supuse que el siguiente paso sería conocer al hermano pequeño, que vivía en Londres todo el año, y luego él podría conocer a mis padres cuando vinieran de visita en primavera. En todos los escenarios futuros que imaginaba, siempre colocaba a Brandon en el centro y, entre bambalinas, podía sentir a los miembros de los grupos de terapia y al doctor Rosen animándome, aunque nadie salvo yo pudiera verlos.

36

Brandon dejó de besarme en los labios. Cuando le pregunté por qué, me dijo que no le gustaba mi aliento, ni siquiera después de que me lavara los dientes, usara hilo dental y me enjuagara la boca con enjuague bucal. Dolida, me lavé los dientes con más fuerza y utilicé más enjuague bucal, pero siguió sin besarme.

Después, empezó a volver cada vez más tarde del trabajo. Concertaba reuniones fuera de la ciudad y, siempre que yo le ofrecía llevarlo en coche, me rechazaba. Todavía teníamos sexo una vez por semana, y mi cara siempre acababa estampada contra la almohada. El señor Giritos había vuelto. Y cada vez que me giraba, la voz me fallaba. Se quedaba temblando e inmóvil sobre la almohada junto a mi cabeza. En el trabajo, imaginaba que la siguiente vez que me lo hiciera me daría la vuelta y le diría algo (cualquier cosa). O que lo hablaría con él cuando estuviéramos en el coche, cenando o con un mensaje. Me prometía que no volvería a acostarme con él si no éramos capaces de debatir cómo hacerlo. Pero, cuando entrábamos en su habitación y nos tumbábamos sobre aquellas sábanas blancas tan elegantes, me volvía completamente incapaz de pronunciar ni una sola sílaba.

En las sesiones de terapia de grupo también me quedaba callada. Tenía unas ganas enormes de contarlo todo y pedir ayuda. Llevaba tanto tiempo sin compartir nada con aquellas personas que ya no era capaz de imaginarme qué tipo de consejos me darían. ¿Me recomendarían que le pidiera a Brandon que me besara en la boca? ¿O que le explicara cómo me sentía cada vez que me daba la vuelta en la cama? Quizá me aconsejarían que lo aceptara tal cual era. O que lo dejara y punto. Me aterrorizaba pensar que mi conexión con los miembros del grupo y sus voces se estuviera transformando en un mero recuerdo.

Los domingos por la mañana con Brandon aún parecían normales. Dormíamos hasta tarde, leíamos el *New York Times* e íbamos al gimnasio. Durante esas pocas horas, mientras hojeábamos el periódico o cuando chocábamos las palmas después de una carrera en la pista, yo confiaba en que la relación era más fuerte que cualquier cosa que estuviera afectando a Brandon en el ámbito laboral. Las relaciones de verdad tenían sus altibajos. Todo el mundo lo afirmaba. Quizá nuestros corazones no encajaran a la perfección, pero había muescas suficientes como para que se unieran.

Un domingo a principios de febrero, nos encontramos delante del gimnasio con Bill, un amigo de la universidad de Brandon. Nos quedamos parados en el estacionamiento, saltando para mantener el calor mientras los copos enormes de nieve caían del cielo gris cachemira. Yo me limité a escuchar mientras Brandon y Bill hablaban de amigos en común, ortopedia y el índice bursátil.

—¿Cómo le va a Marcie? —le preguntó Bill a Brandon.

Yo había conocido a Marcie (una amiga en común suya de la facultad) en otoño, cuando ella había venido a Chicago para reunirse con compradores de su línea exclusiva de armazones de gama alta. Había sentido celos de su melena larga y rizada, su preciosa chamarra de cuero y sus lentes con un armazón de moda. En comparación con ella y su estilazo neoyorquino, yo me sentía como una bola de masa del medio oeste.

—Voy a verla dentro de dos semanas —respondió Brandon.

Primera noticia para mí.

—¿Irás a Nueva York? —prosiguió Bill.

—A Cancún, en realidad.

Si mi vida hubiera sido una película, me habría atragantado con la comida o le habría escupido una cantidad inmensa de refresco a alguien en la cara. Mi novio, con el que llevaba diez meses saliendo, acababa de anunciar como si nada que iba a irse de vacaciones con otra mujer a otro país. Pensé que lo había entendido mal. Brandon no se dio cuenta de lo estupefacta que me había quedado. Unos minutos más tarde, Bill me tocó el hombro, se despidió y se fue. Brandon se encaminó hacia el gimnasio. Yo me quedé inmóvil. Él dio unos pasos más y luego se volvió para preguntarme qué me pasaba.

—¿Lo dices en serio? —mi voz sonó grave y poderosa. Le estaba hablando desde el rincón más profundo de mi ser.

—¿Qué?

—Es una broma, ¿no? —Me giré y caminé hacia mi coche. Era la gota que derramaba el vaso.

Cuando abrí la puerta del conductor, él estaba a mi lado. Me metí en el coche y fijé la vista al frente mientras metía la llave en el interruptor y ponía la calefacción al tope. Me tapé la boca con las manos para calentármelas. Había un CD aleatorio en el reproductor y subí el volumen al máximo. Él se sentó en el asiento del copiloto y bajó el volumen.

—Christie.

Volví a subir el volumen al máximo. Él apagó la música de un golpe y me apartó la mano.

—¿Por qué estás tan enojada?

—Sal del coche.

No se movió. Por una vez, no estaba histérica, aunque sabía que esa misma noche estaría soltera.

—No te hagas el tonto, no te queda. Además, las niñitas de preparatoria de Texas van a Cancún a vomitar en las vacaciones de primavera...

—Tiene una reunión y me pidió que la acompañe...

—Dime qué diablos pasa o bájate del coche.

Respiró hondo, y eso me dio ganas de darle un puñetazo en la cara. Pobre Brandon, cuánto tenía que soportar. Después, empezó a decir cosas como «Deberías estar con alguien que quiera estar contigo» o «Te mereces algo mejor».

—Si quieres romper conmigo, hazlo como un adulto.

—Te estoy diciendo que te mereces estar con alguien que quiera estar a tu lado.

—Me estás diciendo que esa persona no eres tú.

No me contestó.

—No tienes tan buen aspecto como siempre —observó Max.

Llevaba puesta la misma ropa del día anterior: un suéter todo arrugado y una camisa que se me había salido por fuera.

—Anoche, Brandon y yo rompimos.

Todos soltaron gritos ahogados y se quedaron con los ojos como platos.

—¿Llevas algún objeto afilado contigo? —inquirió Lorne.

Alcé las manos como si me estuviera rindiendo. No llevaba armas. No sentía la necesidad de autolesionarme ni de romper cosas. Esta ruptura, al contrario que las demás, me trajo algo nuevo: un gran alivio. Por fin podría dejar de fingir que Brandon era mi alma gemela y seguir con mi vida. Cuando les conté lo de Marcie y Cancún, a nadie pareció sorprenderle.

—El señor Giritos tiene un problema de verdad —sentenció Lorne.

—El dinero no cura la locura absoluta —apostilló Max. Le lanzó una mirada a Brad, que seguía empecinado en que así era.

El doctor Rosen me observó durante un buen rato.

—Sé lo que me vas a decir —le dije.

Abrí las manos y todas las ganas de luchar me abandonaron. El doctor Rosen también abrió las suyas. Parecía mi reflejo en un espejo.

—Te escucho.

—Vas a decirme que la gente de este grupo me quiere. Que la del otro grupo también me quiere. Que tú me quieres. Y que todo va a salir bien. —Y, por supuesto, también iba a insistir en que estar sentada en ese círculo ataviada con aquella ropa arrugada y expresándole mis pensamientos y sentimientos al grupo era suficiente.

—Espera. —La cara de Lorne se iluminó como un Gusiluz—. Entonces, ¿ya puedes contarnos el secreto de Brandon?

Miré al doctor Rosen, que mostraba una expresión completamente inescrutable. Quería contarles todo, que todo volviera a ser como antes, cuando aún no había puesto a Brandon por encima de ellos, pero no así. No quería hacerlo para saciar la curiosidad de Lorne ni cuando todo estaba aún tan reciente. Negué con la cabeza, ya se lo contaría más adelante. Empecé a temblar sin control. Me castañeteaban los dientes como monedas cayendo sobre mármol. Las rodillas me saltaban tanto que parecía que iban a salir disparadas. Me abracé el cuerpo para tratar de calmarme. Me resultó imposible.

—¿Qué te pasa? —me preguntó el doctor Rosen.

Negué con la cabeza. Por mucho esfuerzo que hiciera, no podía detener aquel temblor. Cada vez se volvía más violento.

—Denle una manta —sugirió Patrice. Miré la triste colección de cojines con flecos de los setenta y la manta vieja y andrajosa que el doctor Rosen tenía en un rincón y que parecía poder contagiar la mismísima viruela.

—No, gracias —respondí como pude entre el castañeteo de los dientes.

El doctor Rosen se levantó y empujó su silla hacia atrás. Se sentó en el suelo con las piernas abiertas hasta la anchura de las caderas y abrió los brazos.

—Ay, Dios —murmuró Max entre dientes.

—¿Qué haces? —pregunté.

El doctor Rosen me dirigió una gran sonrisa.

—He tenido una idea. —Extendió más los brazos—. Creo que necesitas que te abracen. Estás a punto de descubrir una nueva identidad y forma de verte.

De nuevo, abrió los brazos todavía más.

—Se está ofreciendo para abrazarte —explicó Max.

—¿Cómo?

Max me lanzó un cojín. Me acerqué al doctor Rosen y se lo ofrecí. Se lo colocó como una hoja de parra. Yo me arrodillé y luego me senté. Estiré las piernas hasta colocarlas en perpendicular con su cuerpo. Él dobló la rodilla izquierda para que pudiera apoyar la espalda, y con la derecha formó un puente sobre mis piernas estiradas. Yo seguía temblando y experimentando grandes espasmos en las manos y las piernas.

—Respira —me dijo.

Inhalé hasta que sentí que el pecho me iba a explotar. Después, solté el aire poco a poco, molécula a molécula. La temblorina prosiguió, aunque con menos fuerza. Me sobrevino una oleada de vergüenza por volver a estar en aquella sala cargada con otro estrepitoso fracaso. La permití. No traté de huir de ella ni asustarme con pensamientos sobre lo sola que iba a morir. El doctor Rosen me abrazó, y yo se lo consentí.

Unos minutos más tarde, coloqué la cabeza en el hombro del doctor Rosen. Él me puso el brazo en la espalda y me abrazó más fuerte. Yo enterré la cara en su camisa, como si fuera una niña, y empecé a mecerme. Él me dio unas palmaditas suaves en la espalda. Seguí meciéndome. Me fui a otro lugar, a algún momento de mi más tierna infancia cuando me mecían para dormir, antes de tener la capacidad lingüística para conocer el significado de las palabras *fracaso* y *perdedora*.

La sesión siguió avanzando como siempre: Lorne contó una historia sobre su exmujer y Max comentó que su hija había presentado una solicitud de ingreso a una universidad. Todos estaban allí, pero yo estaba muy lejos; había vuelto a ser una niña, un bebé. Cuando el doctor Rosen hablaba, su cuello vibraba contra mi cuero cabelludo. Seguía teniendo los ojos cerrados, pero, cuando los abría de vez en cuando, veía el reloj del doctor Rosen, los zapatos de Max o los manchones de la alfombra. Pasaron veinte minutos. Y luego, otros veinte.

En algún momento, el doctor Rosen dijo:

—Creo que hoy lo dejaremos aquí.

Seguíamos en el suelo, pero la sesión había terminado. Abrí los ojos y me incorporé. Me dolían las caderas y no estaba segura de si podría levantarme sola. Max me tomó de una mano y Brad, de la otra. Me levanté y me uní al círculo.

37

Para ayudarme a superar lo de Brandon, el doctor Rosen me asignó dos tareas: sentir mis sentimientos donde y cuando fuera y no realizar actividades que requirieran gafas de seguridad. Acepté y decidí que esta vez iba a ser soltera de una forma distinta. Iba a aceptar y explorar esa nueva condición. Me desprendería del cuento de que estar soltera era una sentencia de muerte o una enfermedad letal. De noche, me sentaba en el sofá y contemplaba las vistas de Chicago. Cuando los dedos me pedían arrojar algo que pudiera romperse en mil pedazos, llamaba a Rory, Lorne o Patrice. Me arrastraba lejos de la soledad para adentrarme en aquellas voces conocidas que me prometían consuelo.

Una noche, la quietud era como una maldición y no tenía a nadie cerca. Atravesé poco a poco la cocina hasta llegar al dormitorio, donde me quedé de pie en el umbral de la puerta, observando la cama e imaginando los fantasmas de Jeremy, el Becario, Alex y Brandon cerniéndose sobre el edredón.

—Adiós —susurré.

Luego, encendí la laptop y me puse a mirar tiendas de muebles en busca de una cama nueva. Me gustaba el carácter simbólico que poseía una cama nueva para aquel capítulo nuevo de mi vida, trajera lo que me trajera. Aunque luego no me trajera nada.

Click. Click. Click.

Ahora era la dueña de una cama de estilo Imperio gigantesca, un mamotreto pesado y curvilíneo en roble claro que recibiría dentro de dos semanas. Una cálida ráfaga de triunfo me hizo levantar el puño en el aire. Había soñado con regalarle esa cama a mi prima pequeña cuando se comprometió la noche que le corté el brazo al osito de peluche del doctor Rosen, pero ahora me la iba a quedar yo.

Una semana después, me puse como propósito decir que sí a cualquier invitación social que me ofrecieran. Punto. Sin requisitos. El universo debió de extender aquella decisión como un reguero de pólvora, porque empecé a recibirlas a montones. ¿Quería ir a ver a un grupo de *country* del que nunca había oído hablar con un amigo del trabajo? ¿Quería acompañar a Nan a cambiar su consolador a la tienda? ¿Qué tal ir a ver una película en blanco y negro de Preston Sturges a un antiguo banco que habían reconvertido en una sala de cine a dieciséis kilómetros al oeste de Chicago? «Sí, sí, sí. Me apunto. Estoy viva. Existo.»

El Día de los Presidentes (una mañana gélida de febrero con temperaturas bajo cero), me desperté envuelta en una neblina de vergüenza e ira. Se me cerraron los puños y la cabeza me daba martillazos.

«Se acabó. Ahora es cuando me tiro por la ventana.» Se suponía que Brandon y yo debíamos estar en New Hampshire para una boda... si hubiéramos seguido juntos. Lo más probable es que estuviera allí con Marcie haciendo lo que sea que se haga en New Hampshire a mediados de febrero. ¿Clavar tubos en los arces para obtener miel? ¿Pescar en el hielo? ¿Sexo delante de la chimenea? Ante mí se extendía un día completamente vacío: el bufete estaba cerrado y no tenía otros planes más que ir a terapia. Las festividades inminentes siempre eran mi perdición. Apenas podía respirar. Para alejar el desánimo, me puse los tenis y salí a correr.

El cielo seguía gris y turbio, y la temperatura rondaba los doce grados bajo cero. Una capa de hielo resbaladizo cubría las aceras, así que corrí por el asfalto. El aire era tan frío y estaba tan enrarecido que respirar costaba más de lo normal. Cuando llegué al paseo que bordeaba el lago, el sol comenzaba a salir por encima del agua semicongelada. A cada paso que daba, el aliento me abandonaba y formaba una nube de vaho blanco. Aquella carrera rayaba en la autotortura (el mundo que me rodeaba estaba congelado), pero tomé una decisión: si veía a otro corredor en los siguientes dos minutos, seguiría corriendo; si no, tomaría un taxi y me sentaría en la cafetería que había a la vuelta de la esquina de la consulta del doctor Rosen hasta que comenzara la sesión.

Casi un kilómetro después, avisté a una corredora solitaria enfundada en una chamarra verde y la seguí como si se tratara de la estrella polar.

Pie izquierdo, pie derecho, toma aire.

Pie izquierdo, pie derecho, toma aire.

Sigue la chamarra verde. Las luces verdes. Vamos, vamos, vamos.

Cuando el sol salió por completo por el horizonte, me detuve para contemplar aquel puño abrasador y desafiante que ascendía sobre el lago Michigan. Como respuesta, agité el mío en el aire. Una vez que giré la esquina con la carretera que bordeaba el lago, me detuve, apoyé las manos en las rodillas e intenté calmar la respiración. Me estaba pasando algo. Sentía todo el cuerpo inexplicablemente cálido, de adentro hacia fuera.

Entonces, mirando absorta aquel puño de luz, oí una voz. «Estás bien.» Miré por encima del hombro, pero no había nadie. ¿De quién era esa voz? Nunca en la vida había tenido un pensamiento tan rebelde: que estaba bien tal y como era, incluso sin pareja, sin acompañante, sin porvenir, sin amante, sin compañero, sin familia propia, sin un futuro brillante lleno de gente que me conocía de verdad.

Se me empezó a cubrir de escarcha la nariz, tenía que seguir corriendo. Dupliqué el ritmo. La velocidad de una rendición silenciosa. A cada latido que daba mi palpitante corazón, volvía a pensar: «Estoy bien, estoy bien, estoy bien». Era una revelación y no cesaba de repetirse. Brandon no era dueño de mi bienestar. Ni él, ni nadie. Ni siquiera el doctor Rosen. Él no podía hacer que me sintiera bien. Lo único que podía hacer era presentarse en las reuniones para ser testigo de todas los desastres que conformaban mi vida personal y ofrecerme un abrazo cuando el dolor amenazara con destruirme. Era la primera vez en mi vida que estaba bien, o lo bastante bien. Porque lo decía yo.

No iba a mencionar aquellos pensamientos en la reunión de grupo porque creía que eran transitorios. Pero entonces ocurrió en plena sesión. Lorne estaba leyendo la última orden judicial en relación con su pelea por la custodia y aquel sentimiento se apoderó de mí de nuevo, la sensación de bienestar, allí mismo, en aquel instante.

—Chicos, me pasó algo.

Patrice me tocó la mejilla con el dorso de la mano.

—Estás fría como un témpano.

—Tuve una revelación, pero es difícil de explicar. Era como si alguien me estuviera hablando, pero era yo. Me dije que estoy bien. Ahora mismo, en este instante justo, estoy bien. —La cara del doctor Rosen dibujó una sonrisa perpleja—. Aunque el hombre de mi vida no aparezca nunca, aunque tenga que adoptar y ser madre soltera o aunque fracase en todas las relaciones que tenga a partir de hoy..., estaré bien. Estoy viva, tengo trabajo. Y vengo aquí.

El doctor Rosen se inclinó hacia mí.

—Nosotros llevamos mucho tiempo queriéndote así, tal y como eres.

Ellos siempre me habían querido. Y también el grupo de los martes. Estuvieron a mi lado incluso cuando me ponía como una furia, hacía estallar bombas de autocompasión, me lamentaba, moqueaba, forcejeaba y monopolizaba las sesiones con mis tribulaciones. No moriría sola. Esa gente estaría a mi alrededor. Ayudarían a mi familia a planear un funeral adecuado. Dirían cosas bonitas sobre mí y le explicarían lo del pequeño Jeremiah a mi madre confundida y afligida.

Visualicé mi corazón y distinguí hendiduras de cada grupo de terapia en el que participé, de cada hombre con el que había salido, de cada pelea que había tenido con el doctor Rosen o con algún compañero de terapia. Cada «púdrete» que le había dedicado al doctor Rosen era una muesca. Cada mensaje de voz entre gritos, cada berrinche durante una sesión, cada jalón de cabello dramático y cada plato roto. Cortes, tajos, arañazos, desprendimientos, hendiduras, estrías. Mi corazón, esa cosa carnosa y compleja, se había rayado con cada intento, percance y arremetida que había experimentado con otras personas, con aquellas que me querían y aquellas que no.

Además de mi política de responder siempre que sí, empecé a expresar exactamente lo que quería de otra gente para redimirme por haber perdido la voz con Brandon. Nunca más volvería a abandonarme en un encuentro sexual. No obstante, para mantener esa promesa, tenía que empezar a expresarme en situaciones no sexuales. Les escribí un correo a mis amigos diciendo: «Quiero salir este fin de semana», en lugar de ir a lo seguro y decir: «Podríamos salir». Cuando Anna, una compañera de trabajo, respondió sugiriendo ir a un concierto de Rusted Root, lo apunté en el recuadro blanco del calendario. Mi voz, expandiéndose por el vacío, empezaba a darle forma a mi vida.

Luego envié otro correo electrónico. «Algunos de nosotros vamos a ir a un concierto y quiero que vengas.» Le di enviar y, después, me reí. ¿De verdad le acababa de enviar un correo a John de buenas a primeras? John era el chico de Skadden, el que usé para poner a prueba a Brandon. Aquel correo era una lección vocal. Justo antes de enviarlo, sonreí al leer «quiero que vengas». Nunca le había dicho eso a un chico.

No tenía planes secretos de matrimonio ni la esperanza de que John y yo acabáramos llevándonos bien. Simplemente me vino a la cabeza. Tras darle al botón de enviar, volví al trabajo sin revisar el correo de manera compulsiva a la espera de una respuesta. La verdad es que me daba igual que viniera o no.

Después de cancelar la cena con John en otoño, pensé que no volvería a saber nada de él. Sin embargo, seis semanas antes de que Brandon y yo rompiéramos, John me ofreció una entrada que le sobraba para ver *Turandot*, de Puccini, en la Lyric Opera. Cuando se lo comenté a Brandon, se mostró impávido para variar. En aquel momento no estaba poniéndolo a prueba, porque ya habíamos ido a almorzar al Peninsula. Lo que pasó es que, tres días antes de la supuesta cita con John, Brandon me llamó al trabajo para saber si tenía algún plan para aquella noche. Era un miércoles a principios de enero, nevaba y estaba todo muerto. Mi plan inicial era envolverme en franela y maldecir el clima de Chicago. Me preguntó si quería ver *Turandot* esa noche. Con las entradas de temporada de sus padres. Cuarta fila, en el centro. Debido a nuestra habitual forma disfuncional de expresarnos, ninguno de los dos comentó que yo iba a ver esa misma ópera el sábado con John. Sonreí durante la conversación porque Brandon estaba demostrándome que se preocupaba por mí. Por los dos. Puede que se sintiera un poco amenazado por John.

Tres noches más tarde, vi la misma ópera desde el segundo balcón con John y dos amigos suyos. Cuando acabó, Michael, el amigo de John, nos dejó a todos en nuestras respectivas casas mientras sonaba *Nessun dorma* a todo volumen por el reproductor de CD. Desde el asiento trasero, oí a Michael y John discutiendo sobre dónde se podían comer los mejores postres de toda la ciudad. Me pasé la noche pensando que John era más atractivo de lo que recordaba, pero entonces se me ocurrió que podía ser gay.

Preguntarle a un tipo potencialmente gay si quería venir a un concierto era bajar mucho la vara.

«Me encantaría ir. Ya me dirás a qué hora es.»

Seis horas antes del concierto, fui a terapia con un humor de perros. Aceptar una vida nueva del modo en el que lo estaba haciendo era agotador y caro. Entradas para conciertos, una cama nueva, *sushi* para uno para cenar... Nada de aquello era barato. Estaba frustrada y harta de todo. Le grité al doctor Rosen. Lo mandé a la mierda en varias ocasiones, le eché en cara que aquello no funcionaba y más de una vez le pregunté por qué no admitía de una vez que no podía ayudarme. Nada de lo que él o los miembros del grupo dijeron me afectó. El único pensamiento que me taladraba la cabeza era que odiaba lo jodida que estaba.

Después de la reunión, volví al bufete encabronadísima, horrorizada por el concierto al que tenía que asistir con una sonrisa y en el que debía ser sociable. Las seis en punto pasaron tan pronto como llegaron. No me levanté del escritorio. Pronto serían las siete. Había quedado con todos, incluido John, en veinte minutos. Llamé a Rory desde el despacho y lloré mientras el sol se derretía tras el río Chicago, dejando la estancia sumida en la oscuridad salvo por el brillo de la computadora. No había nadie cerca aparte de los de la limpieza.

—Estoy harta de decir que sí.

—Podrías ir una hora. Solo una.

Rory se quedó al teléfono hasta que accedí.

Antes de salir de la oficina fui al baño para comprobar el daño que habían provocado las lágrimas que había derramado durante una hora entera. Se me había corrido todo el maquillaje. No llevaba brochas, lápiz labial ni nada que se asemejara a un producto de belleza. Me peiné el cabello con los dedos y lo recogí en un moño que esperaba que fuera sexy y despreocupado, no la prueba de la crisis existencial que estaba sufriendo. De camino al bar, encontré un viejo brillo de labios de Burt's Bees olvidado en el bolsillo del abrigo, con lo que parecía que el universo me estuviera lanzando una señal sutil brillante. Había zonas de la calzada todavía salpicadas de nieve, pero ya se podía oler la primavera preparando su entrada triunfal. Cuanto más me acercaba al bar donde habíamos quedado, mejor me sentía. Recordé que estaba bien. Y que podía irme a casa y acostarme en mi cama estilo Imperio dentro de una hora.

Anna y los demás estaban apiñados en un rincón del local. Alguien me pasó un plato cuadrado descomunal con quesos y pasas, del que comí roquefort cremoso y gouda ahumado. John entró diez minutos más tarde. Una punzada de preocupación me acometió: ¿tendría que ser su niñera? Mientras atravesaba el local, capté la confianza y la seguridad con las que andaba, además de su sonrisa tranquila. Saludó a los compañeros de trabajo que apenas conocía y me dio un abrazo de lado. Olía a aire fresco y ropa limpia. Este chico podía cuidarse solo; podía irme cuando quisiera.

—Siento llegar tarde. —Se inclinó hacia mí para poder oírlo por encima del barullo que había en el bar lleno de gente—. Acabo de comprar una cama y estaba esperando a que me la trajeran.

Le hablé de la nueva cama estilo Imperio que me había comprado. Charlar sobre camas tenía cierto toque sugerente que estimuló algo en mi interior. Quizá no fuera gay.

Llegaron más amigos y nuestro grupo se recolocó como pudo dentro del bar, pero siempre acababa al lado de John.

Lo observé. No habló mucho, pero sus ojos centelleaban llenos de vida mientras seguía la conversación. Cuando llegó la hora de ir al concierto, de nuevo acabamos caminando uno al lado del otro. Tenía un estilo sencillo: iba ataviado con un suéter azul, jeans y zapatos de vestir negros con cordones y punta redonda. El saco era abrigado, pero no parecía moderno ni era tan serio como el de un empresario. No detecté en él ningún tipo secreto de vergüenza ni tampoco un pozo de soledad, ni nada que diera a entender que poseía un lado oscuro exasperante o tentador que despertara en mí la necesidad de enderezarlo.

El celular me vibró en el bolso al recibir un mensaje de Rory para comprobar si había llegado ya a casa. Le respondí desde el baño: «Sigo fuera y hasta me estoy divirtiendo».

La sala de conciertos estaba a rebosar de gente sudorosa y borracha que vestía con botas y suéteres. John me compró una botella de agua. Me di cuenta de que estaba deseando con ganas que no fuera gay. Me recordaba a alguien, pero no lo ubicaba. Una vaga conexión me provocaba cierto cosquilleo en la conciencia. No pretendía interrogarlo. Solo fue una pregunta. Una pregunta inofensiva a un tipo con el que estaba charlando muy a gusto.

—¿Profesas alguna religión?

No tengo ni idea de por qué le pregunté eso, y encima con esas palabras.

Levantó las cejas alborozado.

—No me esperaba esa pregunta. —Le dio un trago a la botella de agua antes de contestar—. Me criaron en el judaísmo.

Todo se quedó quieto y en silencio. La pista de baile, la barra, la gente que preparaba el escenario. Yo también me quedé petrificada durante un instante que se alargó hasta el día siguiente. Ese chico, del que me olvidé hacía unos meses y al que luego taché de gay, pero que ahora se me antojaba besar, me recordaba al doctor Rosen. Fue lo del tema judío lo que me abrió los ojos. De repente estaba claro. Los dos eran introvertidos con un agudo sentido del humor y una masculinidad moderada pero sólida de la que no necesitaban alardear. Vestían con un estilo sencillo que no mostraba su estatus ni seguía las últimas tendencias. Ambos exhibían un aire de seguridad que, a veces, se mezclaba con petulancia. Y su franqueza... No eran de esos hombres que ignoraban un problema que saltaba a la vista. Dios mío, tenía delante de mí a un joven soltero, de edad apropiada y con un trabajo lucrativo que me recordaba a mi terapeuta.

El resto del concierto fue una combinación borrosa de sudor, baile y desinhibición al son de la música. John permaneció en un lado, observando la escena. A las dos de la madrugada, me acompañó a casa. Las calles de la ciudad, manchadas de nieve medio derretida, estaban vacías salvo por un paseador de perros nocturno. Me sentía como nunca antes junto a un hombre: calmada, tranquila, feliz y emocionada. Quería estar cerca de él. Quería quedarme dormida escuchando su voz. Quería saber lo que opinaba sobre todos los conocidos que teníamos en común y adónde se iría de viaje. Me gustaba, y aquella sensación parecía ser una energía secreta que se acumulaba bajo mi piel. Nos volvimos a reír del hecho de haber comprado los dos una cama nueva en las últimas cuarenta y ocho horas. Eso significaba algo. Los dos, con nuestras camas nuevas. Un buen presagio.

Al día siguiente, John me dejó un mensaje de voz: «No sé si sales con alguien, pero, si no, podríamos hacerlo».

La emoción que sentía por John era un pilar firme de esperanza, uno que podía guiarme, no distraerme ni destruir mi vida entera. Era más sereno que los vientos huracanados del Becario y Reed. Era más radiante y se elevaba más que el deseo casi inexistente que sentí por Brandon. Pero no era abrumador. Aún tenía mis deseos. Dormía con normalidad. Escribía informes en el trabajo y acudía a las reuniones de doce pasos.

—Es judío, soltero, guapo, con un buen empleo, liberal, amable y se acaba de comprar una cama —enumeré ante los miembros del grupo de terapia los aspectos positivos de John—. Vamos a salir mañana por la noche.

—Y te llevó a la ópera —intervino Max—. Te lo aseguro: John es el indicado.

—No digas eso. —Era demasiada presión—. Solo vamos a cenar.

Me recosté en la silla y sonreí como el doctor Rosen, de oreja a oreja.

—Me recuerda a ti.

El doctor Rosen se frotó el pecho.

La Scarola parecía un antro pero por dentro era muy luminoso, olía a ajo friéndose en mantequilla y los meseros se afanaban en repartir platos de lasaña y calamares fritos por los pasillos desordenados que formaban las mesas. Decenas de personas se apelotonaban en la puerta de entrada, pero John habló con el encargado y este nos guio de inmediato hasta una mesa tranquila en una de las esquinas. Compartimos unos espaguetis con camarones y otros con salsa *arrabbiata*. Tocamos temas de conversación muy diversos. Las cosas que hicimos en la universidad, cómo nos sentíamos con los asociados con los que trabajábamos, la asiduidad con la que íbamos a visitar a nuestras familias. Durante las tres horas que estuvimos allí no desvié la mirada del pequeño mundo que habíamos formado en nuestra mesa en ningún momento. Me sorprendí de verdad cuando encendieron todas las luces del local y apagaron el hilo musical.

—Disculpen —dijo nuestro atento mesero—, pero necesitamos dormir.

Acababa de pasar casi tres horas y media con John y no había llamado a ningún compañero de terapia desde el baño. Mi corazón aún conservaba la alegría templada que había sentido por primera vez cuando me acompañó a casa la noche del concierto.

Al final de la cita, John me apretó la mano, sacudiéndome así todo el cuerpo. Ya en casa, no envié un correo explicativo kilométrico a los miembros de los grupos ni llamé a Rory para hablarle de la comida. Me metí en aquella cama enorme y me quedé dormida con una sonrisa en la cara.

Al día siguiente, en el trabajo, me centré en el informe que estaba redactando y acabé el día con una reunión de doce pasos. Había tenido la mejor cita de mi vida y seguía funcionando correctamente. Antes de acostarme, revisé el correo y vi uno de John.

«Creo que acabo de ir a mi última primera cita.»

Leí aquella frase una y otra vez y luego me fui a la cama de puntitas, como si hacer un movimiento brusco pudiera hacer desaparecer aquella sensación que me invadía el pecho. Posé la cabeza en la almohada. Llevaba años esperando la oportunidad de crear una relación con alguien sin dramas, dudas, alcoholismo o gafas protectoras. Y ahora, esa oportunidad se encontraba en mi bandeja de entrada.

Me llevé las manos al corazón, a mi precioso y rayado corazón.

38

Esperaba que John se emborrachara y me orinara encima, pero no le gustaba beber alcohol. Tampoco jugaba a videojuegos de forma compulsiva, no estaba casado ni seguía unas reglas religiosas estrictas. Cuando me contaba historias de su infancia en Los Ángeles, esperaba que mostrara algún signo de estar muy apegado a su madre o enojado con su padre de manera subconsciente, pero, al parecer, era un hombre muy trabajador y emocionalmente estable. Tampoco parecía que su personalidad tuviera elementos extremos. Hacía deporte, pero con moderación. Tenía un trabajo como abogado corporativo al que tenía que dedicarle muchas horas, pero sabía medir cuánto esfuerzo dedicarle a cada tarea. Estaba al tanto de sus finanzas, pero no era un tacaño. Yo creía que esa estabilidad me aburriría, que tarde o temprano acabaría tan seca de pasión como una hoja en otoño. Pero estar con John era como comer trucha marinada a la perfección con guarnición de papas asadas con romero y espárragos a la parrilla. Saciante, sabroso y nutritivo. Mis gustos habían cambiado y John era delicioso. Me hacía sentir que podía estirarme como una estrella de mar y que rebosaba vida.

—Tiene que haber una trampa —me quejé ante el doctor Rosen y los grupos—. ¿Cómo he podido pasar del idiota de Brandon a esto en unas pocas semanas?

Pensaba que, tras una ruptura, había que esperar muchos meses hasta encontrar una relación sana.

—¿Creen que estoy con él por despecho?

—Pregúntale por sus relaciones pasadas, cómo fueron y cómo acabaron —me aconsejó el doctor Rosen—. Quizá le dé miedo el compromiso.

Lorne gruñó.

—No hagas eso. A los hombres no nos gusta hablar sobre el miedo al compromiso.

—Tranquilo, lo haré con naturalidad.

Esa noche, John encendió la chimenea después de cenar mientras yo me arrebujaba en una manta de lana blanca. Se sentó a mi lado en el sofá y cerró los ojos; la noche anterior había estado trabajando hasta pasada la medianoche.

Me deshice de la manta y lo miré.

—¿Has tenido alguna relación larga?

Abrió un ojo y me miró.

—¿Vamos a hablar de eso ahora?

—Solo quiero saber si...

—¿Si he tenido alguna relación seria?

—Exacto. Si te has comprometido o algo así. Y, en caso afirmativo, ¿qué pasó?

—¿Es un examen?

Asentí. Él se rio por la situación y luego me describió a las dos exnovias con las que había ido en serio. Una la tuvo justo al terminar la carrera y la otra, un par de años después. Las describió como buenas mujeres con las que aún mantendría una amistad de no ser porque eran sus exnovias. La primera relación se había ido al demonio porque ella le puso los cuernos y había sido demasiado dramática. Con la segunda cortó porque eran demasiado parecidos.

—Era un fastidio estar con alguien que pensaba y actuaba igual que yo.

Quizá fuera a aportarle más drama del que a él le habría gustado, pero no debía preocuparse porque fuéramos parecidos. Yo no sabía moderarme y experimentaba más emociones en una hora que él en un mes.

En nuestra segunda semana juntos, John y yo estábamos estacionados enfrente de mi edificio, besándonos; ninguno de los dos quería despedirse. Me invadió el impulso de confesar.

—Voy a reuniones de doce pasos porque sufro un trastorno alimenticio. También voy a tres sesiones de terapia de grupo por semana. Y si no te gusta cómo suena eso, quizá deberíamos dejarlo ahora. Ah, tampoco le oculto ningún secreto al grupo, así que ni se te ocurra pedirme que haga algo así. Van a saber el tamaño de tu pene y si me giras boca abajo mientras lo hacemos.

Me preparé para mantener una ardua negociación.

—Eso de darte la vuelta en pleno acto sexual suena a una anécdota graciosa.

John no demostraba ningún signo de preocupación.

—Lo del grupo lo digo en serio.

Se encogió de hombros.

—En terapia puedes hablar de lo que quieras.

—Ah, y tampoco chupo penes sucios. Jamás.

—Tomo nota. —Me sonrió como diciendo: «¿Algo más?».

Le acaricié la mejilla con la mano. ¿De qué planeta había salido?

Volvimos a besarnos, pero entonces John se apartó y se miró las manos. Tenía una expresión seria.

—¿Qué pasa? —inquirí.

—Ya sabía que ibas a terapia de grupo y reuniones de doce pasos.

—¿Qué? ¿Cómo?

—Leí algunos de tus ensayos. Los que guardaste en la red de Skadden.

Dios mío, los había olvidado. A veces, mientras esperaba (en ocasiones durante horas) a que alguno de los socios me devolviera algún documento corregido, me daba por escribir ensayos o esbozos de historias. En ellos relataba experiencias sobre la infancia en Texas, cómo es ir a una escuela católica y algunas anécdotas de la terapia de grupo. Las guardaba en archivos con mi nombre en la red de la empresa y les ponía títulos como «Detalles de facturación Tate» o «Documento de litigación Tate». Pensaba que eran huevos de Pascua bien escondidos.

—¿Los encontraste?

Se sonrojó.

—Quería saber más sobre ti.

—¿Leyendo «Detalles de facturación Tate»?

—Oye, funcionó.

Volvimos a besarnos. Pero yo me detuve. La conciencia me dolía como un músculo desgarrado.

—Vi *Turandot* con mi ex tres noches antes de verla contigo.

Se quedó perplejo.

—Pero si parecía que no sabías nada sobre ella.

Antes de ir a la ópera, John me invitó a su casa y me hizo una presentación en PowerPoint sobre la vida de Puccini y el argumento de *Turandot*. Incluso le había añadido un video de dibujos animados sobre el accidente de coche que sufrió Puccini justo antes de completar *Madama Butterfly*. Me había impresionado lo mucho que se esforzaba por que yo aprendiera sobre la ópera y pudiera disfrutarla tanto como él. No iba a quitarle la ilusión y decirle que la acababa de ver desde la cuarta fila.

—No quería herir tus sentimientos.

—Mucho hay que hacer para molestarme.

—Pero ¿lo hice?

—Casi.

Tras estar saliendo durante tres semanas, una noche, pasadas las doce, me levanté para irme de casa de John. Me había ofrecido quedarme, pero yo aún no estaba preparada del todo. Solo habían pasado seis semanas desde la última noche que había dormido en casa de Brandon.

—No tiene por qué haber sexo —aclaró.

—No, es que no estoy lista.

Me acompañó hasta el coche y me abrazó bajo el cielo azul marino.

—No quiero acostarme con alguien que no esté enamorado de mí. Eso ya no me interesa. —Mi voz sonó alta y clara.

—Yo sí te quiero, ¿sabes? —me susurró al oído.

—¿Qué?

Me miró a los ojos y lo repitió.

—¿Cómo lo sabes?

—Es lo que siento.

—Pero si solo llevamos tres semanas saliendo.

—Pues lo sé desde hace tres semanas o así.

Fuimos progresando hasta pasar la noche en casa del otro. Nos quedábamos despiertos hablando y haciendo de todo menos *eso* hasta que los primeros rayos del alba se colaban entre las cortinas. Cuando llegábamos a la parte de la noche en la que o teníamos sexo o no, yo siempre me apartaba.

—Aún no estoy preparada —repetía siempre, aunque no sabía explicar por qué.

Estaba claro que él era más adecuado para mí que cualquiera de los tipos con los que me había acostado o manoseado en el estacionamiento de un centro comercial de los suburbios, pero no podía avanzar en el terreno sexual.

—¿Por qué te torturas? Y ¿por qué lo torturas a él? —se extrañó Max—. La verdad es que el muchacho me da mucha pena.

—¿De qué tienes miedo? —Eso era lo que todos querían saber, incluida yo.

El doctor Rosen señaló que esta era la relación sana que tanto había ansiado. Con John, me expresaba, fijaba límites y no trataba de huir de mi cuerpo. Pensaba que el sexo me daba miedo porque me acercaría más a él. Por una vez, estuve completamente de acuerdo con él, pero aún quería saber por qué demonios no era capaz de acostarme con él ya.

—*Mamaleh*, cuando estés preparada, lo harás.

Y entonces, una noche cálida de primavera, dejé de apartarme de John. Nuestros cuerpos se fundieron en uno. La parte física de la relación era una extensión de todas las cosas que ya hacíamos, como hablar, comer, reírnos, besarnos, tocarnos y dormir juntos. Por primera vez, entendí que el sexo era importante para mí, pero no porque se usaran en él las partes íntimas, ni porque las monjas me hubieran dicho que era una de las grandes preocupaciones de Dios, ni porque mi madre estuviera convencida de que iría derechita al infierno si lo hacía antes de casarme. El sexo era importante para mí porque, a través de él, le ofrecía a John mi cuerpo de una forma única, y él hacía lo mismo. Juntos compartíamos el placer de ese intercambio. Además, él era muy bueno, un hombre serio y muy cariñoso, pero también era una fiera en la cama.

39

Cuando llegó el día en que cumplí treinta y cuatro años, John y yo llevábamos saliendo solo cuatro meses. Esperaba una cena que requiriera una reserva y algunas palabras sinceras en una tarjeta firmadas con un «Con amor, John». Al doctor Rosen se le salió decir que podría regalarme un anillo de compromiso, pero yo lo paré en seco. Lo último que necesitaba era el peso de las expectativas en una relación de cuatro meses. Al doctor Rosen le salió el tiro por la culata, porque John me regaló un cepillo de dientes eléctrico Sonicare y un marco de fotos de madera hecho a mano. Adorable, pero nada de piedras preciosas que anunciaran un compromiso de por vida.

Varios meses después de mi cumpleaños, John y yo nos fuimos de viaje a la India durante dos semanas con sus amigos de la preparatoria. Nada como un viaje a un país del tercer mundo donde no siempre puedes controlar el tracto intestinal para consolidar una relación. John me tomó de la mano durante los fuegos artificiales del Diwali, me ayudó a encontrar tampones en un supermercado de Goa y metió en su equipaje de mano los *souvenirs* que había comprado para todos los miembros de mis grupos, incluido un símbolo hindú de latón que representaba la suerte y la fortuna con un aspecto muy similar a una esvástica al revés. Eso era para el doctor Rosen.

En diciembre, John y yo pasamos nuestra primera Navidad-*Hanukkah* en Los Ángeles con su familia. Durante el épico intercambio de regalos de *Hanukkah* en aquella familia de treinta personas, su madre me dio una tarjeta de regalo de Victoria's Secret y su abuela, una caja de mármol blanco con intrincados mosaicos del viaje que hizo a la India años atrás. Los primos de John me enseñaron a preparar *latkes* y su hermano me mostró fotos antiguas de sus antepasados rusos: hombres severos con barbas largas y sombreros negros, y mujeres con vestidos negros de cuello alto. Cuando John colocó la cámara en el tripié para hacer una foto de grupo, me puse a su lado y él me rodeó con el brazo. Dejé que su familia me arropara con los brazos abiertos.

Una tarde nos escabullimos de la celebración oficial para dar un paseo tranquilo por la playa del condado de Orange. El deslumbrante sol de California sobre la ardiente arena blanca casi me daña la vista; era el mismo océano por el que Brandon y yo habíamos paseado hacía justo un año, las mismas aguas que le habían arrebatado la vida a David. Era reconfortante ver que sus olas seguían batiendo hacia la costa. Me arremangué los jeans y me quité las botas para poder sentir la arena, cálida y granulosa, bajo los pies. Nos detuvimos en un relieve rocoso para contemplar el océano. Allí, bajo un cielo tan azul que resultaba surrealista, escudriñé la playa en busca de gente famosa con sus perros. John permaneció callado hasta que regresamos al coche.

—Quiero seguir adelante. Contigo. —Pronunció palabras que ningún hombre me había dedicado jamás: *prometidos*, *decidido*, *juntos*, *futuro*. Coloqué la mano sobre mi vibrante corazón.

Un lunes de marzo por la mañana, llegué a la reunión de grupo unos minutos tarde y me senté en la silla vacía que había a la derecha del doctor Rosen. Tomé asiento en silencio, sin gesticular en demasía ni atraer la atención hacia la mano izquierda.

—Perdonen, pero casi me quedo ciego al ver el anillo de Christie —soltó el doctor Rosen cuando ya había esperado suficiente para que yo hablara.

Me levanté entre risas y di vueltas por la sala mientras les restregaba la mano en toda la cara a los demás.

—Ni muy grande ni muy pequeño —aprobó Max.

Patrice me tomó la mano y la acercó a la ventana para verlo a la luz del sol.

La abuela Maggie sonrió radiante.

—Lo sabía, nena.

Nunca me habían interesado las joyas, pero ese anillo era mucho más que las piedras que lo conformaban. John y yo lo habíamos diseñado juntos. Había una piedra más grande en el centro y, a cada lado, contaba con tres piedras más pequeñas. La grande nos representaba a John y a mí; las tres más pequeñas de cada lado representaban al doctor Rosen y los grupos de terapia. Aquellas piedras de menor tamaño eran los cimientos de mi vida. Habían logrado que me conociera y que conociera mis apetitos, mi ira, mi miedo, mi placer, mi voz. Me convirtieron en una persona real. John y yo no existiríamos sin ellos. Cada día de mi matrimonio sería un tributo al trabajo que había hecho en grupo y no podía separar mi relación romántica de las incontables horas que había pasado con ellos, creciendo y viviendo mi vida.

—No puedo creer que John sea capaz de aguantarte —bromeó Lorne, y me guiñó el ojo—. Felicidades, has encontrado a un hombre que no te da la vuelta por las noches.

El doctor Rosen había alabado el anillo con monosílabos y me ofreció un sincero *mazel tov* que aterrizó en mi corazón como una bendición. Aquella felicitación pude tolerarla mucho mejor que la que me dio por ser la primera de la clase hacía ya siete años, en nuestra primera consulta. Ahora sabía que el doctor Rosen me quería y que merecía sus elogios y lo que fuera que significara *mazel tov*. Pero deseaba más. Una bendición con todas las letras. No permiso, sino consagración. Lo miré y le dije:

—Quiero algo más de ti.

—¿Qué tenías pensado?

—No estoy muy segura.

—Pues háblalo con los grupos, a ver si puedes esclarecerlo.

El doctor Rosen abrió la puerta de su impecable casa blanca vestido con jeans y unas sandalias cafés que dejaban los dedos al descubierto. ¿Estaba permitido ver los pies desnudos de tu terapeuta? Pensé que no, así que desvié la atención hacia la luminosa cocina. Sin embargo, sentí un fuerte dolor en la cabeza, como si se me hubiera abierto como un melón maduro: se debía al estrés de ir a cenar con mi prometido a casa de mi terapeuta. Había sentido algunas náuseas mientras John conducía hacia el tranquilo barrio residencial del doctor Rosen, pero ahora lo único que quería era una compresa fría y un Motrin extrafuerte. Le apreté la mano a John e intenté calmar los nervios. «Es completamente normal cenar en casa de tu terapeuta.» Le entregué a la mujer del doctor Rosen un ramo de peonías rosa palo. Ella lo olió y comentó que eran sus flores preferidas.

—¿Puedo usar el baño? —pregunté, no porque tuviera que ir, sino porque no estaba preparada para estar platicando con el hombre con el que pretendía casarme y el que había sido testigo de mis berrinches, corajes y monólogos sobre lombrices intestinales. Me senté en el retrete y me masajeé las sienes, deseando que desapareciera el dolor que me envolvía el cráneo. Conté el número de recuadros de papel higiénico que usé (seis) y la cantidad de veces que apreté el dispensador de jabón líquido (tres). La tentación de abrir el botiquín me provocó un hormigueo en los dedos, pero la perspectiva de tener que confesarlo a la semana siguiente en terapia me frenó.

Quise contemplar los libros de las estanterías, las fotos enmarcadas y los *tchotchkes* de la mesita de café mientras atravesaba el salón de vuelta a la cocina, pero tenía demasiado miedo. Se supone que no debes fisgonear entre los objetos personales de tu terapeuta. Además, ¿y si veía algo embarazoso, como novelas de Nicholas Sparks o fotos de él y su esposa posando con Goofy en un crucero de Disney?

Por suerte, su mujer nos invitó a tomar asiento. Hablaba con un fuerte acento ruso y sonreía con cariño. Entre mis platos y los de John había algo envuelto en papel de regalo.

—Ábranlo —nos animó el doctor Rosen con una sonrisa.

John rompió el papel y levantó un azulejo blanco con flores de colores pintadas y unas letras que decían *Shalom*, vaqueros. Lo vieron en su reciente viaje a Israel y les encantó que celebraran nuestros dos legados, el texano y el judío. A mí ni siquiera me salían las palabras; lo único que podía hacer era mirar fijamente aquella frase y asimilar el hecho de que, aunque el doctor Rosen hubiera cruzado medio planeta, había seguido pensando en mí. Y también en John.

El doctor encendió dos velas y pronunció una oración en hebreo. Luego, al igual que hizo en la sesión de grupo, apoyó las manos sobre mi cabeza y recitó la bendición hebrea que se le suele dedicar a un hijo. El peso de su mano detuvo el dolor de cabeza, pero, cuando pasó a John, regresó con la misma fuerza. Mientras enunciaba esa misma oración sobre su cabeza, a John le saltaron las lágrimas, lo que provocó que yo también me pusiera a llorar.

La mujer del doctor Rosen se disculpó porque no fuera temporada de chirivías. Miré al doctor, que me dedicó una sonrisa. Una semana antes, el doctor Rosen me había preguntado en una reunión cuál era mi comida preferida y mi respuesta fue empezar a llorar. Me vinieron varios platos a la cabeza, pero no pude articular palabra alguna porque solo conservaba imágenes en mi mente.

Recordé la primera vez que fui a rehabilitación por la bulimia y me aferré a decenas de normas para no caer de nuevo en los atracones y los vómitos. No comía azúcar, harina, trigo, maíz, bananas, miel ni papas. No picaba entre horas ni comía después de las nueve de la noche. Nunca repetía ni comía de pie. Poco después de empezar la rehabilitación, mis padres y yo fuimos en coche a la graduación universitaria de mi hermano y mi padre paró para comer en Lea's Lunchroom, en Lecompte, Luisiana: la pastelería preferida de mis padres. Lo único que había en el menú eran sándwiches de jamón serrano con miel y cuatro clases de pasteles. Le pregunté a la mesera si podían sacar la lechuga iceberg picada de los sándwiches y hacerme una ensalada.

—No es posible —me dijo.

Muerta de hambre como estaba, pedí dos sándwiches de jamón, me comí la lechuga con sal y pimienta y dejé el pan y el jamón. Mi plato parecía la escena de un crimen. Vi cómo mis padres se comían sus sándwiches y partían dos porciones de pastel, uno de chocolate y otro de limón. No sabía cómo pedirles que me llevaran a otro sitio para pedir cosas que sí pudiera comer. No sabía cómo decirles que seguir aquellas normas alimenticias me mantenía con vida.

Lo único que podía hacer era permanecer sentada en mi silla y sonreír como una tonta mientras el estómago vacío rugía y me suplicaba que tomara un tenedor y lo llenara de pastel.

En terapia de grupo, el doctor Rosen utilizó metáforas de comida conmigo desde el primer día. Pero aquella cena en su casa no era una metáfora: eran el doctor Rosen y su esposa alimentándonos y bendiciéndonos a mí y a John. Quería ofrecerme exactamente lo que yo quería. Mis platos preferidos. En una reunión, Rory me había pedido que cerrara los ojos y gritara mi comida favorita. Yo los cerré con fuerza y hundí los puños en las cuencas mientras susurraba: «Chirivía. Mango. Salmón. Papas».

La mujer del doctor sirvió una sopa de zanahoria ultranaranja con una cucharada de nata derretida en el centro. La removí con la cuchara y la nata se disolvió. Era sabrosa y térrea. El doctor Rosen enumeró todos los ingredientes de cada plato, aunque por aquel entonces ya hubiera dejado de lado la mayoría de las normas alimenticias por las que me había estado rigiendo. El salmón poseía un tono rosado perfecto y las papas tenían un toque de romero y sal. Mientras retiraban los platos vacíos y los llevaban a la cocina, el doctor Rosen y su mujer hablaban con susurros en un idioma que parecía una mezcla de ruso y hebreo.

No recuerdo haber pronunciado una sola palabra en toda la noche, aunque debí de hablar en algún momento. Todo eran sensaciones para mí: el dolor de cabeza palpitante, los sabores en el paladar, la mano de John sobre mi pierna, el deseo de querer llorar sin razón aparente más que por aquella maravillosa noche, aquella deliciosa comida, aquella ocasión tan idílica. Recuerdo que parecía que la mujer del doctor fuera la que estuviera al mando, porque le decía dónde estaban las cucharillas de plata para el té y el cuchillo para el queso. Resultaba emocionante ver a alguien dándole órdenes al doctor Rosen. Me moría de ganas por contárselo a Max.

De postre, el doctor Rosen colocó en el centro de la mesa una tabla con quesos añejos variados, uvas y cerezas secas. Me metí una uva en la boca. Su dulzor ideal hizo que menguara un poco el dolor de cabeza. Los últimos rayos de sol atravesaron la ventana y arrojaron sombras sobre la mesa. El doctor Rosen comentó que a veces veían ciervos entre los árboles del patio trasero. Me dolía el cuerpo de lleno que lo tenía. Había absorbido muchas cosas y estaba lista para volver a casa.

De vuelta a Chicago desde la periferia, recliné el asiento, puse el aire acondicionado al máximo y lo ajusté para que me diera en la cara. Lloré los treinta y cuatro kilómetros que nos separaban de la ciudad. John me tomó de la mano.

—¿Está pasando de verdad? —sollocé. John me la apretó aún más—. ¿De dónde has salido?

Lloré y lloré, kilómetro tras kilómetro. Los sentimientos se me derramaban por todas partes.

—No puedo creer que esté pasando todo esto. ¿Cómo llegué hasta aquí?

John siguió agarrándome la mano mientras el perfil de la ciudad resplandecía al otro lado del parabrisas.

—Tengo miedo —declaré mientras nos dirigíamos a mi departamento.

—¿De qué? —preguntó John.

—De ti. —Arqueó las cejas y sonrió—. Ahora vamos a tener que soportarnos. Siento una soledad extraña. No sé muy bien dónde estoy.

John me dio un apretón, como indicando que me comprendía.

Pensaba que, cuando te comprometías, te embargaba la certeza y la dicha por la persona con la que te ibas a casar y la vida que ibais a construir. Creía que encontrar el hombre con el que casarme curaría aquella profunda soledad. No obstante, no sentía una felicidad pura, sino susurros de miedo y soledad. Seguía siendo yo.

—Llevo años siendo la persona más solitaria de todas adonde iba. En los grupos de terapia, en la Facultad de Derecho, entre las amigas de Texas, con la familia. Christie: soltera, libre, sin ataduras. Odiaba desempeñar ese papel, pero ahora que ya no es mío, siento que me precipito al vacío. Como si estuviera perdiendo algo. Siento que ya no soy especial ahora que ya no lloro por los rincones de Chicago lamentándome de mi vida amorosa de mierda y los fines de semana vacíos. Ahora soy como todos los demás. ¿Tiene eso algún sentido?

¿Adónde habían ido las manzanas, las lombrices, el trapo morado que había reducido a trizas? ¿Quién era ahora y adónde había ido mi antiguo yo?

John me acarició la mejilla.

—Sigues llorando más que la mayoría y eso no creo que vaya a cambiar nunca.

40

A Barack Obama solo le faltaban unas horas para obtener el título de cuadragésimo cuarto presidente de Estados Unidos. Todo Chicago se volvió loco. La gente rebosaba júbilo y se acercaba desde las oficinas del centro a Grant Park para esperar a que Obama subiera al podio como presidente electo. Raj se acercó a mi despacho a eso de las cuatro y me ofreció una entrada adicional para el mitin. La rechacé, aunque John y yo hubiéramos hecho campaña por él en Wisconsin y estuviéramos ebrios de felicidad al ver que había ganado. Llevaba días sin sentirme yo misma en el plano físico. Esa tarde había tenido que silenciar una videoconferencia porque había estado a punto de lanzarme a la yugular de un abogado de la oposición que insistía en que nuestro cliente había cometido fraude. Le había dado un puñetazo tan fuerte a la mesa que la engrapadora se había caído por el borde. Una hora después de la llamada, estaba tan consumida por el cansancio que apoyé la cabeza sobre la mesa y dormí veinte minutos. Pensaba que estaba incubando la gripe y estaba convencida de que, si iba a Grant Park, con el frío que hacía en pleno noviembre, acabaría internada en el hospital con neumonía.

Esa noche, John y yo pedimos comida rápida y esperamos para ver el discurso de Obama. Las cámaras de televisión enfocaban la muchedumbre que se había congregado a ocho kilómetros de nuestra casa y me arrepentí de no haber ido. John vio a algunos conocidos suyos de la Facultad de Derecho a tan solo metro y medio de Oprah.

—¡Esos podríamos haber sido nosotros!

¿Qué me pasaba? Era la noche más histórica de mi vida y yo había preferido quedarme sentada en el sofá, zampándome una ensalada con los pies sobre dos cajas con objetos de decoración (regalo de boda anticipado de la tía de John).

La cara de McCain ocupó toda la pantalla para admitir su derrota en las elecciones. A su lado estaba su mujer, la repeinada Cindy McCain, vestida con un traje de saco amarillo y maquillada con unos labios rojos impecables. McCain no era mi candidato, pero cuando se colocó la mano sobre el pecho y se despidió de sus simpatizantes, empecé a sollozar profundamente. Lloraba por él como si se tratara de mi mejor amigo. Por mucho que trataba de convencerme de que McCain volvería a encontrar la felicidad algún día, no era capaz de contener el llanto.

Lo siguiente que recuerdo es a John sacudiéndome el hombro.

—Tienes que ver esto —me apremió al mismo tiempo que subía el volumen. Levanté la cabeza. ¿Qué diablos había pasado?—. Estabas llorando por McCain y luego te has quedado dormida.

Mudos de asombro, observamos a Obama mientras hablaba. De nuevo, las lágrimas me volvieron a correr por las mejillas, pero esta vez eran de pura alegría.

La noche siguiente volví a quedarme dormida con solo cenar. Me desperté a las dos de la mañana y me fui a la cama, pero me quedé mirando fijamente el techo. John se giró y abrió los ojos. Le dije que iba a hacer pipí.

—Y ya de paso, me voy a hacer una prueba de embarazo.

Se rio y me deseó suerte como si se lo hubiera dicho en broma.

Me puse en cuclillas y busqué debajo del lavabo la caja morada con una prueba de embarazo genérica de la farmacia. Lo habíamos hecho sin protección el decimocuarto día del ciclo, así que era una opción muy factible. Sin embargo, conocía a tantas mujeres que tenían problemas para concebir que me parecía impensable que pudiera haber un feto en mi interior. La ginecóloga me había dicho que podría tardar un tiempo porque tenía más de treinta y cinco años. Hice pipí en el palito y me volví a meter a la cama.

—Bueno, ¿ya hay un bollo en el horno? —me preguntó John con tono socarrón pero con buena intención.

—Sí, y es probable que sean gemelos. Vamos a necesitar una casa más grande.

Tres minutos después, le di un codazo.

—Ve a mirar.

Ni por asomo pensaba salir de entre las cálidas sábanas y la colcha para ver que la prueba había dado negativo. Le di la vuelta a la almohada y apoyé la mejilla sobre el lado fresco. Oí que John hacía pipí y luego, silencio. Se quedó parado en el umbral, con la cabeza inclinada junto a la luz del baño y el rostro oscurecido por la sombra.

—Me parece que hay dos rayas.

—Ja, ja.

Yo ni siquiera estaba segura de tener un retraso. Había perdido la cuenta de los días porque había estado muy ocupada durante todo el mes de octubre con las negociaciones de un acuerdo de un nuevo caso fuera de la ciudad. Me arrebujé más entre las sábanas y esperé a que John volviera a mi lado, pero se quedó de pie en el umbral, mirando el palito. Lo decía en serio. Aparté las sábanas de un jalón y me lancé a mirar el resultado de la prueba.

Dos rayas tan claras como las de un caramelo atravesaban el circulito.

Grité y bailé de alegría. ¡Un bebé! ¡Un bebé! ¡Un bebé! Benditas rayas de caramelo. Qué suerte teníamos.

41

Han estado en una boda. Han visto vestidos aperlados, corbatas negras, damas de honor envueltas en tonos brillantes. Han oído cuartetos de cuerdas y promesas sinceras. Ya saben cómo va: un cortejo con música, discursos, votos y una declaración en nombre del Estado.

Esto es lo que quiero que vean de nuestra boda:

Visualícenme con mis seis damas de honor, cuatro de ellas pacientes del doctor Rosen, corriendo por el Millennium Park de Chicago para que el fotógrafo pudiera sacarnos fotos enfrente de «la Judía» antes de que el sol se esfumara por el cielo del oeste. Imagínenos atravesando el vestíbulo de un edificio de oficinas con espejos hexagonales lindísimos en el techo, todavía riéndonos, diciéndole al fotógrafo desconcertado:

—¡Vamos a ver a nuestro terapeuta!

Proyéctenme embarazada de seis semanas con tacones de tiras blancos y un vestido ceñido al cuerpo por todos los carbohidratos que estaba ingiriendo en el primer trimestre.

Imaginen al doctor Rosen con su elegante traje gris y relucientes zapatos negros abriéndole la puerta a un coro de mujeres gritando como locas tratándolo como una estrella de *rock* a la que habíamos seguido hasta el camerino para conocerla en persona. Visualicen al doctor Rosen sonriendo y guiándonos hacia aquella habitación que conocía mejor que cualquier otro lugar del planeta, con aquella luz fundida en el rincón del fondo, la mancha de café junto a la ventana y las minipersianas torcidas. Había colocado las sillas en círculo (como en las reuniones de terapia), con la diferencia de que era un sábado por la noche y faltaban noventa minutos para mi boda. Imagínenlo sentándose en su silla de siempre y preguntándonos a todas dónde habíamos estado. Me preguntó si estaba preparada.

—Sí, lo estoy.

Cerré los ojos y respiré hondo mientras las náuseas del primer trimestre me revolvían el cuerpo. Exclamé con una punzada de pánico:

—¡Olvidé las galletas saladas!

El doctor Rosen desapareció por la puerta y regresó con una taza de plástico roja llena de leche y cereales. Muesli.

—¿Esto es lo que comes antes de las sesiones matutinas? Creía que eras más de pan tostado —le dije.

Proyéctenme a mí y a John de pie juntos en una sala adyacente antes de la ceremonia. Nos abrazamos y retenemos ese momento entre nosotros. Piensen en el amor inconmensurable que mi corazón rayado contiene entre sus inflamadas paredes. Imagínenos a los dos juntos yendo hacia el altar; no hay renuncias ni sacrificios, solo elección, aceptación, franqueza. Prometemos construir un hogar y una vida juntos con el apoyo de la gente que nos quiere. Hablamos de la familia que pronto formaremos.

Pronunciamos nuestros votos delante de los testigos. Apoyo la mano en la panza, donde el latido de nuestro bebé hace acto de presencia a ciento setenta y cinco latidos por minuto.

También han estado en banquetes de boda. Conocen de sobra los centros de mesa, las fundas de las sillas y los gafetes caligrafiados. Han probado aperitivos con champiñones y queso *brie*, champaña brut y glaseado de crema de mantequilla. Han oído brindis por la nueva pareja y los primeros compases de *Brown Eyed Girl*.

Esto es lo que quiero que imaginen del banquete de nuestra boda:

Visualicen la mesa cinco, donde el doctor Rosen y su mujer están sentados rodeados por Max, Lorne, Patrice y sus respectivos cónyuges. La mesa seis está ocupada por las mujeres del grupo de los martes por la tarde. En la mesa siete, Rory, Marty y Carlos se pasan platos de pasta y pescado entre ellos. Todos y cada uno de ellos me abrazan a lo largo de la noche, deseándome suerte y agarrándome fuerte, como siempre han hecho.

Por cortesía milagrosa, por favor, imagínense a Reed y a su esposa Miranda saludándome entre la muchedumbre y abriéndose paso hacia mí tras el segundo plato.

—Felicidades —me dicen.

Ambos me abrazan, estupefacta por lo que el corazón humano es capaz de hacer, cómo puede sorprender y regocijar, cómo puede restituirse, regenerarse, perdonar y conectar a través de océanos de dolor y cañones de soledad.

—Gracias por venir. Significa mucho para mí.

La mayoría de las bodas son una mezcla de familias como mi clan texano católico y el judío de la costa oeste de John. Toda pista de baile de cualquier boda es una amalgama de cuerpos, unos de un lado y otros de otro. Mientras los miembros de la familia de John me arrastraban a una silla y me levantaban por encima de sus cabezas para bailar el *hora*, vi la celebración desde arriba. Mis padres y familiares aplaudieron animosamente desde un lado, asimilando una costumbre que no les pertenecía. El doctor Rosen y su esposa, rodeados por un montón de pacientes, entrelazaron los brazos al tiempo que giraban a nuestro alrededor, cantando aquellas palabras que conocían al dedillo. El hermano, los padres y los primos de Jeff agitaron sus servilletas en el aire. Con el *Hava Nagila* sonando de fondo, la caótica y animada escena que se desarrollaba bajo mis pies se convirtió en una mezcolanza de rostros colmados de cariño y brazos levantándonos a John y a mí.

Las semanas anteriores a la boda le pregunté al doctor Rosen si podíamos compartir un baile durante la celebración. Quería honrar el trabajo que había hecho con él en terapia y que había hecho posible mi vida con John y nuestro bebé.

—No quiero quitarle ese honor a tu padre.

—No te preocupes por eso, mi padre tendrá su propio baile. Nosotros podemos bailar más tarde. Un vals tradicional, a mitad de banquete, entre terapeuta y paciente.

—Háblalo con los grupos.

Cuanto más lo debatía, más quería bailar con el doctor Rosen. Quería conmemorar el haber acudido a cientos de sesiones de terapia y haber dejado de ser la mujer aislada sin nada en su futuro mas que largas horas dedicadas al trabajo. Después de tanto llorar, apretar los dientes, romper y gritar, había llegado el momento de bailar.

Quería bailar.

Justo después de comprometernos, Clare me preguntó si creía que habría acabado con John aunque no hubiera ido a terapia de grupo durante tantos años. Le respondí que lo dudaba mucho, pero lo que de verdad quise decirle era que ni loca.

Imagínense los primeros compases de la canción emblemática de *El violinista en el tejado*, esa que canta el padre sobre cómo el tiempo pasa veloz y las semillas terminan convirtiéndose en girasoles. Yo guiando al doctor Rosen a la pista de baile tras levantarlo de la silla que ocupaba junto a su mujer. Me da una vuelta a la izquierda, luego otra a la derecha, y entonces deja de hacerlo porque empiezo a sentir las náuseas habituales del primer trimestre. Rodeando la pista, un círculo de compañeros de terapia, del pasado y del presente, que saben perfectamente lo que eso significa para mí y, quizá, para el doctor Rosen. Cuando la música termina, lo oigo regalarme otro *mazel tov*. Yo le digo:

—Gracias por todo. Nos vemos el lunes.

Porque esta historia no termina con una boda.

Al día siguiente, John y yo nos despedimos de nuestras familias con un abrazo antes de que partieran hacia el aeropuerto. Llevaba nevando toda la tarde y el sol de finales de noviembre ni siquiera tenía intención de brillar. En casa, John y yo caímos rendidos en la cama, rodeados de regalos y el pastel que había sobrado. Los ojos cansados de John sucumbieron al sueño, pero yo no conseguía dormir. Tomé las rosas de chantilly del pastel y me las metí en la boca. Llamé a Rory y, luego, a Patrice.

—Y ahora, ¿qué? —les pregunté—. Me siento rara, y sí, sé que eso no es un sentimiento.

Quería a John y me alegraba de haberme casado con él, pero también me sentía sola, agotada y ansiosa. Rara. Como si quisiera gritarle al pastel.

Las dos me dijeron lo que ya sabía que me dirían.

—Coméntalo en el grupo.

Todos se encontraban en su sitio de siempre. Yo seguía temblando por el exceso de adrenalina de aquel fin de semana lleno de familiares, amigos, alegría y pastel. Aún me costaba creer que estuviera embarazada y borracha de amor por nuestro pequeño feto.

Max abrió la sesión preguntando por qué el DJ había armado tanto *show* con mi baile con el doctor Rosen. Patrice quiso saber si mi hermana disfrutó la excursión a la consulta del doctor Rosen antes de la ceremonia. Brad y Lorne molestaron al doctor Rosen con el corte de su traje y la abuela Maggie alabó el vestido color merlot de su esposa.

Y entonces, así sin más, seguimos adelante. Lorne nos informó de la última situación que había tenido con su exmujer y los niños, y debatimos si Max debía seguir buscando un trabajo nuevo. El doctor Rosen paseó la mirada entre todos los miembros del círculo mientras nosotros hacíamos lo que podíamos para ofrecernos por entero a los demás. Sentía cómo me latía el corazón, con su superficie rayada protegiendo las distintas cámaras, los ventrículos, las aurículas, las válvulas, la aorta. Posé las manos sobre el pecho y escuché la música de mi grupo.

EPÍLOGO

DIEZ AÑOS DESPUÉS

Antes de bajar, le doy un beso en la cabeza a mi hija. Ella se mueve y, sin abrir los ojos siquiera, musita:

—Adiós, mamá.

—Hasta la noche.

Su hermano pequeño sigue profundamente dormido en la habitación de al lado y no se despierta ni cuando le acaricio el cabello y le doy un beso en la mejilla. Están acostumbrados a no verme los lunes por la mañana. Saben que tengo una cita a primerísima hora con el doctor Rosen. Ahora que son más mayores, sienten curiosidad. «¿Por qué vas?», «¿Qué hacen allí?», «¿Nunca has deseado tener al doctor Rosen solo para ti?». No sé qué se imaginan cuando les cuento que me siento en círculo con el doctor Rosen y mis compañeros de grupo (que son personas que ellos conocen de toda la vida) y que hablamos, nos escuchamos y, a veces, lloramos o gritamos. No, jamás cambiaría las sesiones de terapia de grupo por sesiones individuales. Algunos lunes por la noche, durante la cena, mis hijos me preguntan por Patrice o Max. Yo me río e imagino que, en su cabeza, visualizan imágenes de mis compañeros de grupo, tal y como lo hago yo.

Ya en la cocina, meto la comida del día en una bolsa y luego salgo deprisa para tomar el tren de del cinco para las siete. A medida que el tren se acerca al centro, pienso en los problemas que quiero debatir con el grupo. Quizá debería hablarles sobre las discusiones que hemos tenido John y yo las últimas dos veces que ha vuelto a casa tras un viaje de negocios. En cuanto él entra por la puerta con su maleta de ruedas, los niños salen corriendo a recibirlo con abrazos y le piden que vea sus proyectos de plástica, las calificaciones de los exámenes de lengua y los últimos movimientos de baile que han aprendido. Él se quita el abrigo y les presta toda su atención. Se sorprende de lo que le enseñan y les aplaude. Les irradia la luz completa de su amor. Mientras tanto, yo estoy en la cocina lavando los platos de la cena o preparando la comida para el día siguiente y oigo maravillada cómo reconectan. Conozco esos corazones, son míos y nuestros. La pelea viene después de que John les haya leído un cuento, haya comprobado las tareas de matemáticas y los niños se hayan dormido. Se produce cuando nos metemos en la cama y empiezo a relatarle alguna cosa injusta que me ha sucedido en el trabajo o algún desprecio que me ha hecho algún amigo. John se esfuerza por mantenerse despierto, pero lleva en pie desde las cinco de la mañana, ha asistido a varias reuniones, ha viajado por todo el país y, luego, ha ejercido de padre hasta la hora de dormir. En su rostro cansado se reflejan los kilómetros que ha recorrido. Desde el punto de vista intelectual, comprendo cómo de doloridos debe de tener los huesos y cómo el sueño lo arrastra por los tobillos hasta su dulce alivio. Pero quiero que me escuche. Quiero que me guarde un poco de esa energía luminosa que posee. El doctor Rosen me preguntará cómo me hace sentir esa situación, y yo le responderé:

—Sola, porque John no me presta atención, y avergonzada, porque tengo celos de mis hijos.

Max sonreirá con suficiencia y dirá:

—Esta es la vida que querías, ¿recuerdas?

Después, el grupo me ofrecerá sugerencias sobre cómo puedo reconectar con John cuando vuelva a casa sin ignorar sus limitaciones físicas ni las necesidades de los niños. Seguro que alguien propone que John y yo concertemos una cita sexual para el día después de que vuelva.

También puedo contarle al grupo la conversación que tuve el viernes en el trabajo con mi supervisor. Me sorprendí diciéndole:

—Me esfuerzo mucho y hago un buen trabajo. No quiero más dinero ni un despacho enorme, pero sí un «gracias».

Había completado una cantidad récord de informes en los últimos treinta días y quería que me reconocieran el mérito. Brad levantaría los pulgares con aprobación y luego me instaría a que pidiera el despacho que da a la esquina. Y un aumento de sueldo. Patrice me chocaría las palmas por haberme atrevido a pedir lo que quería. En el trabajo, me costaba mucho poner límites y negarme cuando me pedían que me ocupara de algunas tareas sin ningún tipo de agradecimiento y ninguna ventaja aparente, pero al menos ahora sabía pedir reconocimiento.

El grupo también iba a alucinar con el alboroto que tuvimos en casa durante el fin de semana. Mis hijos tenían un recital de piano, una actividad que les gustaba menos que lavarse los dientes o que les pusieran la vacuna contra la gripe. Cuando llegó el momento de salir, los niños protestaron vestidos con shorts andrajosos y las playeras de la piyama. John y yo les explicamos que debían vestirse con un atuendo más formal para la ocasión y enfatizamos que debían mostrar más respeto hacia el resto de los alumnos, el profesor y el esfuerzo que habían realizado para prepararlo todo.

—Piensen en todo el tiempo que han estado practicando..

Reaccionaron yéndose a su habitación con fuertes zancadas y cerrando las puertas de un portazo. También se negaron a caminar a nuestro lado por la calle. Estaba segura de que acabarían dándonos una carta escrita de su puño y letra como la que me entregaron cuando no les dejé comprar lunetas a granel: «Querida mamá: Gracias por destrozarnos la vida», pero no les había dado tiempo de escribir nada. Informaría al grupo de que había logrado celebrar las emociones intensas de los niños en vez de insistir en que se las guardaran. De hecho, había canalizado el espíritu del doctor Rosen durante unos veinte minutos antes de perder la paciencia y murmurarles entre dientes que se comportasen.

Llegamos tarde al recital, todos enojados.

Aún me aterroriza la ira de los demás, pero sé que forma parte de la intimidad. Sé que no pasa nada por sentirla. Así que trato de respirar a través de ella como puedo.

Todavía convivo con mis impulsos más básicos, que yacen al acecho. El impulso de mantener mi desastrosa relación con la comida en secreto. El impulso de demonizar a John por tomar la decisión razonable de dedicar toda su energía a ejercer de padre tras haber estado un par de días fuera. El impulso de sumergirme en la desesperación más absoluta en vez de respirar hondo y permitirme sentir la emoción que trata de emerger a la superficie. El impulso de tragarme la frustración y la invisibilidad en el trabajo en vez de tener una conversación comedida acerca de lo que pienso, siento, quiero y necesito. El impulso de hacer cualquier cosa para evitar que los demás se molesten conmigo. Aún necesito ayuda para poder anular todos esos impulsos. Necesito que me guíen para encontrar la palabra de tres sílabas o menos que mejor describa lo que siento. Para contar lo que deseo en realidad, incluso cuando me avergüence. Para tolerar los sentimientos intensos de los demás y también los míos.

A veces me encuentro con expacientes del doctor Rosen.

—¿Aún vas a ver al doctor R.? —me suelen preguntar.

—Sí, creo que no me voy a librar de él jamás —respondo con el impulso de explicar que no es que esté del todo jodida o estancada en una crisis. Ahora tengo las relaciones que ansiaba cuando acudí al doctor Rosen por primera vez, pero necesito que me ayude a profundizar en ellas.

Además, también tengo sueños nuevos, como llevar una vida más creativa o tener una relación íntima con mis dos hijos mientras van al colegio, la preparatoria y demás. También que el paso entre el inminente caos corpóreo de la menopausia y el estrés de cuidar a mis padres, ya mayores y viviendo a tres estados de distancia, sea manejable. El doctor R. y la terapia de grupo me han guiado por los problemas de la edad adulta temprana. ¿Por qué no iban a ayudarme con los problemas que una tiene llegada la mediana edad? ¿Es que ya no merezco apoyo, testigos y un lugar donde poder soltar toda la confusión y agitación interna que siento, aunque ya no me jale del cabello ni conduzca por ahí deseando que una bala me atraviese el cerebro? Y ¿qué hay del amor y el apego que siento por el doctor R. y los compañeros de grupo? ¿Iba a dejar todas esas cosas solo porque nuestra terrible cultura de «arréglatelas solita como puedas» diga que la terapia debería ayudar a recuperarte en treinta sesiones como mucho? El doctor R. nos ofrece permanencia si la queremos. Y yo la quiero.

Cuando el tren llega a la estación, camino dos manzanas hacia el oeste hasta la consulta del doctor Rosen. Delante de mí, veo al chico nuevo que se unió al grupo hace un año. Tiene treinta y pico años, es un físico brillante que habla seis idiomas y está harto de sentirse solo. No tiene amigos de verdad en Chicago con los que pueda salir los fines de semana y su especialidad es enamorarse de mujeres que lo rechazan tras la segunda cita. En las sesiones, se desespera porque cree que, después de llevar toda una vida siguiendo los mismos patrones, nada va a cambiar. Le da miedo no llegar nunca a tener una familia propia, que ya sea demasiado tarde para él. Yo tomo prestados los movimientos de mis compañeros de grupo, que durante tantos años me han consolado. Le doy palmaditas en el brazo cuando comparte el daño que le ha hecho otra mujer que no estaba disponible. «Yo estuve en esa situación. Hice lo mismo que tú. ¿Te conté ya la anécdota de cuando chupé un pene sucio?» Respondo sus llamadas los domingos por la tarde o los martes por la noche, cuando el peso de la soledad lo aplasta. Le digo que no me cabe ninguna duda de que está en proceso de transformar su vida. En la sesión, cuando el doctor Rosen le asegura que basta con que acuda a terapia y se abra a nosotros, él me mira, y yo asiento.

—Te lo prometo. Es suficiente.

AGRADECIMIENTOS

Mientras escribía este libro (y los otros cuatro que viven en mi computadora), me imaginaba la «industria editorial» como un grupo de neoyorquinos extremadamente elegantes con el cabello a lo Anna Wintour y vestidos con ropa de Barneys o de *boutiques* de las que nunca había oído hablar y con nombres que no sabía ni pronunciar. Nunca les ponía cara, cuerpo ni corazón a esa gente que esperaba que algún día me abrieran las puertas. Ahora jamás volveré a pensar en ella sin tener presente los corazones y mentes que han tocado este libro y me han cambiado la vida para siempre. Sus mentes son agudas, sus corazones, generosos, y los han dedicado por completo a este libro durante un período de tiempo incierto y angustioso para el planeta entero. También tienen nombre. Gracias a Lauren Wein, por editarlo concienzudamente y por todas las veces que has evitado que tome malas decisiones, especialmente en las escenas de sexo. Gracias a Amy Guay, Meredith Vilarello, Jordan Rodman, Felice Javit, Morgan Hoit y Marty Karlow, por dedicar su trabajo duro y su amplia experiencia a este libro.

Gracias a Amy Williams, que siempre me hace reír sin dejar de desempeñar mil funciones: agente, hermana mayor, madre, amiga, compañera de viaje. Soy muy afortunada de tenerte en mi equipo.

Este libro no existiría sin el inmenso amor y apoyo de Lidia Yuknavitch y su programa Corporeal Writing. Entre las escritoras cuyos conocimientos sobre narrativa y estructura cambiaron el curso de este libro y de mi vida se incluyen estas guías: Mary Mandeville, Tanya Friedman, Lois Melina Ruskai, Anne Gudger, Jane Gregorie, Anne Falkowski, Emily Falkowski, Kristin Costello, Helena Rho y Amanda Niehaus. Un aplauso en especial y desde el corazón a Zinn Adeline, que con gran amabilidad contribuyó con lecturas atentas y comentarios incisivos, especialmente ese en el que decías que mis chistes distraían de la historia real.

Gracias a Tin House, por emparejarme con la generosa y talentosa Jeannie Vanasco en el invierno de 2019, y en especial a mis compañeros del taller: Wayne Scott, Sasha Watson, Melissa Duclos y Kristine Langley Mahler.

A mi alma gemela favorita, que me inspira cada día como escritora, madre, hija, esposa, creadora de *podcast*, abogada y jugadora ambivalente: Carinn Jade.

Hace años, empecé a escribir online con un grupo de escritores alocados que me enseñaron lo que era la voz, los ganchos, los arcos y demás aspectos del oficio que sentía en los huesos, pero que me daba demasiado miedo poner en práctica. Gracias al equipo de Yeah Write: Erica Hoskins Mullinex, William Dameron, Mary Laura Philpot y Flood. Gracias a mis primeros grupos de escritura, que derramaron sudor y lágrimas en borradores torturados hasta la saciedad: Sara Lind, Samantha Hoffman y Mary Nelligan.

La gratitud no es una deuda, pero no puedo evitar sentir que le debo muchísimo a los escritores y amigos que leyeron los borradores de este libro, algunos de ellos más de una vez: Krista Booth, Amy Liszt, Andrew Neltner. Son unos santos, de verdad. Joyce Polance leyó un montón de borradores y siempre estuvo dispuesta a hablar sobre el dolor y el éxtasis que genera procurar contar bien una historia. Este libro no existiría sin su generosidad, su apoyo y sabiduría. Frank Polance también es muy genial.

Le doy las gracias a todas las niñeras que hemos tenido a lo largo de los años, cuya labor me permitió escribir este libro. Gracias a Sabrina, Tiffani, Christian, Brittney, Molly, Hailey, Mattie, Kathi, Dayane y Gesa.

Gracias a Irvin Yalom, cuyo trabajo vital hizo posible que una mujer como yo obtuviera ayuda en terapia de grupo y luego hablarle al mundo entero de ello.

Mi especial agradecimiento a Marcia Nickow, doctora en Psicología, que leyó el primer borrador y me animó a seguir. La entrega de Sara Connell y su confianza en el poder de la escritura trajo un inmenso placer y alegría a las últimas etapas de este proyecto. Mi gratitud eterna a la doctora Dana Edelson, por sacar tiempo de su trabajo salvando vidas y ayudarme a revisar este libro.

Estoy convencida de que mi terapeuta sabe que le estoy muy agradecida, pero lo diré otra vez: a lo largo de todos estos años te he dado dinero suficiente para comprarte un yate de lujo, pero tú me has dado la vida entera, así que supongo que estamos en paz.

Mis compañeros de grupo han tenido que aguantar mucha mierda durante años. Los quiero con todo mi corazón. Un saludo especial a mis favoritos: R. S., T. L., C. C., D. E., J. T., S. M., K. S., M. N., J. S., K. B. B., J. P., C. G., A. R., B. A., S. M., S. N. y S. K. Y a M. C., que ya no está entre nosotros, pero cuyo cariño y sabiduría sigue guiándome y consolándome.

Doy las gracias a todas las personas que comparten sus historias de rehabilitación tanto dentro como fuera de las reuniones. Lo son todo para mí. Estaré eternamente agradecida a Dax Shepard, por su compromiso con la sinceridad y por hablar con franqueza sobre la adicción y el alcoholismo varias veces a la semana en su podcast *Armchair Expert.*

Cuando mis padres se enteraron de la existencia de este libro, me dijeron las palabras que todo escritor espera oír de boca de sus progenitores: «Es tu historia, tienes derecho a contarla como te plazca». Gracias por apoyarme durante tantos años y por todos los regalos que me han dado.

A Doug y Alex Tate, por su apoyo y entusiasmo, que espero no dar por sentado nunca. Me alegro de que sean mi familia.

Gracias a Leslie Darling, Michael Lach, Keme y Jamail Carter, Thea Goodman, Marc Dubin, Caroline Chambers, Betty Seid, Maria Tamari, Davey Baby, Carol Ellis, Karen Yates, Steve y Celia Ellis, y al programa Writing by Writers.

Si algún día llegan a leer este libro, mis hijos se morirán de vergüenza. Nadie quiere leer sobre la vida sexual de su madre. La buena noticia es que les he dado material de sobra para sus propias sesiones de terapia. Les doy las gracias por convertirme en madre. Estar presente, que me quieran y dejar que yo los quiera son las razones por las que sigo en rehabilitación y continuaré asistiendo a terapia.

Por último, al hombre de mi vida, que tiene más paciencia que un santo y sabe lo que se hace más que nadie que haya conocido. Gracias por quererme y por defender mi historia y mi voz. Cada día me siento más afortunada. Todos los que acuden a terapia con la esperanza de encontrar una relación sueñan con alguien tan generoso y estable como tú. Gracias por formar parte del final del libro y por ser el centro de los días más felices de mi vida.